RICHARD REES

BORE DA GYMRU

Deugain mlynedd o ddarlledu

Gomer

Cyhoeddwyd yn 2014 gan
Wasg Gomer, Llandysul, Ceredigion SA44 4JL

ISBN 978 1 84851 871 1

Cyhoeddwyd gyda chymorth ariannol
Cyngor Llyfrau Cymru.

Argraffwyd a rhwymwyd yng Nghymru gan
Wasg Gomer, Llandysul, Ceredigion SA44 4JL
www.gomer.co.uk

I
Elin a Ffion

Diolchiadau

Mae'r daith ar hyd y tudalennau sy'n dilyn wedi bod yn un ryfedd iawn, ond hefyd yn un ryfeddol o bleserus. Rhaid i mi ddiolch i nifer o bobl am eu cymorth, eu cymwynas a'u cyfarwyddiadau ar hyd y ffordd. Fe ddechreuodd y daith o Lanelli i Landysul gyda Bethan Mair. Yna, draw i Abertawe at Jon Gower, a 'nghyfeiriodd 'nôl i Landysul. Ar y ffordd i Landysul yr eildro, ces i gyngor ar ba ffordd i'w dilyn gan Catrin Beard yn Nantgaredig, rhag i fi fynd ar goll eto! Yna, ar ôl i fi gyrraedd Llandysul, mae fy niolch yn fawr i Elinor Wyn Reynolds a staff Gwasg Gomer am eu gwaith gofalus a diflino. Yn ola, mae fy nyled yn fawr i fy ngolygydd deallus ac amyneddgar Luned Whelan, sy'n dal i edrych yn hynod iach er ei bod yn gweithio gyda fi ers misoedd! Diolch iddi am gadw'r cerbyd ar yr heol gywir.

Ac wrth gwrs, diolch i Elin a Ffion, sydd wedi gorfod gweld eu gŵr/tad yn diflannu i stafell fechan yng nghefn y tŷ i syllu ar sgrin cyfrifiadur am oriau maith ar y tro. Wrth ddiolch i bob un o'r cyfeillion uchod, fuodd mor hynod garedig a chefnogol, hoffwn ddatgan yn glir taw fi, a neb arall, sy'n gyfrifol am unrhyw gamgymeriadau ar y tudalennau sy'n dilyn.

Richard Rees
Awst 2014

Rhagymadrodd

Sioe Frenhinol Cymru 2005 oedd hi. Y Sioe Fawr. Ro'n i wedi bod yn cyfarwyddo rhaglenni digidol S4C trwy'r dydd, ac yn manteisio ar y cyfle i gerdded o gwmpas y maes am y tro cynta'r diwrnod hwnnw pan ddes i ar draws hen gyfaill o Radio Cymru. Roedd Daniel Jenkins Jones – Jenks i'w ffrindiau – wedi bod yn cynhyrchu rhaglenni Radio Cymru o faes y sioe, ac roedd e, fel finne, yn mynd am dro i weld rhai o'r atyniadau. Wedi rhai munudau o roi'r byd yn ei le, awgrymodd ei bod yn hen bryd i fi wneud rhywfaint o waith radio eto. Do'n i ddim wedi gwneud hyn ers pedair blynedd, am resymau ddaw yn glir nes mlaen, ac ro'n i wedi gweld eisiau darlledu'n fyw yn fawr iawn. Fe ddywedais y byddai gen i ddiddordeb mawr, a fan 'na gadawyd pethau, a Jenks yn addo cysylltu petai rhywbeth yn codi. Fe aeth cwpl o fisoedd heibio cyn iddo ddod 'nôl ata i a gofyn i fi gyflwyno dwy raglen ddwy awr yr un, y naill dydd Nadolig a'r llall dydd Calan. Aethon ni ati i recordio'r ddwy raglen, a dyna ni, roedd yr hen *bug* radio wedi 'nghnoi i unwaith eto, a chreu awydd i wneud mwy.

Yn gynnar yn 2006 fe drefnais fynd i weld Aled Glynne, pennaeth Radio Cymru. Roedd Aled a finne wedi bod yn ffrindiau ers dyddiau Sain Abertawe. Esboniais wrtho nad o'n i'n disgwyl nac yn gobeithio am ddim byd mawr, ond petai rhywun yn mynd yn sâl neu'n mynd ar wyliau, a bod cyfle'n codi i gyflwyno, fe fydden i'n hapus iawn i gyflenwi. Addawodd Aled y byddai'n cofio amdana i petai cyfle'n codi.

Fe ddaeth cyfle toc wedi hynny. Ar y pryd, roedd Hywel Gwynfryn a Nia Roberts yn cyflwyno'u rhaglen foreol *Hywel a Nia*. Rywsut neu'i gilydd, roedd y ddau wedi trefnu gwyliau'r un pryd, a doedd neb ar gael i gyflwyno'r rhaglen. Daeth gwahoddiad i fi gydgyflwyno am wythnos gyda Dot Davies. Doedd Dot a finne erioed wedi cwrdd o'r blaen, ac yn wir, chwrddon ni ddim tan awr neu ddwy cyn i ni fynd ar yr awyr ar y bore Llun cynta 'na. Lawr â ni i'r stiwdio, a dechrau ar wythnos gyfan o raglenni a chyfranwyr difyr ac amrywiol. Aeth pob dim yn iawn ar yr awyr, ac fe ddigwyddodd rhywbeth arall hynod bwysig yn ystod yr wythnos honno – daeth Dot a fi'n ffrindiau arbennig o dda. Roedden ni'n deall ein gilydd i'r dim, ac yn dod mlaen fel petaen ni'n nabod ein gilydd ers degawdau. Mae Dot yn un o'r darlledwyr mwya dawnus a naturiol i mi weithio gyda nhw erioed, ac mae'n enw cyfarwydd iawn i wrandawyr Radio Cymru, Radio Wales, Radio 5 a theledu BBC Wales bellach. Hi sy'n cyflwyno o Wimbledon i Radio 4 bob blwyddyn, a chafodd y llysenw 'Wimbledot' gan Eddie Mair ar raglen *PM*. Rwy'n falch o ddweud ein bod ni'n dal yn ffrindiau da. Dy'n ni ddim yn cael cyfle i weld ein gilydd yn aml iawn, ond yn mwynhau dal i fyny pryd bynnag daw cyfle, dros baned o goffi neu ginio.

Rai wythnosau wedi hynny, yn ystod hanner tymor mis Chwefror, roedd Elin fy ngwraig, Ffion fy merch a finne wedi bod ar wyliau sgio yng Nghanada. Roedd y daith adre'n un hir – deg awr mewn awyren o Calgary i Heathrow, ac yna oriau o yrru lawr yr M4 adre i Landeilo. Roedd Elin a Ffion wedi bod yn sâl drwy gydol y gwyliau ac roedd pawb yn awyddus iawn i gyrraedd gartre. Dwi ddim yn cysgu'n dda iawn ar awyrennau, ac ro'n i wedi blino'n lân wrth yrru adre. Fe arhoson ni yng ngwasanaethau Cardiff Gate i gael paned o goffi a mynd i'r tŷ bach. Pan ganodd fy ffôn symudol, bron i mi beidio â'i ateb gan fy mod ar fin dechrau gyrru eto, ond dyma wasgu'r botwm a chlywed llais Aled Glynne. Gofynnodd a fyddai gen i ddiddordeb mewn cyflwyno rhaglen rhwng deg y bore a hanner dydd bob dydd Sadwrn.

Roedd Radio Cymru'n ailwampio rhaglenni bore Sadwrn, a'r cynllun oedd cychwyn cyfres gyda John Hardy, a fyddai'n twrio yn yr archif am straeon a chymeriadau a fyddai'n procio'r cof ac yn tanio *nostalgia*. Byddai rhaglen John mlaen o naw tan ddeg, ac roedd Aled wedi gweld cyfle i ymestyn y *nostalgia* am dipyn drwy atgyfodi *Sosban*, y rhaglen fues i'n ei chyflwyno ar fore Sadwrn ar Radio Cymru yn ystod y saithdegau hwyr a'r wythdegau. Fe fyddai wedi bod yn amhosib atgyfodi pob agwedd o'r hen *Sosban* wrth gwrs, gyda'r adolygiadau ac yn y blaen (fe fydda i'n sôn llawer mwy am *Sosban* yn nes mlaen), ond cyfarwyddyd Aled i fi oedd i chwarae'r gerddoriaeth ro'n ni'n ei chwarae yn ystod y cyfnod. Y peth pwysig i fi oedd mai fi fyddai'n cael ei dewis. Roedd y cytundeb i bara am ddeugain wythnos. Roedd yn gynnig anhygoel, yn fwy na fydden i erioed wedi ei ddychmygu nac wedi gobeithio amdano. Fe ddywedais wrth Aled fod gen i ddiddordeb mawr, ond byddai'n rhaid i fi drafod gydag Elin a Ffion yn gynta, gan y byddai'n golygu gweithio ar benwythnosau. Roedd Aled yn deall yn iawn, ond roedd raid iddo gael ateb ar frys gan fod yr amserlen yn newid ymhen pythefnos. Fe fuodd y tri ohonon ni'n trafod dipyn ar oblygiadau gweithio bob dydd Sadwrn. Mae'r ddwy wedi bod yn gefnogol dros ben i mi erioed, ac yn y diwedd, fe gytunon ni y dylen i dderbyn y cynnig.

Felly, ar fore Sadwrn oer ym mis Mawrth 2006, codais am 7:00 i fynd i stiwdio'r BBC yn Abertawe i gyflwyno'r rhaglen gynta, ac ro'n i'n nerfus dros ben. Yn ystod y cyfnod ro'n i wedi bod bant, roedd llawer iawn o bethau wedi newid yn stiwdios y BBC – yr offer technegol, y ffordd o gysylltu stiwdios ac yn y blaen. Ond er bod llawer wedi newid ym mhobman arall, doedd hynny ddim yn wir am BBC Abertawe. Pan gyrhaeddais y stiwdio, heblaw bod y cyfan wedi symud lawr un llawr, doedd dim byd wedi newid ers y nawdegau cynnar. Roedd popeth – yr offer, y ddesg, y deciau recordiau (oedd wedi bod yno ers y saithdegau), y peiriannau CD, y meicroffon – yr un fath, os tipyn yn hŷn. Mewn gwirionedd, roedd y BBC wedi anghofio am stiwdios Abertawe, a doedd dim gwaith cynnal a chadw wedi digwydd yno ers blynyddoedd. Ar ben hynny, ro'n i'n gweithio gyda chynhyrchydd do'n i ddim yn ei nabod, ac yntau ym Mangor ac yn siarad â fi lawr y lein, felly doedd dim cynhyrchydd yn y stiwdio chwaith. Roedd yn gysur mawr y bore hwnnw fod Wyn Jones, y peiriannydd sain, wedi dod mewn i'r stiwdio i wneud yn siŵr bod popeth yn gweithio. Roedd Wyn a fi'n nabod ein gilydd ers dyddiau Swansea Sound a Radio Glangwili, ac wedi bod ar staff y BBC yn yr un cyfnod, felly ro'n i'n gwybod bod pâr saff o ddwylo gerllaw. Ro'n i wedi dewis y gerddoriaeth yn ofalus, yn enwedig y gân gynta. Roedd raid dechrau gyda rhywbeth bywiog byddai pawb o'r gynulleidfa darged, sef pobl 35–60 oed, yn ei nabod ac yn ei gofio. Roedd y dewis yn hawdd – Edward H. Dafis amdani. Fe osodais y CDs yn y peiriannau, llwytho *jingles* Radio Cymru i mewn i beiriant *minidisc*, gwneud yn siŵr bod lefel sain y llais yn iawn ar y meic, ac aros i'r newyddion orffen am ddwy funud wedi deg. Yna, penderfyniad arall. 'Nôl yn yr hen ddyddiau ar *Sosban*, fe fydden i'n dechrau pob rhaglen gyda'r cyfarchiad 'Bore da, Gymru'. Ddylen i wneud hynny eto? Roedd Elin a Ffion wedi dod i'r stiwdio i roi 'bach o gefnogaeth i fi, ac fe gytunodd pawb y byddai'n syniad da. Dyma wylio bys tenau, coch eiliadau'r cloc yn tipian, a gwrando ar y newyddion. Yn sydyn, 'Newyddion Radio Cymru, fe fydd y bwletin nesa am un ar ddeg' ac yna'r *jingle* cloi. Eiliad o dawelwch, agor *fader* y meic a … 'Diolch yn fawr iawn. Bore da, Gymru!' Ro'n i 'nôl, ac yn joio mas draw!

Pennod 1

Mae'r stori yma'n dechrau 51 o flynyddoedd ynghynt. Ces i 'ngeni yn ysbyty Mount Pleasant, Abertawe, ar 17 Ebrill 1955. Dydd Sul oedd hi, a doedd pethau ddim wedi mynd yn dda iawn i Mam, druan. Fe ddylen i fod wedi cael fy ngeni yn ysbyty Glasfryn, ger Parc Howard yn Llanelli, ond un stwbwrn fues i erioed, ac yn ôl pob tebyg, do'n i ddim yn awyddus iawn i adael fy myd bach cyfforddus y tu mewn i fola Mam. Ar ôl sbel, fe benderfynodd rhywun fod y sefyllfa'n dechrau mynd yn beryglus i'r ddau ohonon ni, felly ambiwlans a golau glas o Lanelli i Abertawe amdani. Yn y diwedd, fe gyrhaeddais y byd, gyda chymorth pâr o *forceps*, am hanner awr wedi deg y nos.

A dweud y gwir, ro'n i'n dipyn o syrpréis i Mam a Dad, ond er mwyn deall pam, mae angen gwybod rhywfaint am hanes fy rhieni. Cafodd Dad, William Myrddin Rees, ei eni yn 1902 yn yr Alltwen, ger Pontardawe. Roedd yn fab i weithiwr yn y diwydiant haearn, a Dad oedd yr ail hynaf o ddeuddeg o blant, wyth brawd a phedair chwaer. Buodd Dad yn yr ysgol gyda Gwenallt a Rachel Thomas, ond er ei fod yn fachgen galluog, bu'n rhaid iddo adael yr ysgol yn 14 oed i weithio a chynnal y teulu'n ariannol. Aeth i weithio yn siop ddillad Hodges Menswear ac fe fu'n gweithio i'r un cwmni weddill ei oes.

Ganwyd Mam, Amy Phyllis Jones, yn Llanelli yn 1912, yn un o saith o blant. Roedd ei thad a'i brodyr i gyd yn gweithio ar y rheilffordd. Roedd Mam yn ddisglair iawn yn yr ysgol hefyd, ond bu'n rhaid iddi hithau adael yn 14 oed, a dilyn ei chwaer Gwladys i weithio yn siop fwyd Thomas and Morris yng nghanol dre Llanelli. Roedd y siop yn enwog yn lleol, gan mai dyna lle fyddai pwysigion yr ardal, Lady Stepney a Lady Howard, yn siopa. Byddai Gwladys yn gweini ar y ddwy ledi, ond doedd Mam ddim yn cael mentro i'r siop. Roedd hi'n gweithio yn y stordy yn y seler yn pacio bwyd, symud bocsys a chario ambell hanner mochyn o gwmpas y lle.

Cwrddodd y ddau yng Nghapel Als, Llanelli. Roedd Dad wedi symud gyda busnes Hodges o Ben-y-bont ar Ogwr i fod yn rheolwr cangen leol y siop yn Llanelli. Roedd e wedi cael amser anodd iawn yn gwasanaethu gyda'r RAF yn India a Burma yn ystod yr Ail Ryfel Byd. A dweud y gwir, ddylai Dad ddim fod wedi cael ei anfon dramor i'r rhyfel o gwbl gan ei fod yn rhy hen, yn ôl y rheolau. Ond fe'i hanfonwyd i India ac, o ganlyniad, fe ddioddefodd yn ofnadwy o sawl afiechyd, yn cynnwys *amoebic dysentery* a hepatitis, afiechyd a fyddai'n dychwelyd ag effaith andwyol mewn blynyddoedd i ddod. Ar ben hyn i gyd, fe gollodd Dad ei wraig gynta tra oedd e i ffwrdd yn y rhyfel. Rywsut neu'i gilydd, llwyddodd i ailafael yn ei fywyd, a dod yn aelod o Gapel Als. Roedd Dad yn hoff iawn o ganu. Roedd yn aelod o'r côr ac yn cymryd rhan yn nramâu'r capel – mae gen i luniau ohono fel milwr Rhufeinig mewn un cynhyrchiad. Roedd hoffi canu'n rhedeg yn y teulu, mae'n siŵr, gan fod gen i lun o 'nhad-cu, tad Dad, yn canu mewn côr pensiynwyr ym Mhontardawe. Aeth y genynnau yna ar goll yn rhywle, gan nad oes gen i ddim diddordeb mewn canu corawl o gwbl. Un nos Sul, yn ôl y sôn, wrth eistedd lan llofft gyda'r côr, fe sylwodd Dad ar fenyw ddeniadol oedd yn eistedd lawr llawr … Ymunodd â'r heddlu'n rhan amser (y *specials*) yn Llanelli ac fe fu wrthi am flynyddoedd yn cynorthwyo heddlu'r dre. Roedd yn ddyn smart, tal – chwe throedfedd a dwy fodfedd – ac yn ymddiddori'n fawr mewn chwaraeon. Yn ystod ei ieuenctid, roedd wedi bod yn baffiwr, ond ei ddiddordeb penna oedd criced.

Bu'n chwarae criced yn gyson yn Llanelli, yn aelod brwd o glwb y dre ac yn chwarae gyda'r nos yn ystod yr wythnos. Yn ôl Mam, fe fyddai'n dod adre weithiau wedi cael gwydraid bach yn ormod o'r lemonêd brown. Ar yr adegau prin yma, byddai Mam yn gwybod yn syth ble roedd e wedi bod, achos byddai Dad yn ei chyfarch mewn acen Saesneg uchel-ael ofnadwy. Ei gariad mawr arall oedd gwaith coed, ac fe fu'n astudio'r grefft mewn ysgol nos yn Llanelli. Bu wrthi am flynyddoedd yn adeiladu desg i fi, ond yn anffodus ni chafodd gyfle i orffen y gwaith. Bu'n rhaid i ddau o'i frodyr, oedd yn athrawon gwaith coed, fynd ati i orffen y ddesg. Mae hi gen i hyd heddiw.

Roedd Mam wedi cael ei chodi bron iawn drws nesa i'r capel, ac roedd yn mynd yno'n rheolaidd, er nad oedd hi'n siarad Cymraeg. Doedd hi ddim wedi bod yn briod o'r blaen, ond yn ôl y sôn, roedd hi wedi cael ei siâr o gariadon, yn cynnwys un oedd yn gyrru car. Roedd bod yn berchen car yn beth mawr bryd hynny, a denodd Mam dipyn o sylw wrth fynd o gwmpas yn y car gyda'r cariad hwnnw. Fe fuodd hi draw yn Ffrainc, hefyd, gyda gang o ferched o'r siop. Roedd hi'n sôn yn aml am yr hwyl a'r sbri diniwed y bydden nhw'n ei gael gyda'r nos ar ôl gwaith ac ar y penwythnos, wrth gyfarfod yn y dre neu ar y traeth. Fe fuodd hi a'i ffrindiau'n mynd ar wyliau i Bournemouth a Weston-super-Mare hefyd, mewn cyfnod pan oedd mynd ar wyliau'n beth digon anghyffredin. Falle fod Mam yn swil, ond roedd tipyn o antur a hwyl ynddi. Pan ddaeth yr Ail Ryfel Byd, fe wirfoddolodd fel warden ARP, yn mynd o gwmpas yn y nos i wneud yn siŵr nad oedd goleuadau'n dangos yn ystod y *blackout* ac yn cadw llygad barcud am danau. Un o'r storïau y byddai'n eu hadrodd yn aml oedd un amdani hi a'i ffrindiau'n mynd ar y trên i'r sinema yn Abertawe un noson yn ystod y rhyfel. Tra oedden nhw yno, fe benderfynodd y Luftwaffe, awyrlu'r Almaen, eu bod nhw am ailgynllunio'r ddinas. Daeth y bomiau i lawr, ac arhosodd Mam a'i ffrindiau yn y sinema. Pan ddaethon nhw allan, roedd yn amhosib dod o hyd i'r orsaf drenau am fod y tirlun wedi newid yn llwyr. Pan oedd Waldo yn sir Benfro'n edrych ar 'Abertawe'n fflam', roedd Mam yno yn ei chanol hi!

Roedd Mam yn hoff iawn o ganu'r piano, ond fyddai hi byth yn chwarae os oedd rhywun arall yno i wrando. Roedd hi hefyd yn casglu darnau o farddoniaeth o bapurau newydd a chylchgronau, ac yn eu cadw mewn llyfryn bach. Weithiau, fe fyddai hi'n gwneud darluniau bach mewn pensiliau lliw, ond fyddai neb yn cael gweld y cynnyrch, dim ond fi, yn ystod y munudau arbennig, prin yna pan fyddai hi'n teimlo'n ddigon hyderus i rannu cwpl bach o'r lluniau neu'r cerddi gyda'i mab. Roedd hi'n nodweddiadol o ferched cyffredin y cyfnod, yn hapus iawn yn gwau, yn gwnïo, yn edrych ar ôl y tŷ ac yn gofalu am ei theulu. Er hynny, roedd ganddi gryfder a dewrder anhygoel, fel y bydden i'n ei ddarganfod flynyddoedd yn ddiweddarach.

Priododd Mam a Dad yn Llanelli yn 1950, ac mae gen i lun ohonyn nhw'n edrych yn hapus ac yn smart iawn ar eu mis mêl. Ar ôl iddyn nhw ddod adre, symudon nhw i fyw yn y fflat uwchben siop Hodges yn rhif 12 Stepney Street, Llanelli. Dwi ddim yn gwybod llawer iawn o'u hanes nhw yn ystod y cyfnod yna, ond mae'n debyg y bu'r fflat yn dyst i sawl parti gyda'u ffrindiau. Yn 1953, llwyddodd y Reeses i logi set deledu du a gwyn er mwyn gwylio coroni'r dywysoges Elizabeth yn frenhines. Doedd dim llawer o setiau teledu i gael bryd hynny, felly daeth torf o ffrindiau a chymdogion draw i'r fflat i wylio'r digwyddiad. Bu tipyn o ddathlu, a phawb yn rhyfeddu at fedru gweld y lluniau'n dod yn fyw o Lundain i'r fflat fach ddi-nod yn Llanelli.

Yn 1954, fe benderfynodd Mam a Dad fynd ar wyliau haf i Weymouth yn ne Lloegr. Rhaid cofio taw dim ond naw mlynedd oedd wedi pasio ers diwedd yr Ail Ryfel Byd. Roedd bywyd yn dal yn eitha caled, ac roedd cenhedlaeth Mam a Dad wedi cael eu magu i dderbyn pethau heb ddadlau na chwyno am eu sefyllfa. Felly, roedd y syniad o dreulio wythnos mewn tre lan môr y tu allan i Gymru'n eitha egsotig. Stafell mewn BB bach oedd hi, a doedd dim teledu na radio yn y stafelloedd, felly ar ddydd Sul, pan oedd popeth ar gau, roedd raid meddwl am rywbeth i'w wneud, yn enwedig os oedd hi'n bwrw glaw. Fe atgoffodd Mam fi sawl gwaith fy mod i'n ganlyniad 'wet weekend in Weymouth'.

Fuon ni ddim yn y fflat uwchben Hodges yn hir. Nid y meddygon yn unig oedd wedi bod yn poeni am Mam yn ystod ei beichiogrwydd. Roedd hi'n 43 oed yn fy nghael i, dipyn o oedran i eni ei babi cynta yn y pumdegau, ac roedd raid gofalu amdani bob cam. Roedd ei chwaer hŷn, Gwladys, wedi bod yn llawn gofid hefyd. Bu'n rhyddhad mawr i'r teulu cyfan pan aeth yr enedigaeth yn iawn, ond roedd Gwladys druan wedi poeni gymaint nes iddi ddiodde strôc enfawr, a bu farw ychydig dyddiau wedyn, rhyw dair wythnos wedi'r geni. Yn ei hewyllys, gadawodd ei thŷ yn Clifton Terrace, Llanelli, i Mam a Dad. Bu'r rhodd garedig hon yn hollbwysig i'n bywyd teuluol ni, achos fyddai Mam a Dad byth wedi llwyddo i brynu eu cartre eu hunain fel arall. Rwy'n cofio iddyn nhw gael cynnig tŷ yn Nhy'r Fran Avenue ar gyrion y Dimpath a Felinfoel un tro. Tŷ pâr tair stafell wely â gardd fawr oedd e. Fe fuodd y ddau'n ystyried y peth am dipyn, ond roedd yn llawer rhy ddrud – £400. Gwyddai Dad nad oedd gobaith ganddo dalu morgais ar y cyflog roedd e'n ei ennill. Heddiw, maen nhw'n gwerthu'r tai yna am tua £200,000. Mae'n rhyfedd fel mae pethau'n newid.

Roedd ein tŷ teras tair llofft newydd yn gyfforddus iawn – tair stafell a chegin lawr llawr, a thair stafell wely a thŷ bach lan lofft. Doedd dim gwres canolog na ffôn, ac roedd yr hen set deledu du a gwyn ar rent, ond roedd yn gartre clud a hapus. Yn bwysig iawn i fi, roedd ganddo ardd sylweddol, sièd fach a thŷ bach arall ynghlwm wrth y tŷ, a sièd lo yng ngwaelod yr ardd. Roedd border bach o flodau, rhosynnau yn bennaf, yn rhedeg wrth ochr y wal rhwng ein gardd ni a rhif 6, a llwybr concrit lawr i waelod yr ardd. Drws cefn yn ymyl y wal oedd yn ein gwahanu ni a rhif 10. Mr a Mrs Lewis oedd yn byw yn rhif 6, pâr yn eu pedwardegau ag un ferch, Barbara, oedd wedi symud allan ac yn byw gyda'i gŵr yn Nglanyfferi. Roedd Mr a Mrs Davies rhif 10 yn eu saithdegau. Bu farw Mr Davies pan o'n i'n ifanc iawn. Fel hen ddynes flin yr olwg dwi'n cofio Mrs Davies, druan. Weithiau, pan fydden i'n chwarae yn yr ardd gyda ffrindiau, byddai'r bêl yn mynd dros y wal i'w gardd, a byddai'n rhaid mynd i ofyn am ganiatâd i fynd i'w nôl. Er bod Mrs Davies yn gadael i ni wneud bob tro, doedd hi byth i weld yn hapus iawn o wneud. A dweud y gwir, roedd arna i ei hofn hi, braidd. Er hynny, wedi tyfu 'bach yn hŷn, roedd yn hwyl neidio dros y wal a dwyn cwpl o gwsberis oddi ar y perthi bach pigog oedd yn tyfu yno. Wrth feddwl yn ôl, mae'n amlwg taw dynes dawel a phreifat iawn oedd hi, yn ei chael hi'n anodd dygymod ar ôl colli ei gŵr. Bu farw Mrs Davies yn y saithdegau, a finne yn fy arddegau, a ches i'r fraint o helpu cario'r arch pan gafodd ei chladdu – y tro cynta i mi wneud hynny.

Roedd y cymdogion yn Clifton Terrace yn eitha agos yn y ffordd gyfeillgar, fusneslyd honno sydd mor nodweddiadol o bobl y de. Byddai'r menywod yn cyfarfod wrth frwsio a sgrwbio'r palmant yn y bore, arferiad sydd wedi hen ddiflannu erbyn hyn. Dwi'n cofio Mam yn treulio amser ar ei phengliniau gyda bwced o ddŵr, brwsh a sebon yn sgwrio'r palmant a golchi'r welydd a'r ffenestri yn ffrynt y tŷ. Fe fyddai hynny'n arwain at sgwrs am hwn a hwn neu hon a hon. Weithiau fe fyddai sgandal go iawn yn codi. Dwi'n cofio'r sibrydion a'r helynt pan ddaeth y newyddion fod cariad un o'r dynion yn y stryd yn disgwyl, a hwythau heb briodi. Byddai trafod dwys am ambell ferch nad oedd yn caru, a hithau yn ei hugeiniau ac yn gweithio, cofiwch! Beth allai fod o'i le arni, tybed? Byddai sôn weithiau am ambell ŵr yn yfed gormod a dod adre'n feddw. Sibrydion am sgrechain a llefain yn dod trwy'r waliau yn y nos. Mae'n anodd cadw unrhyw beth yn breifat mewn rhes o dai teras. Fyddai'r pethau yma byth yn cael eu trafod o flaen y dynion na'r plant, dim ond ymhlith cymdeithas ddirgel, stepen drws y gwragedd. Er hynny, gan amla, newyddion am briodas, salwch neu farwolaeth oedd yn pasio ar hyd y stryd. Ond yn bwysicach na dim, pan fyddai rhywun mewn trafferth go iawn, byddai'r cymdogion i gyd yno i helpu am y gorau.

Roedd nifer o blant eraill yn byw yn y stryd hefyd. Calvin a Linda James oedd yn rhif 12. Roedd Calvin dipyn yn hŷn na fi ac yn gweithio gyda'i dad yn gwerthu paraffîn a nwyddau'r tŷ o ddrws i ddrws o gefn fan. Yr adeg honno, byddai nifer o bobl yn galw heibio'r tŷ bob wythnos. Fe fyddai dyn y *fish* yn galw bob dydd Iau, dyn y bara'n galw bron bob dydd, a ffarmwr lleol yn galw i gynnig llysiau ffres. Roedd dwy ferch arall, Helen a Linda yn byw yn rhif 20. Roedden nhw'n hŷn hefyd a'u tad yn gweithio yn y banc. Roedd John a Sheila Roberts yn byw ochr draw'r heol yn rhif 11. Roedd John ar fin gadael ysgol yn 15 pan oeddwn i'n fach. Roedd Sheila'n nes at fy oedran i, ac yn wrthrych tipyn o ddiddordeb pan gyrhaeddais fy arddegau.

Roedd meidr yn rhedeg tu cefn i'r tai, ac yn gysgod dros y cyfan, safai stand cae pêl-droed Llanelli, Stebonheath. Pan o'n i'n blentyn bach, roedd yr ardd yn llwyfan i bob math o anturiaethau, boed yn ymladd Indiaid Cochion neu'n archwilio rhyw jyngl yn Affrica. Dwi ddim yn cofio rhyw lawer am y blynyddoedd cynnar yna, ond mae gen i un atgof clir iawn. Pan o'n i'n rhyw dair oed, fe benderfynais un diwrnod y byddai'n grêt o gêm i fynd i guddio. Felly, heb ddweud dim wrth neb, es i chwilio am guddfan gyfforddus i aros i rywun ddod o hyd i mi. Ac aros wnes i, am amser hir. Yn y cyfamser, roedd Mam wedi mynd i banig. Ar ôl chwilio'r tŷ, yr ardd, y feidr a phob man arall, a dim sôn am ei mab unig anedig, dyma hi'n galw ar y cymdogion, a dechreuodd y chwilio mawr o ddifri. Gan nad oedd ffôn gan neb yn y stryd, anfonwyd rhywun i ddweud wrth yr heddlu fod bachgen bach ar goll yn ardal Stebonheath. Mae'n rhaid fod y chwilio wedi mynd mlaen am awr o leia, achos aeth rhywun i nôl Dad o'r gwaith. Yn y diwedd, clywodd Mr Lewis drws nesa sŵn anadlu ysgafn tu ôl i ddrws ei stafell ffrynt. Ac wrth gwrs, dyna lle ro'n i wedi mynd i guddio. Allan â fi'n wên i gyd, gan feddwl bod cuddio wedi bod yn hwyl go iawn. Ches i ddim stŵr, cymaint oedd rhyddhad Mam a phawb arall fy mod i'n ddiogel, ond ces i fy rhybuddio i beidio â gwneud hynny byth eto.

Weithiau byddai'r plant o'r tai cyfagos yn dod draw i chwarae yn yr ardd, neu fe fydden ni'n mynd i mewn i'r cae pêl-droed ac yn chwarae rygbi ar y gwair y tu ôl i'r gôl. Wn i ddim pam, ond er i mi gael fy nghodi gefngefn â chae pêl-droed, fuodd gen i erioed ddiddordeb yn y bêl gron. Rygbi fuodd hi o'r cychwyn cynta i fi, a dyna lle mae fy niddordeb i hyd heddiw, yn dilyn y Scarlets, wrth gwrs.

Ond wrth i fi dyfu'n hŷn, yr ardd oedd meithrinfa fy mhrif ddiddordeb, sef byd natur. Bydden i'n gweld llond y lle o ieir bach yr haf a phryfed o bob math – ceiliogod rhedyn, chwilod, pryfed cantroed a digonedd o falwod a mwydod – ac yna, ymhen dim fe fydden i'n dod o hyd i lindys yn bwydo ac yn tyfu ar y rhiwbob. Lindys du a melyn oedd y rhai mwya cyffredin, a dwi'n cofio cael fy swyno'n llwyr wrth weld yr wyau yn gynta, yna'r lindys, a thoc wedyn, y crysalis. Weithiau, fe fydden i'n dod o hyd i grysalis tipyn o faint, a bydden i'n rhoi hwnnw mewn bocs a'i gadw'n ddiogel am wythnos neu ddwy cyn cael fy syfrdanu, wrth agor y bocs un bore, o weld gwalchwyfyn yr helyglys (*elephant hawkmoth*) mawr, lliwgar wedi ymddangos drwy ryw hud a lledrith. Ar un achlysur arbennig iawn, fe ddes i o hyd i sgerbwd llygoden fawr oedd wedi marw'r tu ôl i hen ddarn o bren yn y sièd. Roedd hwn yn drysor go iawn, ac fe fues i wrthi am oriau, os nad dyddiau, yn ei lanhau ac yn gweithio allan ble roedd pob asgwrn yn mynd, cyn gludo'r cyfan at ddarn o gardbord a'i osod yn ofalus mewn bocs. Mae'r sgerbwd yna gen i hyd heddiw, ac mae nifer fawr o esgyrn a phenglogau eraill wedi ymuno â'r casgliad bellach. Mae penglog mochyn daear a chadno'n cael lle amlwg iawn, ac mae penglog mulfran yn fy swyddfa yn y tŷ.

Rhywun arall a gafodd ddylanwad mawr arna i o safbwynt byd natur a'r awyr agored oedd fy modryb Eb. Nid modryb go iawn i mi oedd hi, ond ffrind i Mam ers dyddiau gweithio yn siop Thomas and Morris yn Llanelli. Phoebe Mary Thomas oedd ei henw llawn, ac er ei bod yn fyr – pedair troedfedd ac un fodfedd ar ddeg a hanner, a'r hanner yna'n bwysig iawn iddi – roedd hi'n gymeriad mawr, ac fe gafodd ddylanwad arna i nes iddi farw yn 1991 yn 99 oed. Roedd Eb yn dod o Hendy-gwyn ar Daf yn wreiddiol cyn symud i Lanelli i weithio gyda'i brawd. Fe oedd y Thomas yn Thomas and Morris. Byddai Eb yn mynd â fi am dro ar ddydd Sadwrn er mwyn i Mam gael 'bach o ysbaid, mae'n siŵr, ac fe fydden ni'n dau'n cerdded am filltiroedd o gwmpas cronfeydd dŵr Swiss Valley, ar hyd y lonydd bach rhwng y ffermydd o gwmpas Felinfoel. Roedd wastad rhywbeth i'w weld yn y coed neu ar y dŵr. Hwyaid neu grëyr glas (crychydd yn iaith Llanelli); plisgyn neu gneuen wedi'i gnoi gan lygoden y maes neu lygoden bengron, a dysgu nabod y gwahaniaeth rhwng y ddau. Bryd hynny, yn wahanol iawn i heddiw, fe fyddai llygod pengrwn y dŵr yn neidio o'r lan i'r dŵr â sŵn 'plop' y gallech ei nabod yn syth. Ac wrth gwrs, roedd raid chwilota o dan bob boncyff a charreg am nadroedd defaid (*slow worms*). Rwy'n cofio sefyll yn stond un prynhawn wrth weld neidr y gwair yn nofio ar draws yr afon fechan sy'n cysylltu'r ddwy gronfa ddŵr yn Swiss Valley, a sylweddoli am y tro cynta fod nadroedd yn medru nofio! Weithiau, byddai taith dydd Sadwrn yn mynd â ni i lyn Ffwrnais, neu *Furnace pond*, i roi ei enw lleol iddo. Roedd y llyn wastad yn fwrlwm o frogaod a madfallod y dŵr, ac fe fydden i yno am oriau gyda rhwyd fach a phot jam yn trio dal y pysgod bach a'r brogaod. Weithiau, byddai elyrch yn nythu yno, a'r her wedyn oedd cyfri faint o wyau oedd yn y nyth, gan gadw llygad am y cywion bob dydd Sadwrn wedyn.

Pennod 2

Pan ddaeth hi'n bryd i fi fynd i'r ysgol, penderfynodd Mam a Dad fy anfon i Ysgol Gymraeg Dewi Sant. Mae'n rhaid ei fod yn benderfyniad eitha anodd, achos bryd hynny, doedd Mam ddim yn siarad Cymraeg. Roedd Dad wedi cael ei godi yng nghanol Cymreictod Cwm Tawe, ond roedd Mam a'i theulu wastad wedi siarad Saesneg. Saesneg oedd iaith yr aelwyd, a Saesneg fu Mam a Dad yn siarad â'i gilydd tan y diwedd, er bod Dad yn siarad Cymraeg â fi. Yn ddiddorol iawn hefyd, nes i fi fynd i'r ysgol, ychydig iawn o Gymraeg bydden i'n ei chlywed o gwbl. Doedd dim o blant eraill y stryd yn ei siarad, felly Saesneg oedd iaith y chwarae bob dydd. Doedd dim car gyda ni, felly ro'n i'n cerdded i'r ysgol neu, os oedd hi'n bwrw'n drwm, yn dal y bws. Roedd y drefn yr un fath bob bore. Byddai Dad a Mam yn codi am saith, Dad yn nôl y glo ac yn cynnau'r tân yn y stafell fyw, a Mam yn dechrau ar y brecwast. Doedd dim gwres canolog o fath yn y byd. Erbyn tua hanner awr wedi saith, fe fyddai'r tân a'r *immersion heater* wedi cynhesu digon ar y dŵr i mi ymolchi, felly byddai Mam yn fy nihuno i ac yn fy mharatoi i fynd i'r ysgol. Byddai Dad yn gadael y tŷ am tua chwarter wedi wyth i gerdded i'r gwaith. Roedd Dad yn mynnu cyrraedd y siop am hanner awr wedi wyth er mwyn gwneud yn siŵr fod popeth yn iawn cyn amser agor. Yna, am hanner awr wedi wyth, byddai Mam yn rhoi'r gard o flaen y tân ac fe fydden ni'n dau'n gadael y tŷ. Mae'n debyg i fi fynd i'r ysgol heb lawer iawn o ffwdan, er i Mam grio pan adawodd hi fi yno'r tro cynta.

Yr adeg hynny, roedd yr ysgol ger yr orsaf drenau yn Llanelli, drws nesa i ysgol Copperworks. Olwen Williams oedd y brifathrawes, cawr o gymeriad oedd yn ysbrydoliaeth mewn sawl ffordd. Pan fyddai Miss Williams yn cynnal gwasanaeth yn y bore, byddai hi'n dewis arwr yr wythnos. Roedd yr arwyr yn gymysgedd o Gymry amlwg a phobl adnabyddus eraill, er enghraifft, R. Williams Parry, David Livingstone ac Alexander Fleming. Rwy'n cofio'r tro cynta i mi gael cip ar safbwynt gwleidyddol fy nhad pan es i adre â thudalen yn fy llyfr ysgol yn cofnodi marwolaeth y cyn Brif Weinidog, Winston Churchill. Roedd y nodyn yn ei ddisgrifio fel 'un o'r gwleidyddion a'r cymeriadau mwyaf a phwysicaf yn ein hanes'. Ymateb Dad oedd: 'Mwyaf a phwysicaf, myn uffern i!' Doedd Dad yn amlwg ddim yn Dori, felly. Mae gen i lun o Miss Williams yn traethu monolog wrth gofeb Llywelyn yng Nghilmeri ar un o dripiau'r ysgol. Ro'n i'n mynd â chamera i bob man, hyd yn oed bryd hynny.

Mae'n rhyfedd fel mae rhywun yn cofio am athrawon ysgol gynradd. Yn yr adran feithrin, roedd Mrs Nicholas, Mrs Smith a Miss Howells yn ofalus iawn o'r eneidiau bach angylaidd yn eu gofal, ac yna, wrth i ni fynd yn hŷn, roedd Mr Williams a Mr Tomos yn paratoi pawb at y dyrchafiad i'r flwyddyn ola, Safon 4, dosbarth Miss Thomas. Weithiau, byddai Mr Tomos a Mr Williams yn dod allan amser egwyl ac yn chwarae criced ar yr iard gyda ni. Roedd Mr Tomos yn fowliwr araf, gosgeiddig, tra oedd John Morris Williams yn bowlio peli fel bwledi at y wiced ac yn llwyddo i guro'r batwyr bron bob tro. Roedd nifer o chwaraewyr talentog iawn yn yr ysgol – Elfryn James, David Nicholas, a aeth mlaen i chwarae rygbi i'r Scarlets ac i Gymru ac Alun Davies, a ffurfiodd bartneriaeth â Phil May yn ail reng y Scarlets am flynyddoedd cyn mynd mlaen i chwarae i Gymru. Dwi ddim yn meddwl y galla i honni i mi serennu yn yr ysgol erioed, ond roedd gan Dewi Sant athrawon arbennig fyddai'n cael y gorau mas ohonoch chi bob tro.

Y cof penna sy gen i o ddosbarth Mr Tomos yw'r bwrdd natur. Desg sbâr oedd hi, mewn gwirionedd, ac arni gasgliad o ddail a chonau pinwydd. Weithiau, byddai rhywun yn dod o hyd i asgwrn, neu'n well fyth, penglog rhyw anifail gwyllt oedd wedi marw ger ei gartre. (Duw a ŵyr beth ddywedai rheolau iechyd a diogelwch am hyn heddiw. Mae'n siŵr y byddai gwneud unrhyw beth mor beryglus a chwyldroadol â dod a phethau natur o'r gwyllt i'r ysgol yn peri i swyddogion iechyd a diogelwch a chwmnïau yswiriant chwysu chwartiau.) Ond roedd hyn yn ysbrydoliaeth i mi, ac yn ffactor pwysig arall yn natblygiad fy niddordeb oes ym myd natur. Gan mai Dewi Sant oedd yr unig ysgol Gymraeg yn ardal Llanelli bryd hynny, roedd plant yn dod yno o bob rhan o'r dre. Roedd rhai ohonon ni'n dod o ganol y dre, ac eraill o Felinfoel, Pwll, Llwynhendy, y Bryn, Bynea a Llangennech, hyd yn oed. O ganlyniad, roedd rhywun yn dod yn ffrindiau â phobl o bob cefndir. Fe ddes i'n ffrindiau mawr â nifer o blant Llwynhendy, fel Goronwy, Gareth a Geraint Walters, oedd yn byw ar ffarm Clos Glas. Roedd cael mynd i chwarae ar y ffarm gyda nhw yn hwyl go iawn, achos roedd anifeiliaid ffarm a llond y lle o fywyd gwyllt o gwmpas y caeau. Roedd Huw Jenkins a Kevin Adams a'i frodyr yn byw yn Erw Las. Roedd pawb yn mynd i gartrefi ei gilydd ac yn mynd i bartis pen-blwydd di-ri. Pan es i 'nôl i ysgol Dewi Sant i ymarfer dysgu, flynyddoedd yn ddiweddarach, roedd Mr Tomos yn dal yno, a John Morris Williams oedd y prifathro. Bu'r ddau'n gymorth mawr ac yn gefnogol dros ben i fi, nid yn unig wrth i mi wneud ymarfer dysgu, ond ar ôl i mi ddechrau gyda'r BBC hefyd.

Ar ôl i fi ddechrau yn yr ysgol gynradd, fe ddaeth rhywbeth arall yn amlwg hefyd. Yr atal dweud. Fe fydda i'n sôn tipyn am yr atal wrth adrodd y stori hon, gan ei fod wedi cael dylanwad mawr ar fy mywyd mewn sawl ffordd. Mae'n debyg fy mod wedi dechrau atal cyn mynd i'r ysgol, ond unwaith es i i ganol plant eraill, fe ddaeth yn amlwg fod rhywbeth yn wahanol amdana i. Roedd y rheswm yn syml. Bob tro bydden i'n agor fy ngheg i siarad, byddai pobl yn chwerthin, nid am fy mod wedi darganfod dawn at gomedi'n ifanc iawn, ond am fy mod yn atal. Fe ddechreuodd y broblem pan o'n i tua pum mlwydd oed. Does gen i ddim un syniad pam, na phryd yn union. Hyd y cofia i, un diwrnod do'n i ddim yn atal, y diwrnod nesa roedd gen i atal dweud. Mae pobl yn gofyn yn aml beth sy'n ei achosi, ond a bod yn onest, nath y peth jest digwydd. Cyn mynd i'r ysgol, pan fydden i'n cwrdd ag oedolion, bydden nhw'n rhy boléit i ddweud dim byd, na gwneud sylw am y broblem. Ond mae plant yn hynod onest, felly doedd hi ddim yn hir cyn i'r lleill dynnu sylw at fy ngwendid. Ond un o'r pethau handi iawn am blant bach yw'r ffaith eu bod nhw'n laru ar bethau'n gyflym iawn. Felly, a phawb yn yr ysgol yn gwybod fy mod yn atal, ac ar ôl yr hwyl byrhoedlog pan fydden ni'n cwrdd am y tro cynta, fe dderbyniodd pawb y peth fel rhan naturiol ohona i. Er hynny, roedd y profiadau cynnar yna o gael pobl yn chwerthin ac yn gwneud hwyl am fy mhen yn ddigon i osod sail y swilder a'r ansicrwydd sydd wedi fy nilyn i drwy f'oes ac, wrth gwrs, doedd dim pwynt i fi feddwl am gael rhannau unigol yn nramâu a chyngherddau'r ysgol. Ond a dweud y gwir, ro'n i'n berffaith hapus i fod yn y cefndir, yn aelod o'r côr neu'n ddafad yn nrama'r geni. Am ryw reswm, mae pobl sy'n atal yn gallu canu neu gydadrodd yn berffaith. Dyma sydd wedi gwneud i fi feddwl bod elfen o ddiffyg hyder mewn atal, a hefyd, elfen o ddiffyg amseru. Ond dros y blynyddoedd, dwi wedi datblygu sawl tric a strategaeth i oroesi'r atal, a'r swildod.

Wrth edrych yn ôl, rwy wedi sylweddoli nad o'n i'n gweld llawer iawn ar 'nhad. Rhaid i mi bwysleisio nad bai Dad oedd hyn, ond cyfuniad o'i oriau gwaith e ac anghenion gwely cynnar plentyn fel fi. Roedd Dad yn gweithio o ddydd Llun i ddydd Sadwrn, yn gadael y tŷ cyn i fi fynd i'r ysgol ac yn cyrraedd gartre tua 7:00. Fe fydden i'n cyrraedd 'nôl o'r ysgol tua 4:00 ac yn mynd i'r gwely cyn iddo ddod adre. Byddai'r siop yn cau am hanner diwrnod ar ddydd Mawrth ac, wrth gwrs, bob dydd Sul. Ar ddydd Sul, byddai Dad yn mynd i'r capel a'r ysgol Sul dair gwaith, ac o'n inne'n mynd i'r ysgol Sul hefyd. Felly, dim ond am gwpl o oriau ar nos Fawrth ac ychydig oriau ar y Sul y bydden ni'n gweld ein gilydd. Yn y capel ces i 'nghyfle cynta i berfformio. Ro'n i'n hoffi canu bryd hynny, pan o'n i'n rhyw saith neu wyth oed, ac yn gwneud yn aml yn y gwasanaethau. Yn ôl y cerddor Haydn Morris, oedd yn aelod yn y capel, roedd gen i lais oedd yn cadw mewn tiwn yn dda iawn. (Er, cofiwch, roedd yr hen Haydn mewn dipyn o oedran bryd hynny!) Yn yr ysgol Sul, roedd ein dosbarth ni'n rhoi amser caled i'r athrawon. Ond er gwaetha'r gwmnïaeth, rhaid i mi gyfadde na chefais erioed fy ysbrydoli gan gyfarfodydd y capel na'r ysgol Sul. Y peth ro'n i'n ei gasáu fwya oedd y gymanfa ganu, ac rwy'n teimlo'r un fath heddiw. Roedd yr ymarferion bondigrybwyll yn fwrn. Yr unig gysur ac adloniant i'r sawl ohonon ni oedd yn eistedd yn y rhes flaen lan llofft oedd taflu darnau bach o bapur at bennau'r bobl oedd yn eistedd lawr llawr. Heddiw, chewch chi ddim ohona i'n agos at gymanfa ganu am ffortiwn!

Wrth i fi dyfu'n hŷn, fe ddaeth yn bosib treulio ychydig mwy o amser gyda Dad. Weithiau, fe fydden i'n cael cerdded lawr Glenalla Road i gwrdd â Dad ar ei ffordd adre o'r gwaith i gael cinio neu ar ddiwedd y dydd. Y tric bryd hynny oedd cuddio tu ôl i'r coed yn y blanhigfa fechan hanner ffordd lawr y stryd, ac yna trio rhoi syrpréis i Dad wrth iddo gerdded heibio. Heb os nac oni bai, un o'r pethau gorau wrth fynd yn hŷn oedd cael mynd gyda Dad yn y nos lawr i feysydd y Llannerch, nid nepell o'r tŷ. Fe fydden ni'n dau'n cerdded yn dawel ar hyd ochrau'r cae ger y coed i wrando ar y tylluanod yn hwtian. Byddai Dad hefyd yn sôn am y cadnoid oedd yn byw ar y mynydd tu ôl i'r tŷ lle cafodd ei fagu ym Mhontardawe. Roedd clywed y storïau am y llwynogod llwyd yn sleifio o gwmpas y mynydd yng ngolau'r lleuad llawn yn ddigon i danio dychymyg unrhyw blentyn. Oes, mae arna i ddyled fawr i 'nhad am fagu fy niddordeb ym myd natur. Fe fyddai 'mywyd i wedi bod dipyn yn dlotach heb y diddordeb hwnnw. Roedd yr amseroedd prin yna'n werth y byd i mi, a bryd hynny, yn fy marn i, roedd Dad yn gwybod popeth oedd i'w wybod am fyd natur.

Tua'r adeg yma hefyd, fe gefais anrheg gan Dad a newidiodd gwrs fy mywyd i. Roedd y siop ddillad lle roedd Dad yn gweithio drws nesa i siop optegydd. Un diwrnod, wrth fynd heibio, roedd e wedi gweld chwyddwydr bach pwerus a microsgop yn y ffenest. Doedd y microsgop ddim yn un pwerus na drud iawn, ond roedd set o sleidiau'n dod gydag e. Prynodd Dad y ddau, a chefais nhw'n anrheg pen-blwydd. Wrth i mi syllu i lawr lens y microsgop, agorwyd fy llygaid i fyd newydd, yn llythrennol. Roedd byd arall o anifeiliaid bach y tu hwnt i olwg y llygad dynol, ac fe gefais fy swyno gan y creaduriaid bach yna ar unwaith. Ro'n i wrth fy modd yn casglu ac yn archwilio dŵr y llyn i'w gwylio, a bydden i'n creu *hay infusions* yn llawn bywyd a fyddai'n cael ei ddatgelu gan y microsgop. Treuliais oriau'n gwylio amebas, *paramecium* a gwahanol fathau o chwain dŵr. Cymaint oedd y diddordeb nes i mi gael wythnos o brofiad gwaith yn ifanc iawn yn labordy patholeg ysbyty Llanelli gyda'r bacteriolegydd Miss Margaret Edwards. Wn i ddim sut daeth Margaret i ben â chael bachgen ifanc tair ar ddeg oed yn y labordy gyda hi wrth iddi wneud ei gwaith bob dydd, ond fe agorodd hi fy llygaid i faes ddiddorol arall, sef bacterioleg. Fe gymerodd Margaret yr amser a'r drafferth i ddangos bacteria'r diciâu, neu TB, i mi o dan y microsgop, ac esbonio sut roedd e'n medru gwrthsefyll cyffuriau gwrthfiotig cyffredin, a sut oedd trin yr afiechyd. Ro'n i'n gweld yr holl beth yn hudolus, a dwi'n cofio dweud am gyfnod yn yr ysgol taw bacteriolegydd o'n i am fod! Mae'r diddordeb yna yn y bacteria a'r protosoa'n dal gyda fi, a rai blynyddoedd yn ôl, fe fuddsoddais mewn microsgop dipyn drutach, sy'n rhoi oriau o bleser i mi. Mae'n bosib ffilmio a thynnu lluniau gyda'r microsgop newydd hefyd, sy'n ychwanegu eto at y pleser enfawr o astudio byd cudd y pethau bach o dan y lens.

Pennod 3

Roedd bywyd yn ddigon cysurus i ni yn y pumdegau a'r chwedegau. Roedd gwaith Dad yn ddiogel, ac er nad oedd ei gyflog yn fawr, doedd dim morgais ganddo. Doedd dim car na ffôn gyda ni, a fuodd 'na erioed wres canolog yn y tŷ. Ond roedd wastad bwyd ar y ford a dillad pan fyddai angen, a fyddai neb yn anghofio pen-blwydd na'r Nadolig. Un o'r anrhegion Nadolig mwya cyffrous ges i erioed oedd ci bach, pan o'n i tua chwech oed. Croes rhwng Jack Russell a chi defaid oedd e, ac fe sylwais fod ganddo wisgers. Nawr, yn ôl yr hyn ro'n i wedi'i ddysgu yn yr ysgol, dim ond cathod oedd â wisgers o gwmpas eu cegau, felly oherwydd y syndod o weld ci bach â blewiach fel hyn, galwyd e'n Wisgers. Fel pob Jack Russell, roedd Wisgers yn hollol wallgo. Pan fyddai cloch y drws ffrynt yn canu, byddai'n cyfarth ac yn rhedeg o amgylch y stafell, lan dros gefn y soffa ac yna'n saethu at y drws. Hefyd, pan fyddai'n chwarae mas yn yr ardd, byddai'n cario bricsen yn ei geg yn aml. Fe gariai'r fricsen i'r tŷ, a sefyll o flaen un ohonon ni gan siglo'i gwt. Os byddai rhywun yn meiddio'i anwybyddu, fe fyddai'n gadael i'r fricsen gwympo ar droed pwy bynnag oedd wedi ei bechu!

Yr unig gyfle fyddai Mam, Dad a fi'n ei gael i fod gyda'n gilydd am sbel oedd ar ein gwyliau, ac unwaith y flwyddyn fe fydden ni'n mynd i aros mewn býngalo yn Aberporth yng Ngheredigion am bythefnos, ym mis Awst fel arfer. Roedd nifer o fýngalos ar gael i'w rhentu yn Aberporth, mewn cae nid nepell o'r traeth. Roedden ni'n mynd i'r un un bob blwyddyn – Sweethope. Roedd y daith yn antur ynddi'i hun. Byddai Mam yn pacio popeth yn ofalus, ac yna ar y bore Sadwrn penodedig, byddai Wncwl John yn galw yn ei gar i fynd â ni. Nid wncwl go iawn i fi oedd John, ond ffrind i Dad, oedd yn rhannu ei ddiddordeb mewn ffotograffiaeth. Rwy'n cofio mynd draw i dŷ John a'i wraig Peggy sawl gwaith, a chael fy hudo gan y sleidiau fyddai'n cael eu dangos ar y sgrin yn y gegin. Dwi ddim yn cofio llawer am y daith i Aberporth, ond un flwyddyn fe gawson ni ddamwain gas pan ddaeth beic modur ar ei ben i flaen y car. Ro'n i'n eistedd yn sêt flaen y car ar gôl fy nhad (dim gwregys diogelwch bryd hynny), a dwi'n cofio'r ffenest yn chwalu'n deilchion, a'r sŵn a'r mwg ddaeth o'r injan. Taflwyd gyrrwr y beic modur dros ben y car, ond chafodd e ddim o'i niweidio'n ddifrifol. Fues i'n sâl yn y fan a'r lle, ac fe dorrodd Dad ei drwyn a chael cwt gwael ar ei goes.

Roedd y pythefnos yn Aberporth wastad yn hyfryd. Dwi, fel bron pawb arall mae'n debyg, yn cofio bod y tywydd yn well o lawer bryd hynny, a phob diwrnod braf fe fydden i'n chwarae ar y traeth. Byddai'r diddordeb ym myd natur yn dod i'r amlwg eto, ac yn ogystal â chwarae criced ar y tywod, fe fydden i a Dad yn mynd o gwmpas y pyllau yn y creigiau yn chwilio am grancod ac yn rhyfeddu at y bywyd gwyllt oedd o dan y dŵr. Bryd hynny, doedd gen i ddim llawer o syniad am faint pethau, a dwi'n cofio tynnu 'nhad ar ras lawr y traeth un diwrnod â rhwyd fach a bwced yn fy llaw i geisio dal y dolffiniaid oedd wedi dod i nofio'n agos at y traeth! Er na ddaliais yr un ohonyn nhw, roedd eu gweld yn neidio ac yn chwarae yn y dŵr yn brofiad ac yn ysbrydoliaeth sydd wedi aros gyda fi hyd heddiw. Mae gweld dolffiniaid bob amser yn dod â gwên i fy wyneb.

Roedd y gwyliau'n gyfle i gwrdd â phlant eraill hefyd, a byddai un teulu'n dod i aros yn y bwthyn drws nesa i ni bob blwyddyn. Meddyg oedd y tad, ac roedd ganddo fe a'i wraig bedwar o blant ac *au pair* oedd yn dod o Ffrainc. Un diwrnod, wrth chwarae criced ar y traeth gyda'r plant, ro'n i'n maesu tu ôl i'r wiced pan drodd y batiwr i fwrw'r bêl. Fe anelodd y bat â'i holl nerth, methu'r bêl ond fy nharo i ar draws fy wyneb. Fe dorrodd y bat, ac ymhen dim, roedd fy llygaid yn ddu a 'nhrwyn yn pistyllio gwaed. Fe gerddais 'nôl i'r bwthyn, a chanu cloch y drws ffrynt. Dad ddaeth i'r drws. 'Yes, can I help you?' medde fe. 'Dad, fi yw e,' medde llais bach egwan. 'Beth uffern wyt ti 'di neud? Dere mewn, glou.' Ar ôl gweld y meddyg yn y bwthyn drws nesa, penderfynwyd nad oedd angen mynd i'r ysbyty, dim ond aros i bethau wella'n ara deg.

Flynyddoedd yn ddiweddarach, pan o'n i'n cynhyrchu ffilm ar y diciâu i S4C, fe glywais am Dr Danino, arbenigwr ar yr ysgyfaint uchel iawn ei barch yn ysbyty Treforus. Roedd y meddyg wedi marw ers blynyddoedd, ond sylweddolais mai fe fuodd yn dod â'i deulu i Aberporth bob blwyddyn.

Roedd teulu arall yn byw ger y bythynnod yn Aberporth, teulu'r Betts. Y tad oedd yn gofalu am y bythynnod ac yn torri'r gwair a chadw'r lle'n daclus. Un diwrnod, dyma'r mab, Michael, a finne'n mentro lawr yr allt fach tu ôl i'r bythynnod, oedd yn arwain lawr dibyn at nant yn y gwaelod. Roedd Mr Betts wedi taflu llond cart o wair i lawr y dibyn yn gynharach yn y dydd, ac yno, yn chwarae ac yn bwyta ar ben y gwair, roedd pump neu chwech o lygod bach. Fe fu'r ddau ohonon ni'n eistedd am oes yn eu gwylio. Dwi bron yn siŵr mai llygod yr ŷd – *harvest mice* – oedden nhw, ond dwi erioed wedi gweld eu tebyg ers y diwrnod hwnnw 'nôl yng nghanol y chwedegau.

Rywbryd yn ystod y pythefnos yn Aberporth, bydden ni'n mynd am drip ar y bws i siopa yn Aberteifi. Roedd Mam a Dad yn hoff iawn o gerdded o gwmpas y siopau i weld beth oedd ar gael. Un flwyddyn, rwy'n cofio'i bod yn bwrw glaw pan aethon ni i mewn i siop oedd yn gwerthu addurniadau tsieina a gwydr.

Mam a Dad ar eu mis mêl

Dad a fi ar y traeth
yn Aberporth

Fi'n bedair oed ar wyliau yn Aberporth

Mam yn wraig ifanc

Mam yn yr ardd yn Clifton Terrace, Llanelli

Y llun olaf a dynnais o Dad, 1966

Gosod torch ar y Senotaff ar ran
Urdd Sant Ioan yn 1967

Sara Lyn, Renee a fi, Glanllyn, 1970au

Criw o ferched Dyffryn Aman yng Nghlan-llyn gyda
Delwyn Siôn yn y saithdegau cynnar

Fi a Dad-cu! Sulwyn Tomos a fi yn nyddiau Radio Glangwili

Cyfnod *Swansea Sound*, 1975

Stiwdio *self-op* yn y BBC yn y saithdegau

Cadw cwmni â Max Boyce

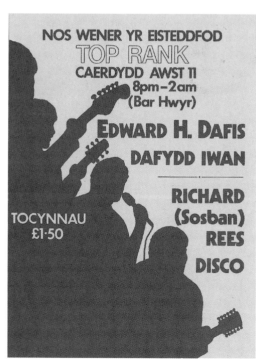

Noson Top Rank, Eisteddfod Genedlaethol
Caerdydd, 1978

Sosban, 1977

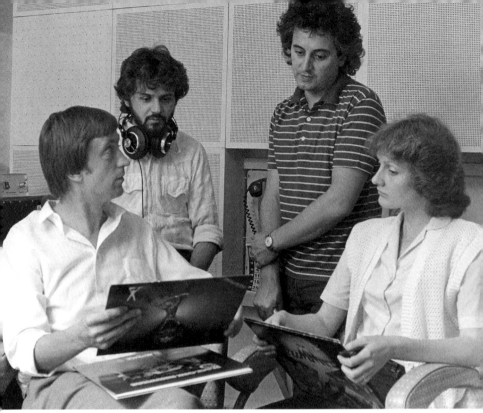

Rockpile, chwith i'r dde: fi, Alun Protheroe, Gary Davies a Jackie Jones

Stiwdio *continuity* teledu gyda Delyth Davies yn yr wythdegau cynnar

Dyddiau *Rockpile* –
croeso i'r 1980au

OB ym Mhont Abraham, mis Awst 1976. Yr anfarwol Grav a fi'n cysgodi!

Cwis plant, *Wir i Chi* c. 1976

Flares! Hyfforddi tîm rygbi Ysgol Gyfun Oxford Street, Abertawe, 1976

Ffilmio *Popeth Dan Haul*, Seville, Sbaen

Criw cynhyrchu *Popeth Dan Haul*, Sierra Nevada, Sbaen

Ffilmio *Ffermio*, 1988. Mae Siân Ann yn gweithio gyda fi hyd heddiw

Y Western Isles Challenge, 1996. Geraint Gwanas Evans, John Morgan, Bethan Gwanas, Anne Woodhouse, Ellis Davies, fi, Alun Protheroe

Elin a fi ar ddiwrnod ein priodas,
18 Mehefin 1988

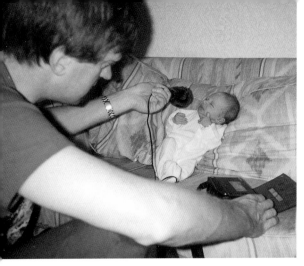

Ffion fach, fach, y meicroffôn a fi.
Trio recordio'i hanadlu

Elin â Ffion yn ddwy oed

Ffion a fi

Wrth i ni gerdded o gwmpas, fe fachodd ymyl cot Dad yng nghornel un o'r silffoedd, a dod â'r cyfan i lawr ar ben y silffoedd eraill odano. Stopiodd pawb i edrych wrth glywed sŵn y gwydr yn chwalu'n ddarnau mân, a throdd wyneb Dad yn fflamgoch wrth iddo sylweddoli beth oedd wedi digwydd. Dwi ddim yn cofio a fu'n rhaid iddo dalu am y difrod neu beidio, ond wedi hynny, buodd yn ofalus iawn o'i got! Dro arall, wrth fynd o gwmpas siop John Hall yn Abertawe cyn y Nadolig, cydiodd Dad mewn dryll oddi ar y silff deganau. Doedd e ddim wedi cadw i fyny â'r diweddara ym myd teganau, a dyma fe'n rhoi ei fys ar y triger a thanio'r gwn. Yr eiliad nesa, atseiniodd sŵn byddarol y *machine-gun* drwy'r siop, a chafodd y siopwyr lond twll o ofn. Roedd Dad druan yn sefyll yno yn ei got law a'i het *trilby*, yn dala'r gwn, yn edrych fel ymgorfforiad o aelod o'r Maffia. Sa i'n credu iddo afael mewn gwn tegan byth wedi hynny!

Ar ddiwedd yr haf, roedd hi'n bryd mynd 'nôl i'r ysgol, ac ym mis Medi 1965, es i i Safon 4, y flwyddyn ola yn yr ysgol gynradd. Miss Inez Thomas oedd yn ein dysgu, ac roedd ar bawb ei hofn hi. Er nad oedd yr un o'r athrawon yn gas, roedd gan Miss Thomas lais cryf a phwerus, a'r gallu i ymddangos fel petai hi wedi colli ei limpyn yn llwyr ac ar fin ffrwydro. Doedd neb yn dadlau gyda Miss Thomas! Rhaid i mi sôn fan hyn hefyd am fy nghariad cynta. Ann Lewis oedd ei henw, ac roedd hi'n byw yn Queen Victoria Road yng nghanol dre Llanelli. Roedd Ann a finne'n ffrindiau da yn y ffordd ddiniwed yna sy'n nodweddiadol o blant ysgol gynradd. Fe fuon ni'n mynd i bartïon pen-blwydd ein gilydd am flynyddoedd, ac weithiau'n mynd i'r pictiwrs hefyd. Mae Ann yn dal i fyw yn Llanelli, ac ry'n ni'n cwrdd bob hyn a hyn allan yn siopa, neu mewn amryw ddigwyddiadau yn y dre.

Pennod 4

Fe drodd yr haf yn aeaf, ac fe ddaeth y Nadolig. A minnau bellach yn ddeg oed, ro'n i wedi hen sylweddoli nad Siôn Corn oedd yn gyfrifol am yr anrhegion a fyddai'n aros o flaen y tân yn y gegin ar fore dydd Nadolig. Felly, ro'n i wedi gwneud cais am anrheg arbennig iawn y Nadolig hwnnw, sef chwaraewr recordiau. Ro'n i wedi bod yn gwrando ar gerddoriaeth ar y radio o dan y blancedi yn y nos ers tipyn. Roedd Radio Luxembourg wedi gwneud argraff fawr arna i, fel oedd Radio Caroline, yr orsaf radio bop oedd yn darlledu oddi ar fwrdd llong wedi ei hangori ym Môr y Gogledd. Ond nawr, roedd cyfle i fi i brynu ac i chwarae recordiau fy hoff grwpiau. Y Beatles oedd fy hoff grŵp bryd hynny, wrth gwrs, ond roedd gen i gwpl o recordiau gan Gerry and the Pacemakers a Freddie and the Dreamers ac eraill. Dwi'n cofio gwrando drosodd a drosodd ar y recordiau hir *With the Beatles*, *A Hard Day's Night* a *Rubber Soul*. Er hynny, weithiau byddai'n rhaid ildio i ganeuon Jac a Wil, ac ambell gôr, i blesio Dad. Cael yr anrheg yna ddechreuodd fy niddordeb go iawn mewn cerddoriaeth a chasglu recordiau, casgliad sydd bellach yn gannoedd o recordiau feinyl a CDs. A hefyd, mae'n siŵr mai dyna lle dechreuodd y diddordeb a fyddai'n troi'n yrfa mewn blynyddoedd i ddod.

Y Nadolig hwnnw yn 1965, fe ges i anrheg arall a fyddai'n arwain at ddiddordeb oes. Roedd un o frodyr Mam, Stanley, a'i wraig Jessie, yn byw ger yr orsaf yn Llanelli. Roedd eu hunig ferch, Enid, wedi priodi ac wedi symud i fyw i Wrecsam. Athrawes oedd Enid, oedd wedi astudio Daearyddiaeth yn y brifysgol yn Aberystwyth, yr aelod cynta o'r teulu i ennill lle mewn coleg. Roedd Stanley wedi bod yn mynd trwy bethau yn y tŷ ac wedi dod o hyd i hen gamera. Pan fues i'n ymweld â nhw, fe roiodd y camera i fi. Box Brownie oedd e. I dynnu llun, roedd raid edrych lawr drwy'r *viewfinder* ar dop y camera ac yna clicio'r botwm ar y blaen. Doedd dim angen ffocysu na newid yr *exposure* na dim byd felly, dim ond tynnu'r llun. Cefais fy hudo ar unwaith ac fe fuodd y camera'n mynd i bob man gyda fi. Tripiau ysgol (soniais yn gynt am y llun o Olwen Williams yng Nghilmeri), gwyliau – pob man.

Wrth fynd 'nôl i'r ysgol ar ddechrau 1966, roedd pawb yn gwybod bod y flwyddyn honno'n un fawr i ni i gyd. Ar ddiwedd y gwanwyn fe fydden ni'n gorfod sefyll arholiad yr *eleven plus*, ac ar ddiwedd tymor yr haf, fe fydden ni i gyd yn mynd i'r ysgol uwchradd. Ond pa ysgol uwchradd? Roedden ni i gyd yn ymwybodol o bwysigrwydd yr *eleven plus*, ac roedd hynny'n dipyn o bwysau ar blant deg ac un ar ddeg oed. Os byddech chi'n llwyddo, byddech chi'n mynd naill ai i ysgol ramadeg y bechgyn, neu i ysgol y merched. Os byddech chi'n methu'r arholiad, byddech chi'n mynd i'r *secondary modern*, sef Ysgol y Strade. Roedd un peth yn siŵr – fydden ni ddim i gyd gyda'n gilydd yn hir iawn bellach. Roedd yr adeg yma'n gyfnod o bryder mawr i rieni hefyd, wrth gwrs. Dwi'n cofio dim am yr arholiad, heblaw am orfod eistedd mewn rhesi a'r desgiau ar wahân, a gweithio'n dawel heb wneud unrhyw sŵn am y tro cynta erioed. Ac yna, aros wythnosau am y canlyniadau.

Roedd Dad a Mam yn poeni cymaint â phawb arall am y canlyniadau, a'r goblygiadau posib i ddyfodol eu mab unig anedig, ond roedd bywyd yn mynd yn ei flaen o ddydd i ddydd heb fawr o ffwdan. Un dydd Sul ym mis Ebrill, daeth fy nhad adre o'r capel yn edrych yn smart iawn yn ei siwt orau. Gan fod y tywydd yn braf, awgrymodd y dylen ni'n dau fynd am dro i Barc Howard am 'bach o awyr iach. Doedd dim rhaid gofyn ddwywaith. Roedd mynd am dro gyda Dad bob amser yn bleser. A chan addo wrth Mam y bydden ni 'nôl i ginio, bant â ni. Wrth gwrs, roedd raid i fi fynd â 'nghamera. Ar ôl i ni gyrraedd y parc a cherdded o gwmpas am dipyn, eisteddodd Dad ar un o'r meinciau, ac fe dynnais lun ohono. Roedd yn edrych yn fonheddwr go iawn, yn eistedd yna yn ei siwt orau yn yr heulwen. Yna, 'nôl adre â ni am ginio dydd Sul.

Fore trannoeth, doedd Dad ddim yn teimlo'n dda iawn, ac roedd golwg ryfedd arno. Ro'n i'n cofio iddo fynd yn sâl dair blynedd ynghynt â'r un math o symptomau, ond yn ddeg oed, feddyliais i ddim mwy am y peth. Roedd Mam, wrth gwrs, yn gwybod y gwir. Yn ystod yr eira mawr yn 1963, roedd 'nhad wedi diodde o hepatitis C. Barn y meddyg oedd ei fod wedi dal yr afiechyd yn India yn ystod y rhyfel, ond bod yr afiechyd wedi cymryd blynyddoedd i ddatblygu. (Bu farw Anita Roddick, perchennog y Body Shop, o'r un cyflwr rai blynyddoedd yn ôl). Effeithiodd y firws yn arw ar afu 'nhad, a rhybuddiodd y meddyg Mam bryd hynny petai'r clefyd yn taro eto, na fyddai pethau'n dda. O fewn diwrnod neu ddau, roedd Dad yn yr ysbyty. Roedd ei groen a'i lygaid yn felyn, a'r pwysau'n disgyn oddi arno'n ddyddiol. O fewn pythefnos, bu farw, ddydd Sul 1 Mai 1966, bythefnos yn unig ar ôl i mi dynnu'r llun ohono ar y fainc ym Mharc Howard.

Fues i i weld Dad y penwythnos cynt. Roedd ysbytai'n llym iawn bryd hynny ynglŷn â phryd roedd plant yn cael ymweld â chleifion, ond ro'n i wedi cael mynd i'w weld ar y prynhawn Sadwrn. Ar ôl i fi aros wrth y gwely a siarad ag e am dipyn, roedd yn rhaid i fi adael y ward er mwyn i rywun arall ddod i ymweld. Fe gerddais allan o'r ward heb edrych 'nôl ar Dad unwaith, rhywbeth rwy'n ei ddifaru hyd heddiw, achos hwnna oedd y tro ola i fi ei weld.

Y penwythnos y bu farw, rwy'n cofio bod yr awyrgylch yn y tŷ'n rhyfedd iawn. Roedd llawer o sibrwd ymhlith yr oedolion, a phawb yn edrych arna i ac yn gwenu. Ond doedd neb yn dweud dim wrtha i. Efallai ei bod hi'n ormod i ddisgwyl y byddai pobl yn gwybod beth i'w ddweud wrth blentyn un ar ddeg oed yn y sefyllfa yna. Doedd dim sôn am Mam. Roedd hi'n treulio'i hamser i gyd yn yr ysbyty gyda Dad.

Erbyn y prynhawn Sul, ro'n i'n rhwystredig ofnadwy. Roedd yn amlwg fod rhywbeth mawr o'i le a bod pawb yn drist iawn, ond do'n i ddim yn gwybod pam. Tua amser te, penderfynais fy mod wedi cael digon ar aros a dyma fi'n gadael y tŷ a rhedeg lan i'r ysbyty. Dim ond rhyw filltir i ffwrdd oedd e, ac ro'n i'n gwybod am ffordd gyflym lan y lôn gefn tu ôl i Alban Road. Wrth i fi basio hen ysgol Stebonheath, gwelais yr ysbyty, ac yno, yn cael ei hebrwng lawr y grisiau i'r car gan fy ewythr, roedd Mam. Rhedais 'nôl i'r tŷ. Roedd Mam wedi cyrraedd o 'mlaen i, ac wrth i fi ddod drwy'r drws ffrynt, sibrydodd y dylen i fynd gyda hi, gan fod ganddi rywbeth i'w ddweud wrtha i. Aeth Mam â fi lan llofft, gorwedd ar ei gwely a dweud wrtha i fod Dad wedi marw. Er na ddywedodd hi wrtha i ar y pryd, cwestiwn am fy nghanlyniadau *eleven plus* i oedd geiriau ola Dad: 'Odi Richard wedi paso?'

Thrawodd arwyddocâd marwolaeth Dad mohono i'n syth, ond fe wnaeth pan ddaeth ei arch i'r tŷ. Es i mewn i'r stafell ganol i eistedd gyda'r arch un prynhawn ar fy mhen fy hun, heb i neb wybod 'mod i yno. Dyna pryd y sylweddolais na fydden i'n gweld Dad eto. Ches i ddim mynd i'r angladd, na Mam chwaith. Yn y dyddiau hynny, dim ond dynion oedd yn mynd i angladdau. Sa i'n gwybod pam. Roedd y gwasanaeth yn amlosgfa Treforus, ac mae'n debyg y bu cannoedd o bobl yno i dalu teyrnged iddo.

Rai wythnosau wedi'r angladd, dyma fi'n gafael yn fy nghamera unwaith eto. Ro'n i wedi anghofio bod ffilm ynddo, ac yn sicr do'n i ddim yn cofio beth oedd arni. Es i â hi i gael ei datblygu yn siop y fferyllydd lleol. Ymhen rhai dyddiau, daeth y lluniau'n ôl, ac yno, yng nghanol yr amlen, roedd llun o Dad yn eistedd ar y fainc ym Mharc Howard. Drwy ryw wyrth, fe drodd y llun allan yn iawn, mewn ffocws a'r *exposure* yn gywir. Roedd Dad yn edrych yn dda iawn yn ei siwt dydd Sul. Pan welodd Mam y llun, dyma hi'n beichio llefain, ond fe roddodd un copi o'r llun wrth ochr ei gwely a chopi arall ar y seld yn y tŷ. Cyn hir, roedd pawb eisiau copi. Dyna'r tro cynta erioed i mi gredu 'mod i'n gallu gwneud rhywbeth yn iawn. Diddordeb pobl yn y llun hwnnw, a'r ganmoliaeth ges i amdano seliodd fy niddordeb mewn ffotograffiaeth, ac mae'r diddordeb hwnnw wedi datblygu i fod yn obsesiwn bellach. Bydda i'n mynd i'r amlosgfa weithiau ar Fai y cyntaf, ac mae enw Dad yno mewn llyfr cofio. Rwy'n falch o un peth. Wrth edrych tua'r gogledd o'r amlosgfa, mae rhywun yn gallu gweld y mynyddoedd ar ochrau Cwm Tawe, Pontardawe a'r Alltwen. Byddai 'nhad wedi bod wrth ei fodd â'r olygfa.

Cafodd bywyd Mam ei droi ben i waered. Nid yn unig roedd hi wedi colli ei chymar a thad ei phlentyn, ond roedd hi hefyd wedi colli'r unig incwm oedd yn dod i'r teulu. Derbyniodd Mam bensiwn o ddwy fil o bunnoedd wedi marwolaeth Dad. Hwn oedd cyfanswm y taliadau niferus a wnaethai dros flynyddoedd o weithio i gwmni Hodges. Rywsut neu'i gilydd, fe lwyddodd Mam i'n cynnal ni'n dau a chadw'r cartre i fynd trwy ddefnyddio'r llog ar y ddwy fil o bunnoedd, a'i phensiwn wythnosol. Wn i ddim sut llwyddodd hi. Roedd y teledu ar rent a fuon ni byth ar wyliau gyda'n gilydd eto ar ôl i Dad farw. Ond fuon ni byth yn brin o fwyd na dillad chwaith, ac roedd Siôn Corn yn galw bob blwyddyn o hyd. Gwnaeth Mam wyrthiau gyda'r arian, a phan fuodd hi farw, roedd y ddwy fil o bunnoedd gwreiddiol yn dal yno – pensiwn Dad, yn y banc, heb ei gyffwrdd.

Trodd y dyddiau'n wythnosau, a chyn hir fe ddaeth canlyniad arholiad yr *eleven plus*. Rywsut, ro'n i wedi llwyddo i'w basio, ac ennill fy lle yn yr ysgol ramadeg. Rhedais bob cam adre i ddweud wrth Mam. Roedd hi'n sefyll ar stepen y drws yn siarad ag un o'r cymdogion. Pan ddywedais wrthi, dyma hi'n beichio llefain. Ro'n i'n methu deall ar y pryd beth oedd yn bod. O'n i'n meddwl ei bod yn beth da 'mod i wedi llwyddo! Ond wrth gwrs, do'n i ddim yn ymwybodol o eiriau ola Dad, oedd yn fyw yng nghof Mam o hyd, wrth reswm. Geiriau Mam bryd hynny – geiriau a glywais sawl tro eto dros y blynyddoedd – oedd 'Pam 'mod i ar fy mhen fy hun ar adegau fel hyn?'

Dechrau newydd. Dyna'r ffordd orau i ddisgrifio misoedd haf 1966. Ar ôl gadael yr ysgol gynradd, ro'n i'n edrych mlaen at ddechrau cyfnod newydd yn yr ysgol ramadeg. Ond cyn hynny, ro'n i wedi trefnu ers tro mynd i wersyll yr Urdd Llangrannog am wythnos gyda chriw o ffrindiau ysgol. Fe fyddai'r wythnos yna'n dynodi cychwyn perthynas agos iawn â'r Urdd a barodd am flynyddoedd. Roedd yr holl beth yn antur ardderchog, a ddechreuodd pan gwrddais â'r bois eraill i gyd yn y dre i ddal bws i'r gwersyll. Dwi ddim yn meddwl fod gan yr un ohonon ni ddim syniad ble roedd Llangrannog mewn gwirionedd, felly roedd cyffro mawr wrth deithio'r holl ffordd i arfordir Ceredigion. Yna, cyrraedd y gwersyll a deall ein bod ni'r bechgyn yn cysgu mewn pebyll ar waelod y cae. Roedd pob un o'r pebyll mawr brown yn cynnwys gwelyau i chwech neu wyth o fechgyn, a dyna fyddai ein cartre am yr wythnos nesa. Ifan Isaac oedd pennaeth y gwersyll ar y pryd, ac roedd nifer o gymeriadau adnabyddus iawn ar y staff, fel John Japheth, Crinc ac eraill, pob un yn sicrhau ein bod ni'n cael amser wrth ein bodd yn ystod yr wythnos. Dwi ddim yn cofio llawer am y gweithgareddau na'r chwaraeon, ond dwi'n cofio cerdded i'r traeth heibio i ynys Lochtyn a theimlo'n bod ni mewn lleoliad egsotig dros ben. Wrth gerdded ar yr arfordir yng Ngheredigion, mae'n siŵr gen i, y dechreuodd y diddordeb mawr sydd gen i mewn cerdded mynyddoedd a mentro i lefydd anghysbell.

Y cam mawr nesa oedd dechrau fel disgybl yn Ysgol Ramadeg y Bechgyn, Llanelli, neu, yn ôl yr arwydd ar y wal, Llanelli Boys' Grammar Technical School.

Pennod 5

Roedd symud o ysgol gymharol fach i ysgol â 900 o fechgyn ynddi'n dipyn o brofiad. Am y tro cynta, roedd raid i fi gael gwisg ysgol â– *blazer* ddu, crys gwyn neu lwyd, tei streipiog yn lliwiau'r ysgol (coch, gwyrdd a gwyn) a throwsus llwyd neu ddu. Ro'n i wedi cael *briefcase* newydd i gario fy llyfrau a phopeth arall, felly, am wyth o'r gloch ar fore dydd Llun ar ddechrau mis Medi 1966, dyma fi'n gadael y tŷ i gerdded y ddwy filltir i'r ysgol. Rwy'n cofio cyrraedd yno gyda ffrind i fi oedd yn byw ar ffarm fach gerllaw i ni gartre, a rhyfeddu o weld yr holl fysus yn chwydu cannoedd o fechgyn allan i'r pafin, a'r afon o wisgoedd ysgol yn llifo drwy gatiau'r ysgol ac i fyny'r lôn. Ro'n i'n nerfus, ond yn gyffrous hefyd. Ro'n i wedi clywed nifer o bethau da am yr ysgol ramadeg ac yn edrych mlaen at yr antur o archwilio'r hyn oedd ganddi i'w gynnig. Ar y llaw arall, ro'n i wedi clywed straeon am arferion croesawu bechgyn bach newydd i'r ysgol; straeon am fois hŷn yn gwthio pennau'r plant newydd lawr y tŷ bach ac yn y blaen. Rwy'n falch o ddweud na ddes i, na neb arall o'n i'n nabod, ar draws y math yna o driniaeth yn Ysgol Ramadeg Llanelli!

Yn y dyddiau hynny, doedd dim gwahoddiad i blant ysgol gynradd ymweld â'r ysgol uwchradd cyn iddyn nhw ddechrau, fel sy'n digwydd heddiw, felly roedd popeth yn newydd i ni. Doedd neb yn gwybod ble roedd dim byd na sut i gyrraedd unman. A dweud y gwir, wrth i ni i gyd aros mewn rhesi o flaen yr ysgol yn disgwyl cael ein rhoi mewn dosbarthiadau, roedd y diwrnod cynta yna'n dipyn o lanast. Mae gen i un atgof clir iawn o'r busnes sefyll mewn rhesi. Doedd e ddim yn digwydd yn aml, dim ond pan oedd rheswm arbennig dros wneud. Un tro, a finne wedi bod yn yr ysgol am dipyn, roedden ni'n aros yn y llinellau un prynhawn, ac ro'n i'n siarad â'r boi yn y llinell nesa. Rhaid 'mod i wedi crwydro o fy rhes ychydig. Y dirprwy brifathro Alun Thomas, neu 'Caesar' i ni'r plant (fe oedd yr athro Lladin), oedd yn goruchwylio'r llinellau, ac roedd e'n methu ynganu'r llythyren 'r'. Y peth nesa glywais i oedd llais cryf a phwerus Caesar yn gweiddi nerth ei ysgyfaint: 'Wichard Wees, get back in wank!' A chwalodd y llinellau trefnus i gyd yn rhacs wrth i bawb floeddio chwerthin.

Y peth oedd wedi fy nghyffroi i'n fwy na dim byd arall oedd y sôn am y labordai. Ro'n i'n methu aros i'w gweld nhw! Roedd yr ysgol wedi ei rhannu'n ddwy, a'r hen ran wedi ei chysylltu â'r un newydd gan lwybr dan do. Roedden ni'r plant newydd yn cael ein dysgu yn yr hen ran, oedd yn cynnwys tri choridor A, B ac C, a'r ffreutur ar y pen. Roedd y plant oedd yn siarad Cymraeg yn cael eu gosod yn yr un dosbarth, 1W, sef 1 Welsh, yn stafell A3 dan oruchwyliaeth yr athro dosbarth Mr Keith Williams, un o athrawon yr adran Gymraeg. Felly, dyma ni'n mynd i gael ein cofrestru ac i ddechrau cyfarwyddo â'n hysgol newydd. Roedd raid ymdopi ag amserlen am y tro cynta, a dysgu ble roedd y stafelloedd a'r swyddfeydd a phob dim arall. Yn ystod yr egwyl cynta, dyma fi'n mentro draw i goridor C, gan mai dyna lle roedd y labordai yn yr hen ysgol. (Roedd sawl labordy newydd sbon danlli, smart, yn rhan newydd yr ysgol, ond fydden i ddim yn cael mynd yn agos at y rheini am flynyddoedd!) Fe gyrhaeddais y General Science Lab ac edrych drwy'r gwydr yn y drws. Roedd yn gyffrous iawn gweld yr holl feinciau hir, a'u tapiau nwy a'u tapiau dŵr, a'r holl offer o gwmpas y stafell. Ond yna fe welais y cwpwrdd yn y coridor y tu allan i'r labordy. Sefais yno am oesoedd, wedi fy nghyfareddu'n llwyr gan gynnwys y cwpwrdd.

Roedd yn llawn *specimens* – nadroedd mewn poteli, llygod mawr wedi eu dyrannu, brogaod, esgyrn, sgerbydau ac, yng nghanol y cyfan, ffetws dynol mewn fformalin. I blentyn un ar ddeg oed, agorodd y cwpwrdd yna ddrws i fyd o ryfeddodau ro'n i ddim ond wedi breuddwydio amdanynt cyn hynny. Felly, penderfynwyd ar fy ngyrfa o fewn awr a hanner o gyrraedd yr ysgol uwchradd. Ro'n i am fod yn wyddonydd enwog ym maes swoleg. Doedd dim amheuaeth bellach!

Her arall ar gyrraedd yr ysgol uwchradd oedd bod yng nghanol grŵp newydd o fechgyn oedd erioed wedi clywed neb yn atal dweud o'r blaen. Ar y dechrau, roedd yr atal yn achosi chwerthin mawr, ond fe flinodd pawb ar y jôc yn fuan iawn. Er, dwi'n cofio cael siom yn ambell un o'r athrawon hefyd. Evans French oedd athro Ffrangeg yr ysgol bryd hynny, ac fe sylweddolais yn gyflym iawn fy mod i'n anobeithiol am ddysgu ieithoedd. Yn ystod un o'r gwersi Ffrangeg, gofynnodd Mr Evans gwestiwn i'r dosbarth ac yna pwyntio ata i i ateb. Doedd gen i ddim syniad o'r ateb, ond yna gwaeddodd: 'Come on boy, answer the question. Let's see if you stammer in French as well.'

Yn yr ysgol ramadeg, hefyd, y dechreuodd fy niddordeb mewn chwaraeon. Fe fues i'n mynd am gyfnod i wersi gymnasteg yn y YMCA yn dre o dan oruchwyliaeth un o athrawon ymarfer corff yr ysgol, Harry Thomas, ond doedd dim llawer o ddyfodol i fi yn y maes. Fues i'n cael gwersi *aikido* a *karate* am nifer o flynyddoedd hefyd, ac o'n i wrth fy modd, nid yn unig â'r ochr ymladd corfforol, ond â'r agweddau ysbrydol hefyd. Na, nid y chwaraeon traddodiadol oedd yn apelio ata i o gwbl. Fuodd gen i erioed lawer o ddiddordeb mewn chwarae rygbi na phêl-droed, ond ro'n i'n mwynhau pethau sy'n cael eu nabod heddiw fel gweithgareddau awyr agored. Roedd hyn yn rhannol oherwydd fy mhrofiadau yng ngwersyll yr Urdd yng Nglan-llyn. Bydden ni'n mynd i Lan-llyn yn yr haf am wythnos fel ffrindiau ysgol – fi, Meirion Williams a Huw Madge. Dyma lle dechreuodd fy niddordeb mewn canwio a mynydda, ac er nad oedd cyfle i fynydda gyda'r ysgol, fe gafwyd ambell gyfle i ganwio oddi ar y traeth gerllaw'r ysgol. Hefyd, roedd yr athrawon ymarfer corff yn dipyn o hwyl. Roedd Gordon Price, Harry Thomas, John Rees a Wyn Oliver yn gymeriadau. Rwy'n falch o ddweud bod pob un ohonyn nhw'n dal yn gymeriadau, ac mae'n bleser go iawn cwrdd â nhw weithiau i gael sgwrs. Ond y peth a gafodd fwya o ddylanwad arna i yn yr ysgol oedd rhedeg traws gwlad. Dr Keith Davies oedd yr athro oedd yn gyfrifol am y tîm traws gwlad. Athro Ffiseg oedd Keith, ond er gwaetha hynny, roedd e'n foi iawn! Bydden ni'n hyfforddi ddwywaith yr wythnos, yn rhedeg drwy'r goedwig y tu cefn i'r ysgol ac yn ôl ar hyd yr heol am ryw dair milltir, a byddai rasys yn cael eu trefnu yn erbyn ysgol arall ar ddydd Sadwrn yn eitha rheolaidd.

Un tro, rwy'n cofio paratoi i redeg yn erbyn ysgol Penlan, Abertawe. Roedden ni aelodau tîm rhedeg yr ysgol yn ein stafell newid pan ddaeth dau foi o dîm Penlan mewn i siarad â ni. Roedden nhw'n ddigon dymunol, a holodd un pwy oedd y rhedwr gorau yn ein tîm. Cytunodd pawb ar unwaith mai Neil oedd hwnnw. Aeth y ddau draw at Neil i esgus ysgwyd llaw ag e, ond yn lle gwneud hynny, rhoison nhw uffern o gic yn ei geilliau. Roedd Neil druan yn rholio ar y llawr mewn poen ac, yn amlwg, yn methu rhedeg. Roedd ein tîm mewn tipyn o sioc, ond dyma benderfynu dial. Hanner ffordd o gwmpas y cwrs traws gwlad, roedd hen bont fach bren dros afon fechan oedd yn rhedeg drwy'r goedwig. Doedd dim ochrau i'r bont a chwymp o ryw dair troedfedd i'r dŵr. Yn dawel bach, halon ni eilyddion y tîm allan i guddio ger y bont. Wrth i'r ras fynd yn ei blaen, dyma'r ddau foi o dîm Penlan yn cyrraedd y bont, ac wrth iddyn nhw groesi, neidiodd yr eilyddion o'r coed, gwthio'r ddau dros ochr y bont i'r afon, ac yna'i heglu hi nerth eu traed 'nôl i'r ysgol. Tîm Ysgol Ramadeg y Bechgyn Llanelli enillodd y ras y diwrnod hwnnw. Mae Keith a finne'n dal yn ffrindiau hyd heddiw, ac yn dal i redeg. Roedd Keith wastad llawer yn well na fi ac yn rhedwr o safon, tra o'n i jest yn mwynhau. Er ei fod yn ei saithdegau erbyn hyn, mae Keith yn dal i redeg tua wyth milltir y dydd yn gyson.

Nawr, er gwaetha'r holl obeithion cynnar, wnes i fyth ddisgleirio yn yr ysgol. A dweud y gwir, do'n i ddim yn hapus iawn yn yr ysgol o gwbl, ac er i mi lwyddo rywsut i fysgio fy ffordd i'r chweched dosbarth, dyw'r cyfnod ddim yn un rwy'n ei gofio â llawer o bleser. Un o'r problemau mwya, rwy'n meddwl, oedd y ddeuoliaeth rhwng sut ro'n i'n cael fy nhrin tu allan i'r ysgol a sut ro'n i'n cael fy nhrin yn y dosbarth. Ar ôl i ni golli Dad, a Mam yn berson swil iawn, aeth hi i mewn i'w chragen eitha tipyn, ac roedd hi'n dibynnu arna i i wneud rhai pethau drosti. Er enghraifft, fi fyddai'n mynd i nôl y pensiwn bob wythnos, ac os oedd angen ysgrifennu siec, roedd Mam yn gofyn i fi wneud. Felly, ro'n i'n cael tipyn o gyfrifoldeb gartre, ond yn cael fy nhrin fel plentyn bach yn yr ysgol. Un enghraifft o hyn oedd gwneud cais i gael cinio am ddim. Roedd Mam yn anfodlon iawn i wneud cais am y *free school meals*, am ei bod yn gweld rhywfaint o stigma ynghlwm wrth y peth, mae'n siŵr. Ond i fi, roedd y peth yn gwneud sens. Felly, bu'n rhaid i fi fynd ati i drefnu'r cyfan, a delio gyda swyddfa'r ysgol a'r adran addysg yn dre, gan ffugio llofnod Mam ar y ffurflenni. Ar ôl i fi gael y tocyn, gwelodd Mam sens y peth yn y pen draw, ac roedd yn arbed dipyn o arian iddi bob wythnos. Efallai 'mod i wedi tyfu lan yn eitha cyflym mewn rhai ffyrdd, ac felly wedi ei chael hi'n anodd cydymffurfio â rheolau ysgol ro'n i'n eu hystyried yn ddibwys ac yn wastraff amser.

Wedi dweud hynny, fe wnes i sawl ffrind da yn yr ysgol, ac fe ddes i mlaen yn eitha da gyda'r rhan fwya o'r athrawon. Fe ddes i sylweddoli'n gyflym iawn nad oedd gen i ddim diddordeb mewn Lladin, a doedd gwersi Hanes yn gwneud dim byd i mi. Ro'n i'n anobeithiol mewn Mathemateg, er i'r athrawon hynaws a hynod alluog, Jo Lloyd ac Ellis Griffiths, wneud eu gorau i fy arwain at y goleuni! Ro'n i wedi gwneud sawl ffrind oedd â'r un diddordebau a fi. Roedd gan Richard McCabe a Billy Richards ddiddordeb mawr mewn gwyddoniaeth hefyd. Cemeg oedd eu diléit nhw, ac fe fydden ni'n dod at ein gilydd i drio arbrofion bydden ni wedi darllen amdanyn nhw. Dyddiau hyn, fe fyddai pawb yn cyfeirio aton ni fel *geeks*, ond fe aeth Richard mlaen i wneud yn dda iawn ym maes cemeg, ac erbyn hyn mae'n ddarlithydd prifysgol. Gyda Richard a'i deulu fues i dramor ar wyliau am y tro cynta. Fe fuon ni'n teithio o gwmpas Ewrop mewn *camper van* am ryw dair wythnos. Un o'r atgofion sydd gen i oedd rhyfeddu fy mod i'n gwrando ar Radio Luxembourg tra o'n i'n sefyll tu allan i'r stiwdio yn Luxembourg! Erbyn cyrraedd dewisiadau Lefel O, ro'n i wedi cael gwared ar Ladin, Hanes a Ffrangeg. Ond ro'n i'n dal yn awyddus i ddilyn y trywydd gwyddonol, felly, yn ogystal â phynciau gorfodol Mathemateg, Iaith a Llenyddiaeth Saesneg ac Iaith a Llenyddiaeth Gymraeg, ro'n i wedi dewis Bioleg (wrth gwrs), Cemeg a Ffiseg, ac am ryw reswm rhyfedd, Ysgrythur. Roedd hyn i gyd yn swnio'n grêt, ond roedd pethau wedi dechrau mynd o chwith. Roedd y gwersi Cemeg wedi troi mewn i wersi Mathemateg bron bob un. Fe fydden ni'n treulio oriau'n edrych ar hafaliadau di-ri ac yn eu trafod. Ychydig iawn o'r gwersi oedd yn rhai ymarferol. Roedd yr un peth yn wir am y gwersi Ffiseg – Maths oedd popeth. Ac yn y gwersi Bioleg, y cyfan fydden ni'n ei wneud oedd copïo lluniau oddi ar y bwrdd du neu allan o lyfr. Ro'n i wedi diflasu'n llwyr. O ganlyniad, fe ddaeth nifer o bethau eraill i ddenu fy sylw.

Tua'r un pryd ag y dechreuais yn yr ysgol ramadeg, fe ymunais ag Urdd Sant Ioan – St John's Ambulance – a bydden ni'n cwrdd bob nos Wener yn y pencadlys yn Coleshill Terrace. Ro'n i'n gweld Cymorth Cyntaf yn bwnc diddorol dros ben, ac fe ymddiddorais ynddo'n fawr. Fe basiais nifer o arholiadau a chael fy newis yn aelod o dîm Urdd Sant Ioan Llanelli i gynrychioli'r gangen leol mewn cystadlaethau trwy Gymru a de-orllewin Lloegr. Byddai'r tim – Huw Jenkins, Keith Davies, John Evans a finne – yn cystadlu'n gyson, ac rwy'n falch o ddweud mai ni fyddai'n ennill bob tro. Efallai fod y syniad o gystadleuaeth cymorth cyntaf yn un rhyfedd, ond roedd yn brofiad arbennig. Fe fydden ni'n teithio i'r digwyddiad, ac yna'n wynebu golygfa damwain erchyll – pobl yn waed i gyd, esgyrn yn torri trwy groen, pobl wedi colli breichiau ac ati. Defnyddio colur ac actorion oedd y trefnwyr, wrth gwrs, ond roedd y cyfan yn edrych yn real iawn. Yna, ar benwythnosau neu gyda'r nos, bydden ni'n darparu cymorth cyntaf mewn cyngherddau neu ddramâu ac, wrth gwrs, yng ngemau rygbi Llanelli (y Scarlets erbyn hyn). Os oedd chwaraewr yn cael anaf, byddai'r ffisiotherapydd yn cynnig triniaeth iddo, ond os oedd yn anaf difrifol, byddai'n rhaid i un neu ddau ohonon ni redeg i'r cae i drin y claf a galw am *stretcher* neu feddyg i'n cynorthwyo. Des i i nabod llawer o'r chwaraewyr yn dda iawn, ac roedden ni'n cael defnyddio adnoddau'r clwb rhwng y gemau. Ro'n i'n cael digon o gyfle i ymarfer fy sgiliau cymorth cyntaf yn yr ysgol, hefyd. Rwy'n cofio un diwrnod pan ddaliodd un o'r bechgyn ddau o'i fysedd rhwng drysau trwm y ffreutur. Roedd un o'r bysedd bron â chael ei dorri i ffwrdd yn llwyr, ond fe lwyddon ni i achub y bysedd a mynd â'r bachgen i'r ysbyty, lle cafodd lawdriniaeth a arbedodd iddo golli bys. Fe fues i'n aelod o Urdd Sant Ioan am flynyddoedd, ac roedd yn flin gen i adael. Dros y blynyddoedd, wrth weithio a theithio i rai o lefydd mwya anghysbell y byd, rwy wedi gorfod dilyn nifer o gyrsiau cymorth cyntaf a meddygol, sydd wedi bod yn hynod ddiddorol. Mae'r diddordeb yn dal yno ac mae'n un o'r pethau dwi'n gobeithio mynd yn ôl atyn nhw pan fydd gen i fwy o amser.

Roedd y Nadolig pan o'n i'n dair ar ddeg oed yn gofiadwy dros ben. Ro'n i wedi bod yn sôn ers tipyn faint fydden i'n hoffi chwarae'r gitâr. Fues i'n cael gwersi piano am gyfnod gydag athrawes o'r enw Meryl Evans. Roedd hi a'i mam yn byw yn Robinson Street yn Llanelli. Roedd hi'n fenyw dal, denau, fyr ei hamynedd, ac roedd hi'n codi tipyn o ofn arna i'n blentyn ifanc. Do'n i ddim yn mwynhau o gwbl ond, er hynny, rywsut neu'i gilydd, fe lwyddais i basio arholiad gradd 1. Ond roedd yr ymarfer yn fwrn, ac ymhen ychydig, fe benderfynais roi'r gorau i'r gwersi. Dywedodd Mam a Dad mai difaru fydden i, ond yn saith oed, ry'ch chi'n gwbl grediniol mai chi sy'n iawn a fyddwch chi byth yn gweld eisiau chwarae'r piano. Sy'n dod â fi 'nôl at y gitâr. Roedd blynyddoedd o wrando ar y Beatles ac yna'n fwy diweddar, yr Hollies a Manfred Mann ac ati, wedi codi awydd ynddo i i ddysgu'r gitâr, felly pan ddes i lawr y grisiau fore dydd Nadolig 1968 a gweld gitâr yn aros amdana i, ro'n i yn fy seithfed nef. Roedd llyfr cordiau wedi dod gyda hi, felly es i ati ar unwaith i drio'u meistroli. Roedd Helen Addler, un o'r cymdogion, yn help mawr. Roedd hi'n chwarae'r feiolin yn arbennig o dda, ond roedd hi hefyd yn medru chwarae'r gitâr. Felly draw â fi at Helen am gwpl o dips ar sut i chwarae. Am gyfnod ar ôl hynny, fues i'n mynd o gwmpas yn canu i gyfeiliant y gitâr mewn cyngherddau bach lleol, ac yn ysgrifennu caneuon ofnadwy.

Er bod llawer o fy hen ffrindiau o'r ysgol gynradd wedi mynd i Ysgol y Strade ar ôl yr *eleven plus*, ro'n i wedi cadw mewn cysylltiad â sawl un ohonyn nhw. Bydden i'n dal i fynd draw i ffarm Clos Glas i weld Geraint, Goronwy a Gareth Walters yn eitha aml ar benwythnosau. Cawson ni ddyddiau difyr iawn yn mynd o gwmpas y ffarm a mynd lawr i'r aber i nofio. Roedd poblogaeth iach iawn o nadroedd defaid a nadroedd y gwair yn byw yno bryd hynny, ac roedden ni wrth ein bodd yn dod o hyd iddyn nhw a'u dal. Dyma lle gwrddais â fy ail gariad, Elizabeth. Roedd hi'n byw yn y Bynea, ac un noson gyda'r hwyr, roedd hi a'i ffrind yn mynd â'i chi am dro wrth ochr yr aber. Sbaniel oedd y ci ac mae sbaniels yn dwlu ar y dŵr, felly taflodd Elizabeth ddarn o bren i'r ci gael mynd i'w nôl. Doedd Elizabeth druan ddim i wybod 'mod i'n nofio o dan y dŵr yn yr union fan lle taflodd hi'r pren, ac wrth i fi godi i'r wyneb, hedfanodd brigyn eitha sylweddol tuag ata i a 'nharo i ar fy mhen. Wel, roedd raid iddi fynd mas gyda fi wedyn, on'd oedd? Perthynas fyrhoedlog a hynod ddiniwed arall oedd hi, ond mae'n atgof braf o'r haf yna 'nôl ar ddiwedd y chwedegau.

Un broblem enfawr oedd gen i ar y pryd oedd teithio o gwmpas y lle. Doedd ddim car gyda ni, ac anaml iawn y byddai bysus yn mynd i'r llefydd ro'n ni am fynd iddyn nhw. Un diwrnod, ro'n i wedi mynd i weld ffrind ysgol i mi, Kevin Jones. Roedd tad Kev yn dditectif gyda heddlu Llanelli, ac roedd y teulu'n byw yn nhŷ'r heddlu wrth ochr y brif orsaf. Gofynnodd Kevin a o'n i o gwmpas ar y dydd Sadwrn canlynol, gan fod yr heddlu'n cynnal arwerthiant o'r nwyddau ddaeth atyn nhw dros y flwyddyn – eiddo wedi ei ddwyn ac eiddo coll gan mwya. Yr atyniad mawr oedd y beiciau. Roedd gan y rhan fwya o fy ffrindiau feic, a dyna fel bydden nhw'n mynd o le i le. Gan 'mod i'n methu fforddio prynu beic, o'n i'n methu mynd gyda nhw. Felly draw â Kevin a finne i'r arwerthiant, ac roedd degau o feiciau yno. Roedd un o'r heddweision yn gweithredu fel ocsiwnïer, ac aeth y beiciau gorau am bris uchel. Yn raddol, symudodd yr arwerthiant at y beiciau llai deniadol, rhatach. Nawr, roedd gen i ddwy broblem. Yn un peth, doedd gen i ddim llawer o arian, ac yn ail, gan fy mod i'n atal, ro'n i'n methu gweiddi a bidio. Ar ddiwedd yr arwerthiant roedd dau feic ar ôl am hanner coron yr un (12 ceiniog yn arian heddiw). Es i at un o'r heddweision a phrynu beic Raleigh gyda'r hanner coron oedd gen i yn fy mhoced. Roedd raid i mi wthio'r beic adre gan nad o'n i wedi dysgu reidio un ar y pryd – yn amlwg, achos doedd gen i ddim beic! Ond ro'n i'n ofnadwy o falch o'r beic yna. Dros y misoedd nesa, es i ati i safio arian a phrynu olwyn gefn newydd – Sturmy Archer 3-speed – goleuadau i'r blaen a'r cefn, a bag i hongian oddi ar y set gefn. Es i i bobman ar y beic yna am flynyddoedd. Fe fydden i'n beicio draw i Benrhyn Gŵyr i draethau Oxwich, Three Cliffs a Rhosili, ac i draeth Cefn Sidan ger Penbre. Yn aml, fe fyddai gang ohonon ni'n gwersylla dros nos yn y twyni. Un tro, yn Oxwich Green, daeth storm fellt a tharanau enfawr a glaw trwm a golchi'r babell i ffwrdd. Rwy'n cofio dihuno'r bore wedyn wedi cysgu'r noson yn y *bus shelter* yn Oxwich. Yn amlach na pheidio, bydden i'n reidio'r beic lawr i Gefn Sidan. Hwn yw un o fy hoff draethau yn y byd i gyd – saith milltir o dywod bendigedig, a thwyni tywod a choedwig yn gefnlen i'r traeth godidog. Oherwydd natur y llanw a'r cerrynt yn yr ardal yma, mae unrhyw beth sy'n disgyn i'r môr neu'n marw ger glannau Bro Gŵyr a Phorth Tywyn yn debygol o gael ei olchi i'r lan yng Nghefn Sidan. Un diwrnod, fe glywson ni fod morfil wedi cael ei olchi i'r lan yno, felly neidiais ar y beic a seiclo'r deng milltir lawr i Benbre. Dwi ddim yn cofio'n iawn erbyn hyn pa fath o forfil oedd y creadur druan, ond erbyn i fi gyrraedd, roedd y gwylanod a'r bywyd gwyllt lleol wedi bod yn gwledda ar y carcas, ac roedd y morfil mewn tipyn o stad ac yn drewi i'r uchel nefoedd! Rwy'n credu y bu'n rhaid i'r cyngor lleol losgi'r carcas yn y fan lle gorweddai yn y diwedd, am ei fod yn rhy fawr i'w symud. Do, fe agorodd yr hen feic Raleigh ddrws i fyd o antur a darganfyddiadau hynod ddifyr.

Pennod 6

Ar ddiwedd y chwedegau a dechrau'r saithdegau, roedd nifer o glybiau ieuenctid yn Llanelli ac roedden nhw'n boblogaidd iawn. Un o'r rhai mwya adnabyddus oedd clwb y Presby, oedd yn cyfarfod yn wythnosol yn y festri o dan gapel y Presbyteriaid yng nghanol dre. Byddai hanner cant neu fwy ohonon ni'r aelodau'n cwrdd yno bob wythnos ac yn chwarae recordiau roc y grwpiau diweddara, neu'n chwarae pŵl neu dennis bwrdd. Fel y soniais yn gynharach, roedd ysgolion gramadeg y merched a'r bechgyn ar wahân yn Llanelli ar yr adeg hynny, felly roedd angen gwneud y mwya o unrhyw gyfle i gwrdd â'r merched. Doedd Mandy Thorpe, Jane Rosser a Susan John ddim yn byw yn bell iawn i ffwrdd ond, wrth gwrs, o fynd i ysgolion gwahanol, doedden ni braidd byth yn gweld ein gilydd heblaw am y clwb ieuenctid. Dyma lle cafodd nifer ohonon ni'n cariadon cynta go iawn. Yn fy achos i, Stephanie oedd ei henw, ac fe fuon ni'n gweld ein gilydd am gwpl o fisoedd. Eto, perthynas ddiniwed iawn ond, am y tro cynta, sylweddolais pa mor bwysig yw gofalu am deimladau rhywun arall. Yn ystod y cyfnod yma yn y Presby, fe ddigwyddodd rhywbeth arall pwysig iawn yn fy mywyd i. Ro'n i wedi bod yn gwrando'n selog ar Radio 1 ers blynyddoedd, ac yn hoff iawn o DJs fel Johnny Walker a John Peel. Un noson, daeth uned ddarlledu allanol Radio 1 i glwb ieuenctid y Presby, gyda'r DJ Alan Freeman. Roedd raid i fi fynd i weld sut roedd popeth yn gweithio, a fe dreuliais awr gyfan yn syllu ar y ffordd roedd Alan Freeman yn ciwio disgiau ac ati. Ches i ddim o'r hyder i siarad ag e nac i siarad ar yr awyr – yr hen atal yn cael ei ddylanwad eto – ond ces i fy swyno gan yr offer a'r dechneg o chwarae recordiau.

Ymhen tipyn, roedd criw o blant ifancach na ni'n mynd i glwb y Presby, a chyn bo hir, roedd clwb arall wedi dechrau oedd yn llawer mwy *hip* na'r hen Presby. Roedd yr Island Youth Club yn cael ei gynnal yn adeilad hen dafarn wag ar gyrion y dre. (Mae'r cyngor wedi adeiladu theatr newydd y Ffwrnes ar safle'r hen adeilad.) Roedd y criw oedd yn mynd i'r Island dipyn yn hŷn, ac roedd yr awyrgylch yn hollol *laid back*. Doedd dim o'r rheolau pitw a'r oruchwyliaeth gan oedolion fuodd yn y Presby a'i gefndir capel. Roedd y merched yn yr Island yn hŷn, a'u gwalltiau'n hir a'u sgertiau'n fyr. Roedd gwalltiau'r bois yr un mor hir, ac roedd pawb mewn *flares*; cerddoriaeth roc go iawn yn chwarae ar y system sain, ac arogl *joss-sticks* ym mhobman. Ro'n i wrth fy modd yno. Bydden i'n mynd â'r gitâr i'r clwb ac yn chwarae a chanu gyda cherddorion lleol eraill oedd yn aelodau o fandiau adnabyddus yr ardal. Un nos Sadwrn, yn weddol o hwyr, cerddodd tri neu bedwar o fois i mewn i'r clwb. Roedd pawb yn eu nabod nhw'n syth – Andy Fairweather Low a bois y band. Fe fuon nhw yno am amser yn siarad, ac fe ges i gyfle i gael sgwrs go iawn â seren o'r byd roc am y tro cynta. Roedd Andy'n foi hynod gyfeillgar, yn enwedig o ystyried ei fod yn cael ei holi'n dwll gan foi ifanc yn ei arddegau. Rwy'n cofio mynd adre'r noson honno'n gwybod yn iawn fy mod i am wneud mwy â'r math yna o bobl yn y byd cyffrous a diddorol yna. Doedd clwb yr Island ddim yn bell iawn o gartre, ond ro'n i'n hwyr iawn yn cyrraedd 'nôl y tro hwn – tua dau o'r gloch y bore. Ches i ddim stŵr o gwbl. Roedd Mam eisiau gwybod beth oedd wedi 'nghadw i allan mor hwyr, ond rwy'n credu iddi weld y cyffro ynddo i, a'i glywed yn fy llais. Roedd yn amlwg fod rhywbeth pwysig iawn wedi digwydd i fi. Wrth feddwl 'nôl ac ystyried y sefyllfa o safbwynt rhiant, roedd Mam yn rhyfeddol o ddewr. Doedd dim ffonau symudol, a doedd dim ffôn gyda ni yn y tŷ o hyd. Roedd hi'n gwybod i ble ro'n i wedi mynd, ond roedd hi'n disgwyl i fi fod gartre lawer iawn yn gynt. Petai hynny wedi digwydd i Ffion, fy merch, yn yr oedran yna, bydden i wedi bod allan yn chwilio ers oriau. Ond roedd Mam yn gall iawn, a dim ond ers i fi fod yn rhiant fy hunan rydw i wedi sylweddoli yn union faint aberthodd hi mewn sawl ffordd er fy mwyn i. Diolch, Mam.

Roedd clwb yr Island yn dda iawn am drefnu digwyddiadau i godi arian at achosion da lleol hefyd. Ar un o'r achlysuron hynny, fe drefnwyd i aelodau'r clwb chwarae tennis bwrdd am bedair awr ar hugain yn ddi-stop i godi arian. Am ryw reswm, fe drefnwyd cynnal y digwyddiad mewn siop wag yn Heol y Farchnad. Roedd pawb yn chwarae tennis bwrdd lawr llawr, ac yn cysgu mewn sachau cysgu lan llofft. Ar ôl chwarae am sbel, es i lan i fy sach gysgu a dyna lle gwrddais i â Suzanne, oedd yn hynod bert ac ychydig bach yn hŷn na fi. Doedd y berthynas honno ddim mor ddiniwed.

Un o'r pethau nodweddiadol am y cyfnod yna oedd y ffaith nad o'n i braidd byth yn clywed gair o Gymraeg. Roedd llawer iawn o fy ffrindiau'n ddi-Gymraeg, a doedd y rhai oedd yn medru siarad Cymraeg braidd byth yn gwneud. Saesneg o'n i'n siarad gartre gan nad oedd Mam yn gyfforddus iawn yn siarad Cymraeg, er iddi drio'n galed i'w dysgu. Saesneg o'n i'n siarad yn yr ysgol, heblaw am y gwersi Cymraeg, ac yn Saesneg o'n i'n cymdeithasu. Rwy wastad wedi clywed pobl yn brolio Cymreictod Llanelli, ac yn dweud pa mor Gymraeg oedd y dre. Wel, doedd hynny'n sicr ddim yn wir yn fy mhrofiad i o dyfu lan yn Llanelli. Roedd pobl yn y stryd yn siarad Cymraeg – y bobl mewn oed, hynny yw. Doedd y plant ddim. Roedd ambell siop yn cyflogi Cymry Cymraeg, ond anaml iawn byddech chi'n clywed yr iaith ar lafar. Yr unig ynys o Gymreictod yng nghanol hyn i gyd oedd Aelwyd yr Urdd.

Roedd yr Aelwyd yn cyfarfod bob nos Wener mewn hen dŷ aml-lawr yn Goring Road yn Llanelli. Roedd y cyfan yng ngofal dwy angyles – Nan Jones a Rosalind Jones. Roedd y ddwy'n ifanc ac yn llawn egni a brwdfrydedd. Roedd Nan yn athrawes ysgol gynradd ac yn chwarae'r gitâr, a Rosalind yn athrawes Gymraeg yn ysgol ramadeg y merched ac yn byrlymu â syniadau. Ychydig iawn o bobl oedd yn dod yno ar y dechrau, ond ymhen dim, roedd ymdrechion Nan a Rosalind wedi denu tipyn o dorf. Weithiau, byddai hanner cant neu fwy yno. Roedd tipyn o drawstoriad oedran ymhlith yr aelodau hefyd – rhai yn gweithio ac eraill yn yr ysgol neu'r coleg. Byddai pawb yn dod draw tua saith o'r gloch. Byddai rhai'n chwarae'r gitâr gyda'i gilydd ac eraill yn mynd lan llofft i chwarae recordiau. Roedd bwrdd tennis bwrdd yno, a lle i ymlacio a chael sgwrs. Rwy'n gweld rhai o'r aelodau hyd heddiw. Roedd criw o ferched di-Gymraeg yn dod yn gyson – byddai Susan Jenkins, oedd yn byw ddim yn bell wrtha i, yn dod â merched eraill o'r ysgol, Caroline Hopkins a Carol Denman. Roedd Pat Donoghue yn aelod cyson hefyd, ond yn anffodus bu Pat farw yn ifanc iawn.

Roedd criw o ferched Cymraeg hefyd – Deryth Davies, Menna Evans, Ruth Rees, Siân Griffiths, Non Jones, Nest Morgan, Elizabeth Jones, Eleri Roberts a merch fach dawel a diniwed o'r enw Elin Morgan. Roedd Elin wedi symud i fyw i Lanelli o Gaernarfon ac roedd yn ferch i weinidog. Roedd hi'n dal ac yn siapus, a chanddi wallt du a llygaid glas trawiadol. Fe ddaliodd hi fy llygad i'n syth! Roedd ganddi lais canu arbennig iawn, hefyd. Roedd Elin, fel finne, yn chwarae'r gitâr, ac roedd un o'r caneuon ro'n i'n eu chwarae ar y pryd wedi dal ei sylw, sef 'Anji', cân offerynnol gan Simon and Garfunkel. Roedd hi'n awyddus iawn i'w dysgu, ac ro'n i'n fwy na hapus i ddangos iddi. Fe eginodd ryw sbarc arbennig iawn rhyngon ni'r foment honno.

Ymhlith y bechgyn wedyn, roedd Huw Madge, Kevin Adams, Iwan Evans, Adrian Davies a Martin Griffiths. Rwy siŵr o fod wedi gadael sawl enw mas o'r rhestr yna – maddeuwch i fi. Henaint ni ddaw ei hunan! Er, mae'n rhaid i mi son am un cymeriad arall, sef John Morgan. Aeth John i Ysgol y Strade ac roedd yn drwmpedwr o fri. Fe ddaeth e a fi'n ffrindiau penna ac ry'n ni'n dal yn ffrindiau gorau hyd heddiw.

Byddai'r Aelwyd yn cystadlu yn yr eisteddfod leol weithiau, ond sa i'n cofio i ni ennill dim byd. Hon oedd adeg y noson lawen a'r Pinaclau Pop hefyd, pan fyddai dwsin neu fwy o artistiaid yn canu ac yn diddanu ar yr un noson. Pan oedd rhywbeth felly'n digwydd yn lleol, weithiau fe fydden ni yn yr Aelwyd yn cael cais am gymorth i hebrwng artistiaid ac yn y blaen. Roedd y nosweithiau fel arfer yn orlawn, ac yn reit gyffrous. Rhaid i mi gyfadde nad oedd gen i fawr o ddiddordeb yn y gerddoriaeth. Roedd llawer ohoni'n swnio'n draddodiadol ac yn henffasiwn ofnadwy, yn enwedig o'i chymharu â'r hyn o'n i'n ei glywed bob dydd ar Radio 1, Radio Luxembourg a Radio Caroline, er bod 'na ambell awgrym o obaith ar y gorwel gyda dyfodiad y Tebot Piws a'r Bara Menyn. Ond, ar y cyfan, roedd y perfformwyr yn bobl hyfryd, oedd yn barod iawn i drafod cerddoriaeth gyfoes ac ro'n i wrth fy modd yn eu cwmni.

Tua'r adeg yma, a finne'n bymtheg oed, sylweddolais fod rhywbeth ar goll yn lleol. Ro'n i'n hen gyfarwydd â chlywed recordiau'n cael eu chwarae yn y clybiau ieuenctid a'r Aelwyd. Weithiau, byddai'r aelodau'n trio cynnal disgo, a rhywun yn newid y recordiau ar un dec tra oedd pawb yn sefyllian o gwmpas yn aros am y gân nesa. Ers i fi weld Alan Freeman yn perfformio, ro'n i'n gwybod yn iawn beth oedd ei angen, a doedd neb yn cynnig gwasanaeth disgo teithiol yn lleol. Wrth gwrs, roedd sawl DJ yn gweithio yn y clybiau yn Abertawe, ac roedd Paul Adams,

DJ lleol, yn cynnal nosweithiau yn y Glen Ballroom yn Llanelli. Ond doedd braidd neb yn mynd â disgo o le i le. Felly dyma fi'n gweld fy nghyfle. Ond roedd un broblem – dim arian. Sut, felly, o'n i'n mynd i fedru prynu offer disgo, sef chwyddseinydd (*amplifier*), cymysgydd (*mixer*) dau ddec recordiau, meicroffon ac uchelseinyddion (*loudspeakers*)? Roedd raid dod o hyd i'r arian. Felly es i i un o'r archfarchnadoedd lleol, siop o'r enw Fine Fare, sydd wedi hen ddiflannu erbyn hyn, a gofyn am swydd ran amser. Dim problem. Y gwir oedd nad oedd neb eisiau'r gwaith, felly ces i weithio dwy noson yr wythnos ac ar ddydd Sadwrn. Roedd yr arian yn ofnadwy, a'r gwaith yn waeth fyth, ond dyna oedd raid ei wneud. Fe fues i wrthi am fisoedd yn rhoi bwyd allan ar silffoedd y siop, yn dadlwytho lorïau enfawr yn llawn tuniau bwyd a chig ac yn gwasgu hen focsys cardbord yn fflat er mwyn i fois y sbwriel fynd â nhw. Mae gen i gydymdeimlad enfawr hyd heddiw ag unrhyw un sy'n gweithio mewn archfarchnad. Ond ar ôl sbel, daeth y cyfan i ben yn ddisymwth iawn.

Un noson, ro'n i'n helpu i ddadlwytho un o'r lorïau stoc. Fe fydden i a boi arall yn mynd i gefn y lorri ac yn llwytho'r bocsys ar fath o *conveyer belt*. Yna byddai'r bocsys – degau ohonyn nhw – yn llithro lawr y belt at y bois ar y llawr, fyddai'n mynd â nhw i mewn i'r siop. Y tro hwn, fe sylwais fod ambell focs llawn bwyd yn cael ei daflu'n syth i ben y bocsys gwag wrth ochr y lorri. Rwy wedi bod yn un i feddwl gormod a holi heb feddwl erioed, felly drannoeth, gofynnais i'r is-reolwr pam roedd hyn yn digwydd. Edrychodd arna i'n syn am funud, yna dweud wrtha i am beidio bod yn ddwl, roedd y peth yn amhosib. Ond roedd e wedi cochi rywfaint hefyd. O fewn yr wythnos, clywais fod yn rhaid torri 'nôl ar staff rhan amser, ac yn anffodus doedd dim swydd i fi bellach. Rai misoedd wedyn, ymddangosodd adroddiad yn y papur lleol yn dweud bod rheolwr ac is-reolwr y siop wedi eu cael yn euog o ddwyn bwyd a'i werthu'n anghyfreithlon. Dyna pam roedd y bocsys bwyd yn cael eu taflu o'r neilltu. Trwy lwc, erbyn hynny, ro'n i wedi safio jest digon i fedru dechrau prynu'r offer ar gyfer y disgo.

Doedd Mam ddim yn hapus! A bod yn deg, roedd hi wedi gorfod cynilo a chadw ei harian yn ofalus iawn ar hyd ei hoes, felly roedd gweld ei mab unig anedig yn barod i wario pob ceiniog o'r arian roedd e wedi'i ennill yn dipyn o sioc iddi, ac yn dipyn o siom hefyd, rwy'n siŵr. Ond ro'n i'n argyhoeddedig y bydden i nid yn unig yn cael gwerth fy arian, ond y bydden i'n ei adennill yn hwyr neu'n hwyrach. Dyma fynd at i brynu chwyddseinydd DJ700 oedd yn costio £50, a chymysgydd DJ £30 – ffortiwn 'nôl yn 1970. Ro'n i'n methu fforddio prynu *speakers* na deciau gorffenedig, felly roedd raid i fi brynu *speakers* heb eu cabinet a deciau rhydd. Llwyddais i brynu meicroffon Sure wrth fand lleol oedd yn newid eu hoffer. Y cam nesa oedd adeiladu'r cabinets a'r consol ar gyfer yr offer. Dyma lle roedd yr ysgol yn handi iawn. Dai Lewis oedd yn dysgu gwaith coed yno ar y pryd. Roedd yn gymeriad hynod garedig ac amyneddgar, felly pan es i ato i ofyn am gyngor, fe wrandawodd yn ofalus, deall ei fod yn delio â rhywun hollol ddi-glem, ac yna cynnig fy helpu yn yr adran gwaith coed dros amser cinio neu pan fyddai gen i wersi rhydd. Dai Lewis gynghorodd fi ar ba fath o goed ddylen i ei ddefnyddio, a sut i roi popeth at ei gilydd. Fe brynais y pren a mynd â'r cyfan i'r ysgol, a dros yr wythnosau nesa, es ati i adeiladu'r cabinets angenrheidiol ar gyfer y *speakers* a'r deciau dan lygad gofalus a charedig Dai Lewis. Roedd arna i ddyled fawr iddo.

A dweud y gwir yn onest, ro'n i'n treulio mwy o amser yn yr adran gwaith coed nag o'n i yn y gwersi eraill. Roedd rhai o'r athrawon yn amlwg yn poeni amdana i. Un ohonyn nhw oedd yr athro Ffiseg, Huw Protheroe Thomas. Roedd Huw wedi deall fy mod yn anobeithiol am astudio Ffiseg, ond roedd e, fel nifer o'r lleill, o'r farn fy mod yn gwastraffu fy amser, ac nad oedd unrhyw fath o ddyfodol hir dymor i fi yn byd adloniant rhyfedd yma. Wrth edrych 'nôl heddiw, rwy'n gwerthfawrogi'r hyn roedd Huw yn trio'i ddweud wrtha i'n fawr, ond yn bymtheg oed, roedd gen i ryw weledigaeth a phenderfyniad o rywle y byddai'r fenter yma'n gweithio.

Ymhen rhyw fis, roedd popeth yn barod. Roedd yr offer i gyd yn gweithio, ac ro'n i'n barod i ddechrau gwneud disgos. Daeth y cyfleodd cynta yn yr ysgol yn nawnsfeydd y chweched dosbarth, ac mewn clybiau ieuenctid lleol, ond ro'n i'n ymwybodol iawn fod angen rhyw fath o hysbysebu i roi gwybod i bobl 'mod i ar gael. Wrth eistedd yn y wers Ffiseg un diwrnod (ie, Ffiseg eto, yn amlwg ddim yn talu llawer o sylw) roedd bachgen o'r enw Robert Prigmore a fi'n trafod yr offer disgo. Digwyddais i sôn am y broblem gyhoeddusrwydd, ac fe ddywedodd wrtha i fod ei ewythr yn gweithio i bapur y *Llanelli Star*. Dywedodd y byddai'n cael gair ag e i weld a fyddai'n gallu gwneud rhywbeth. Cadwodd Robert (sydd bellach yn Dr Prigmore, gyda llaw, ac felly'n amlwg wedi talu llawer iawn mwy o sylw yn y gwersi Ffiseg nag oedd e i'w weld yn gwneud) at ei air, ac ymhen rhyw wythnos, ces i neges fod y newyddiadurwr am siarad â fi. Fe ddaeth draw i'r tŷ a ffotograffydd gydag e, ac fe siaradon ni am amser am y fenter. Y dydd Sadwrn wedyn, bant â fi i brynu'r papur, yn awyddus i weld colofn fach am hanes y disgo yn rhywle yng nghrombil y papur. Er mawr syndod i fi, roedd yr erthygl a'r llun ar y dudalen flaen! Roedd y rhan fwya o bobl Llanelli yn prynu'r *Star*, ac o fewn un penwythnos, roedd hanner y dre'n gwybod am y fenter. Ond heb yn wybod i fi, roedd y *Llanelli Star* yn cyrraedd tu hwnt i ffiniau'r dre, ac roedd copi wedi cyrraedd un cartre arbennig yng Nghaerfyrddin ...

Pennod 7

Yn ogystal â bod yn gartre i Aelwyd yr Urdd, roedd yr adeilad yn Goring Road yn gartre i swyddfa leol yr Urdd. Swyddog yr Urdd yng Nghaerfyrddin ar y pryd oedd Wynne Melville Jones, brawd Rosalind, oedd yn rhedeg yr Aelwyd. Roedd Wynne yn teithio ar hyd a lled sir Gâr i gyfarfodydd yng nghar staff yr Urdd, sef Volkswagen Beetle gwyrdd â'r plât rhif VFF arno, sef llythrennau sir Feirionydd. Mewn blynyddoedd i ddod, byddai Wynne yn cael ei nabod yn genedlaethol fel 'tad' Mistar Urdd, cyn gadael y mudiad a sefydlu cwmni cysylltiadau cyhoeddus llwyddiannus Strata Matrix. Ar y dydd Sadwrn yr ymddangosodd yr erthygl yn y papur, ro'n i wedi trefnu mynd i gyfarfod sir pwyllgor yr Urdd yn Eglwyswrw, sir Benfro, gyda Wynne a chwpl o bobl eraill. Ro'n i'n ddiolchgar dros ben fod neb oedd yn y car wedi gweld y papur, gan fy mod yn siŵr y byddai llawer o dynnu coes wedi digwydd yn ystod y daith. Dyma ni'n cyrraedd Eglwyswrw ac yn ymgynnull mewn rhyw oruwchystafell yn un o adeiladau'r pentre i ddechrau pwyllgora. Peidiwch â gofyn i fi beth oedd ar yr agenda, achos does gen i ddim syniad, ond ar ddiwedd y cyfarfod, daeth rhyw foi o'n i'n ei weld ar y teledu'n reit aml ata i a fy llongyfarch o flaen pawb ar yr erthygl yn y papur. Enw'r gŵr adnabyddus hwnnw oedd Sulwyn Thomas. Roedd diddordeb mawr gan Sulwyn yn yr erthygl am ei fod ar fin dechrau gwasanaeth radio yn ysbyty Glangwili yng Nghaerfyrddin. Roedd e'n awyddus iawn i ddarlledu yn yr ysbyty dros benwythnos y Pasg 1970, ond doedd dim offer ganddo. Tybed a fyddai'n bosib defnyddio fy offer i? Fe drefnon ni y byddai Sulwyn yn galw draw i'r tŷ i drafod.

Roedd y cyfarfod gyda Sulwyn yn un diddorol iawn. Pan o'n i wrthi''n cynllunio ac yn adeiladu'r offer disgo, feddylies i erioed y gallai'r fenter arwain at waith radio, ond yn sydyn iawn, roedd cyfle wedi codi. Aeth yr amser yn gyflym iawn, a thoc cyn y diwrnod mawr, daeth Sulwyn i 'nghasglu i a'r offer. Gan nad oedd gen i gar bryd hynny, ro'n i'n dibynnu ar bobl eraill am drafnidiaeth. (Un nam sylfaenol yn y *master plan*.) Roedd stafell yn yr ysbyty wedi ei neilltuo ar gyfer yr offer, ac felly dyma ni'n gosod pob dim a'i brofi i weld a oedd yn gweithio'n iawn. Un o'r bobl eraill oedd yn allweddol i'r fenter oedd Tony Grigg, peiriannydd sain gyda HTV. Roedd Tony a Neil Hughes, y dyn camera, yn gweithredu fel uned ffilm i adran newyddion HTV yng Nghaerfyrddin, felly roedd y ddau wrth law i gynorthwyo â'r anghenion technegol. Trwy ryw wyrth (o gofio mai fi oedd wedi adeiladu'r system), roedd y cyfan yn gweithio'n iawn. Felly, dros benwythnos y Pasg, ymgasglodd criw o bobl yn ward Teifi ar gyfer y darllediad cynta. Sulwyn oedd yn cyflwyno a fi oedd yn rheoli'r meicroffon ac yn chwarae'r recordiau i mewn yn ôl yr angen. Roedd gweddill y criw yn mynd o gwmpas y wardiau i gasglu cyfarchion a cheisiadau gan y cleifion a'r staff oedd yn gweithio dros y Pasg. Roedd hi'n rhaglen dair awr o hyd, ac yn dipyn o lwyddiant, a'r ymateb gan y cleifion yn bositif iawn. A dyna sut y sefydlwyd gwasanaeth Radio Glangwili. Cyn bo hir, roedd yr ysbyty wedi trefnu stafell arbennig yn stiwdio barhaol. A dweud y gwir, roedd yn fwy o gwpwrdd nag o stafell, ond roedd yn gwneud y tro i'r dim. Roedd Sulwyn wedi llwyddo i brynu offer – cymysgydd sain, deciau ac yn y blaen – ac roedd y rhain wedi cael eu gosod yn eu cartre newydd.

Ymhen ychydig, cynigiodd Sulwyn gyfle i fi gyflwyno fy

rhaglen fy hun. Do'n i ddim yn gwybod beth i'w ddweud. Er fy mod i'n wirioneddol awyddus i gyflwyno, ro'n i'n ymwybodol iawn o'r atal dweud, felly ro'n i'n eitha ansicr. Ond, yn y diwedd, penderfynais fynd amdani a derbyn y cynnig. Yn rhyfedd iawn, ac yn wyrthiol i mi ar y pryd, wrth i fi eistedd o flaen y meicroffon yn gwisgo clustffonau, do'n i ddim yn atal, wel, ddim llawer ta beth. Wrth i fi sylweddoli arwyddocâd y peth, dechreuais ymlacio a gwirioneddol fwynhau'r profiad. Cyn bo hir, ro'n i'n cyflwyno fy rhaglen fy hun bob nos Fawrth. Yn ddiddorol iawn, yn ystod y blynyddoedd cynnar yn yr ysgol ramadeg, fues i'n mynd at therapydd lleferydd i geisio gwella'r atal dweud. Roedd hi'n fenyw hyfryd, ond chafodd y sesiynau yna braidd ddim effaith ar yr atal. Yn fy marn i, mae'n rhaid i rywun sy'n atal ddod o hyd i'w ffordd neu ei ffyrdd ei hunan o ddelio ag e. Mae pobl yn defnyddio pob math o driciau. Pan o'n i'n diodde'n wael iawn o'r atal yn fy arddegau, fe ddes i ar draws ffordd o amseru fy hunan. Mae pobl sy'n atal yn medru canu a chydadrodd heb unrhyw broblem, ac fe drawodd fi fod yr atal yn rhywbeth i'w wneud â diffyg amseru a diffyg hyder. Mae'n anodd iawn mynd i'r afael â diffyg hyder, ond mae'r amseru'n haws. Fy nhechneg i oedd tapio bys yn erbyn fy nghoes a chadw amser gyda'r curiad, yn debyg i fetronom. Mae hyn yn gweithio i fi hyd heddiw, achos pan fydda i wedi blino neu'n sâl, mae'r atal yn gwaethygu. Yn lwcus i fi, yn enwedig o ystyried fy ngyrfa dros y deugain mlynedd diwetha, mae fy atal yn gwella os ydw i'n nerfus. Ydw i'n mynd yn nerfus wrth ddarlledu? Nac ydw, mewn gwirionedd, ond bob tro rwy'n eistedd o flaen meicroffon neu gamera, mae rhywbeth yn fy mhen yn dweud wrtha i am bwyllo ac ystyried yr hyn rwy ar fin ei ddweud. Yn sicr, mae'r atal dweud wedi cael dylanwad ar fy ngyrfa ddarlledu. Am flynyddoedd ar y dechrau, do'n i ddim yn medru bod mor rhugl a ffraeth â darlledwyr fel Hywel Gwynfryn a Huw Llywelyn Davies ac eraill. Yn aml, ro'n i'n gwybod yn iawn beth o'n i am ei ddweud, ond yn gwybod hefyd na fydden i'n medru yngan y geiriau. Ond ar ôl bod wrthi ers blynyddoedd bellach, rwy'n poeni llawer iawn llai am yr atal.

'Nôl yn yr ysgol, roedd blynyddoedd Lefel O a Lefel A wedi cyrraedd. Roedd yr ysgol yn awyddus iawn i bawb gael cyngor gyrfaoedd, syniad newydd ar y pryd, felly yn fy nhro, es i weld yr athro gyrfaoedd. Athro Ffrangeg oedd Jack Thomas mewn gwirionedd, ond fe oedd wedi cael y cyfrifoldeb o drafod gyrfaoedd posib gyda'r disgyblion. Rwy'n cofio eistedd yn y stafell a'r hen Jack yn gofyn i fi beth o'n i'n ystyried ei wneud fel gyrfa. Dywedais fy mod wedi cael blas ar y busnes darlledu 'ma ar ôl profiadau radio ysbyty a gwneud y disgos. Edrychodd Jack arna i'n ofalus, a dweud, 'Yes, now listen, Richard bach, we're all aware of your little problem. Wouldn't it be better if you thought about working in a bank? You'd have less contact with people there. It would be less embarrassing for you.' Doedd Jack yn amlwg ddim wedi gweld fy nghanlyniadau Mathemateg! Ac mewn ffordd, dyna'r peth gorau ddigwyddodd i mi yn yr ysgol. Mae gen i'r math o gymeriad sydd ddim yn derbyn gair unrhyw un sy'n dweud 'mod i'n methu gwneud rhywbeth. Felly, canlyniad y frawddeg honno oedd fy ngwneud yn fwy penderfynol fyth i weithio ym myd darlledu, naill ai fel technegydd neu, os yn bosib, fel cyflwynydd.

Ond cyn edrych i'r dyfodol go iawn, roedd raid delio â bywyd bob dydd yn yr ysgol. Roedd fy nghanlyniadau Lefel O yn dipyn o drychineb, ond ar ôl ailsefyll cwpl ohonyn nhw, fe lwyddais i basio chwech cyn ystyried Lefel A a'r chweched dosbarth. Dyma pryd cododd y penbleth go iawn. Fel y dywedais eisoes, fy unig ddiddordeb yn yr ysgol oedd gwyddoniaeth – Bioleg, a bod yn fanwl gywir – a'r bwriad gwreiddiol oedd mynd i'r chweched dosbarth i astudio Swoleg, Botaneg a Chemeg, ond roedd un broblem sylfaenol ro'n i'n methu ei datrys. Ro'n i wedi methu Mathemateg. A dweud y gwir, ro'n i wedi methu Lefel O a CSE Mathemateg sawl gwaith, felly doedd yr ysgol ddim yn fodlon i mi ddilyn unrhyw gyrsiau gwyddoniaeth yn y chweched. Yn dilyn cyfarfod â'r athrawon, fe benderfynwyd os o'n i am fynd i'r chweched, y byddai'n rhaid i mi astudio Cymraeg, Saesneg ac Ysgrythur. Nawr, heb amharch i neb, doedd gen i affliw o ddim diddordeb yn yr un o'r pynciau hynny'n ddwy ar bymtheg oed. Ond dyna oedd y cynnig, felly dyna oedd raid i mi ei wneud. Er gwaetha hynny, doedd y ddwy flynedd yn y chweched ddim yn wastraff llwyr.

Fe fues i'n canu mewn cyngherddau yn yr ysgol a thu hwnt ac, yn 1971, fe benderfynais i sgwennu cân a chystadlu yn 'Cân i Gymru'. Es i ati i ysgrifennu'r dôn a'r geiriau, a'i recordio ar y peiriant tâp oedd gen i gartre ers dyddiau 'nhad. Daeth yn amlwg ar unwaith fod angen rhywbeth arall ar y gân. Drwy'r perfformiadau ro'n i wedi bod yn eu gwneud, ro'n i wedi dod i nabod Heather Jones. Roedd y Bara Menyn wedi creu argraff fawr ar y sîn canu cyfoes bryd hynny, a llais angylaidd Heather yn amlwg iawn. Sa i'n gwybod hyd heddiw sut ges i'r hyder i wneud hyn, ond fe ddes i o hyd i rif ffôn Heather a Geraint Jarman yn Alfred Street yng Nghaerdydd. Ffoniais Heather a gofyn a fyddai'n fodlon canu gyda fi. Fe gytunodd hithau ar unwaith, a threfnwyd dyddiad i gyfarfod. Felly un bore dydd Sadwrn, dyma fi – a'r gitâr a bag anferth oedd yn dal y recordydd tâp – yn dal y trên i Gaerdydd. Yna, roedd raid dod o hyd i dŷ Heather a Geraint. Do'n i erioed wedi dal tacsi, ac yn methu fforddio un ta beth, felly yr unig ateb oedd cerdded i Alfred Street. Cyrhaeddais yn swp o chwys a chanu cloch y drws ffrynt. Daeth Heather at y drws, ac fe es i'n hollol *star-struck*. Dyma eistedd a chael paned o de cyn i fi ganu'r gân i Heather. Dim ond unwaith neu ddwy roedd yn rhaid i mi ei chanu, ac roedd Heather wedi dysgu'r dôn a chael trefn ar yr harmonïau. Es i ati i'w recordio, a'r hen feicroffon sgwâr, plastic, llwyd wedi ei osod yng nghanol y ford lle fuon ni'n cael paned. Ces i fy swyno gymaint gan lais Heather nes bu bron i mi fethu â chanu o gwbl!

A dyna ni. Rhoi'r offer a'r gitâr 'nôl yn y bagiau a mynd am y trên. Anfonais y gân i'r gystadleuaeth, ond enillais i ddim. Y gân fuddugol y flwyddyn honno oedd 'Nwy yn y Nen' gan Mr Dewi 'Pws' Morris, wedi ei chanu gan Eleri Llwyd. OK, roedd hi'n well – o dipyn – na 'nghân i, ond rwy'n dal yn falch iawn o fod wedi cael y fraint o ganu gyda Heather Jones. Mae'r tâp gen i o hyd, ond na, fydd hi ddim allan ar CD na Soundcloud nac unrhyw beth arall, byth. Rwy'n nabod Heather yn dda iawn erbyn hyn, ac efallai ga i fentro dweud ein bod ni'n dipyn o ffrindiau. Rwy'n gwybod bellach fod yr hyn a wnaeth Heather yn 1971 trwy gydweithio â bachgen ifanc, dibrofiad, yn hollol nodweddiadol o'i natur hynod garedig hi.

Yn yr ysgol, ro'n i hefyd yn perfformio mewn ambell sioe gerdd. Yr un fwya cofiadwy oedd *Oliver!* Un o sêr y perfformiad hwnnw oedd Jon Gower. Mae Jon bellach yn enw cyfarwydd iawn yng Nghymru a thu hwnt fel awdur a chyflwynydd teledu (ac yn rhannol gyfrifol am y ffaith fy mod i'n ysgrifennu'r llyfr yma). A dweud y gwir, mae nifer o enwogion y genedl wedi dechrau ar eu taith yn Ysgol Ramadeg y Bechgyn Llanelli, yn cynnwys yr actor a'r cyflwynydd Frank Lincoln, y gwleidydd Michael Howard a'r newyddiadurwr Huw Edwards.

Fy rhan i yn y sioe gerdd oedd chwarae dyn oedd yn gwerthu cnau wedi eu rhostio – yr *hot chestnut seller*. Yr athro drama yn yr ysgol bryd hynny oedd Noel Rees (dim perthynas), ac roedd yn amlwg wedi sylweddoli nad oedd angen rhywun â llawer o dalent i gynrychioli'r gwerthwr cnau. Dyma'r noson agoriadol yn cyrraedd, a'r sioe yn mynd yn ei blaen, a fy nwy funud o enwogrwydd yn prysur agosáu. Daeth y ciw, ac allan â fi nerth fy nhraed i'r llwyfan, yn gwthio'r cert. Yn ddiarwybod i fi, roedd dau o fy 'ffrindiau' gorau, John Morgan a Dai Phillips, wedi rhyddhau'r sgriws oedd yn dal yr olwynion yn eu lle, felly wrth i fi redeg i'r llwyfan, dechreuodd y cert sglefrio dros bob man. Ro'n i'n methu deall i ddechrau beth oedd wedi mynd o'i le. Yr unig beth fedrwn i feddwl ei ddweud wrth y gynulleidfa, a oedd bellach yn edrych yn syn ar y gwerthwr cnau gwallgo yma oedd wedi colli pob rheolaeth ar ei gert oedd – mewn acen Llanelli gref – '*Slippery 'ere, innit?*' Wrth i fi adael y llwyfan yn chwys botsh, digwyddais edrych i lawr ar y gerddorfa, lle roedd John a Dai, y ddau yn chwarae'r trwmped, yn gwlychu eu hunain yn chwerthin.

Yn ystod cyfnod y chweched dosbarth cefais fy rhan gynta mewn ffilm, hefyd. Roedd yn draddodiad bryd hynny cynnal cyngerdd chweched dosbarth adeg y Nadolig bob blwyddyn, a'r *sixth-form dance* i ddilyn. Roedd hwn yn un o'r achlysuron prin pan fyddai ysgolion gramadeg y bechgyn a'r merched yn dod at ei gilydd. Penderfynodd rhywun yn nosbarth chwech y dylid gwneud ffilm i'w dangos yn ystod y cyngerdd. Roedd camera ffilm 8mm gan dad rhywun, felly aethon ni ati i baratoi. Dwi ddim yn cofio pwy oedd yn gyfrifol am ysgrifennu'r sgript, ond roedd yn rhaid i bawb gymryd rhan a gwneud 'bach o bopeth. Ro'n i'n chwarae rhan plismon oedd yn rhedeg ar ôl dihiryn cyn ei ddal ar weiren bigog. Fi oedd y dyn camera hefyd, gan mai fi oedd yr unig un ag unrhyw brofiad yn y maes. Un o fanteision mawr ysgol ramadeg y bechgyn Llanelli oedd fod coedwig y Strade tu cefn iddi a'r traeth yn agos iawn. Roedd hyn yn ddefnyddiol iawn, nid yn unig i guddio er mwyn osgoi gwersi, ond hefyd ar gyfer lleoliadau defnyddiol iawn at wneud y ffilm. Yn anffodus, chofiodd neb fod angen recordio sain ar gyfer y ffilm, felly bu'n rhaid iddi gael ei dangos i gyfeiliant piano yn y cyngerdd – yn union fel hen ddyddiau'r sinema. Dwi ddim yn gwybod beth ddigwyddodd iddi – mae wedi mynd i ebargofiant, mae'n siŵr, sydd o bosib yn beth da!

Yn ystod yr un cyfnod, fe ffurfion ni fand yn yr ysgol. Roedd sawl un ohonon ni'n chwarae'r gitâr ac yn gwrando ar yr un math o gerddoriaeth. Bydden ni'n cwrdd yn aml yn ystod yr egwyl ac amser cinio i drafod yr albyms diweddara gan fandiau a chantorion fel T. Rex, Led Zeppelin, Fleetwood Mac, y Rolling Stones, Black Sabbath, Free, Mott the Hoople, Rod Stewart, The Faces ac yn y blaen. Roedd ffrind arall i fi, Neil McGregor, hefyd yn dwlu ar gerddoriaeth bandiau fel The Byrds, Crosby, Stills, Nash and Young, Ralph McTell, Cat Stevens a Simon and Garfunkel. Felly, pan benderfynwyd ffurfio band, roedd digon o ddewis dylanwadau cerddorol gyda ni. Dewiswyd enw – Academi – ac aeth yr aelodau, sef Dai Powell, gitâr flaen, Colin Spencer, drymiau, Paul Jewell (tad yr actor Gareth Jewell), prif lais, a fi, gitâr rythm, ati i ymarfer. Roedd ein gig gynta mewn tafarn fach leol ac fe aeth yn weddol o dda. Ond roedd yr ail gig ar lwyfan ysgol ramadeg y merched yn y cyngerdd Nadolig o flaen wyth cant o ferched Llanelli. *Scary*! Ro'n ni wedi bod yn ymarfer yn galed ac roedd y caneuon yn y set yn cynnwys 'Albatross' gan Fleetwood Mac a 'Life's a Gas' gan T. Rex. Aeth Dai, Paul a finne â'r offer i gyd i ysgol y merched, ond doedd dim golwg o Colin. Fe berswadion ni ysgrifenyddes yr ysgol i adael i ni ddefnyddio'r ffôn i alw tŷ Colin. Dim ateb. I dorri stori hir yn fyr, roedd Colin wedi torri'i goes y bore hwnnw ac wedi mynd i'r ysbyty, felly doedd dim drymiwr gyda ni. Yr unig ateb oedd i Paul chwarae gitâr rythm ac i fi chwarae'r drymiau – rhywbeth do'n i erioed wedi ei wneud o'r blaen. Rywsut, fe aeth y set yn weddol a chawson ni ymateb da, ond dwi erioed wedi chwarae'r drymiau ers hynny, ac mae gen i barch mawr at ddrymwyr ym mhob man ers i mi chwysu chwartiau ar y llwyfan y noson honno.

Unwaith ro'n ni'n cyrraedd dosbarth chwech, roedd pawb yn cael eu penodi'n swyddogion. Un diwrnod, roedd cyffro mawr yn yr ysgol gan fod tîm o ysgol y bechgyn ac ysgol y merched gyda'i gilydd wedi llwyddo i gyrraedd rownd derfynol y gystadleuaeth gwis ar y radio i ysgolion, *Top of the Form*. Roedd paratoadau mawr yn yr ysgol, a cherbydau gwyrdd anferth y BBC yn llenwi'r maes parcio a cheblau a gwifrau'n rhedeg dros bob man. Yng nghanol yr holl brysurdeb a'r cyffro, fe benderfynodd rhyw hanner dwsin ohonon ni o'r chweched y byddai'n syniad da mynd i ddathlu'r achlysur yn y dafarn yng Nghwm Bach, y Farriers. Felly, neidion ni mewn i ddau gar a bant â ni am ginio cyflym a hanner bach i ddymuno'n dda i dîm yr ysgol. Ymhen rhyw dri chwarter awr, dyma ddechrau'r daith o ryw filltir 'nôl i'r ysgol. Roedd popeth yn mynd yn iawn nes i un o'r bechgyn, oedd yn sylweddol iawn o ran ei bwysau, ac oedd wedi yfed tipyn yn fwy na phawb arall, fethu tynnu'i hunan allan o sedd gefn y car. Yn anffodus, wrth iddo straffaglu, gwthiodd un o'r bois eraill ddrws y car ar gau ar ei law. Druan ag e – roedd y llaw mewn cyflwr ofnadwy ac angen triniaeth, felly aeth un o'r athrawon ag e i swyddfa'r prifathro cyn mynd ag e i'r ysbyty. Yn anffodus i ni i gyd, wrth iddo eistedd yn y swyddfa, dechreuodd deimlo'r boen go iawn, ac wrth iddo archwilio'i law, fe chwydodd ei berfedd gwrw dros ddesg a charped y prifathro. Roedd yn amlwg i bawb ei fod e wedi bod yn yfed, ac roedd yr athrawon yn weddol siŵr nad oedd e wedi mentro i'r dafarn ar ei ben ei hun. Ond roedd *Top of the Form* ar fin dechrau yn y neuadd, felly gwell anghofio am y peth – am y tro.

Fe aeth y gystadleuaeth yn dda iawn, a thîm Llanelli oedd yn fuddugol, ac felly'n bencampwyr Prydain. Fore trannoeth yn yr *assembly* bondigrybwyll, dyma'r prifathro Mr John Harris (neu Froggy i ni'r disgyblion), yn wên i gyd, yn canu clodydd yr unigolion yn y tîm a nodi iddynt ddod â chlod a bri i'r ysgol. Ond yna, pylodd y wên wrth iddo gyhoeddi bod rhai eraill wedi sarhau'r ysgol wrth fynd i yfed amser cinio. Roedd e'n gwybod yn iawn pwy oedd yn gyfrifol, ac roedd e'n disgwyl i ni fynd i'w weld e yn y swyddfa ar ôl y gwasanaeth. Nawr, roedd yn berffaith amlwg i bob un ohonon ni fuodd yn y dafarn nad oedd ganddo fe na neb arall y syniad lleia pwy oedd yn gyfrifol, felly dyma alw pawb at ein gilydd i drafod beth i'w wneud nesa. Ar ôl trafod am sbel, cytunodd pawb y dylen ni syrthio ar ein bai a mynd i weld y prifathro. Felly, yn ystod amser egwyl aeth pump ohonon ni i'w weld (roedd y chweched aelod wedi aros gartre i ofalu am ei fysedd ac i ddod dros yr *hangover*). Fe gawson ni'r bregeth ddisgwyliedig am ein hymddygiad anwaraidd, a sut roedden ni wedi llygru enw da'r ysgol ar un o'r diwrnodau pwysica yn ei hanes ac yn y blaen ac yn y blaen. Yna, penderfynodd taw'r gosb fwya effeithiol fyddai mynd â'n bathodynnau swyddog oddi arnon ni, er mwyn dangos ein cywilydd i bawb yn yr ysgol, ac i ni sylweddoli bod canlyniadau i dorri rheolau. Iawn, digon teg, roedd pawb yn deall hynny, ac a dweud y gwir doedd neb yn poeni gormod chwaith.

Yna, ryw ddeuddydd yn ddiweddarach, aeth dosbarthiadau un, dau a thri (blwyddyn saith, wyth a naw erbyn hyn) ar drip ysgol i Abergwaun. Ar y ffordd 'nôl, fe stopiodd yr heddlu'r bysus achos bod rhywrai o'r angylion bach wedi bod yn dwyn o siopau lleol. Wel, o'i chymharu â'n trosedd ni'n chwech, oedd ddim ond yn hysbys o fewn yr ysgol, roedd hyn yn sgandal go iawn. Roedd raid i nifer fawr o rieni ymweld â'r ysgol i drafod dyfodol eu hepil drwg, ac roedd angen i rywun gadw trefn ar yr ymweliadau. Felly, dau ddiwrnod yn unig wedi i ni gael ein diarddel fel swyddogion, cawson ni'n galw i swyddfa'r prifathro eto, i dderbyn ein bathodynnau'n ôl y tro hwn.

Doedd diwrnod recordio *Top of the Form* ddim yn drychineb i gyd. Wrth i griw'r BBC osod eu hoffer a'u ceblau ar gyfer y rhaglen, es i i sgwrsio ag un o'r technegwyr sain, a dweud fy mod yn ystyried trio am waith gyda'r BBC, yn yr adran sain efallai. Fe fuodd yn ddigon caredig i dreulio tipyn o amser gyda fi'n esbonio beth yn union oedd natur y gwaith, a sut roedd y BBC yn hyfforddi technegwyr. Enw'r dyn – fy nghysylltiad cynta â'r BBC – oedd Erni Allen. A phan ddechreuais i ddarlledu gyda'r BBC yng Nghaerdydd rai blynyddoedd yn ddiweddarach, un o'r bobl gynta i fi weithio gyda nhw oedd Erni.

Pennod 8

Yn 1972, daeth cais gan yr ysgol i grŵp o'r chweched dosbarth fynd i Lundain i gynrychioli'r ysgol yng nghynhadledd CEWC (Council for Education and World Citizenship) y Cenhedloedd Unedig. Fe ddewiswyd chwech ohonon ni, yn cynnwys fy ffrind gorau John Morgan a fi. Do'n ni erioed wedi bod yn Llundain o'r blaen, felly roedd yn dipyn o antur. Ar ôl i ni gyrraedd ar y trên, roedd pawb yn aros yn yr un stafell mewn gwesty heblaw am John, oedd yn aros gyda'i fodryb. Wel, roedd e i fod i aros gyda'i fodryb, ond gyda ni fuodd e drwy'r amser. Yn ystod y dydd, bydden ni i gyd yn mynd i gyfarfodydd yn Westminster Hall i glywed gwleidyddion ac aelodau'r Cenhedloedd Unedig yn siarad, ac yna'n cael ein gosod mewn grwpiau trafod. Fe wnaeth ein grŵp bach ni'n siŵr fod Ysgol Ramadeg y Bechgyn Llanelli, a Chymru, yn cael cynrychiolaeth deg yn ystod y trafodaethau. Ar ôl yr holl drafod a phwyllgora, roedd cyfnod rhydd. Fel arfer, byddai pawb yn mynd i siopa a chael rhywbeth i'w fwyta. Ar y noson ola, roedd dawns wedi ei threfnu cyn i bawb ffarwelio â'i gilydd drannoeth. Dyma John a fi'n gwisgo lan ac yn mynd i'r ddawns, gan obeithio cwrdd â chwpl o ferched. A dyna ble roedden ni, dau foi oedd yn meddwl ein bod ni'n eithriadol brofiadol ar ôl bod yn gwneud disgos ac yn y blaen, yn gofyn i'r ddwy ferch yma am ddawns – a chael ein gwrthod! Doedd hynny erioed wedi digwydd i ni o'r blaen, gan fod merched Llanelli'n llawer rhy boléit i wrthod dawns i neb. Fe fuon ni'n sefyll yna am ryw bum munud heb wybod beth i'w wneud, cyn penderfynu trio eto. Y tro hwn, fe fuon ni'n llwyddiannus, ac fe dreulion ni weddill y noson gyda Helen a Beverly o Hastings. Roedd cerdded o gwmpas Llundain law yn llaw â merch ddeniadol yn dipyn o brofiad i ddau foi ifanc o Lanelli. Buodd Helen a finne'n ysgrifennu at ein gilydd am dipyn, ond ddaeth dim byd mwy o'r berthynas. Buodd John a Beverly'n gweld ei gilydd am sbel wedyn, ac yn teithio i weld ei gilydd ar y trên.

Efallai 'mod i'n gwneud i Ysgol Ramadeg y Bechgyn Llanelli swnio fel rhyw fath o St Trinian's i fois, ond doedd hynny ddim yn wir. Ar y cyfan, roedd hi'n ysgol safonol. Roedd y disgyblion yn cael canlyniadau da, ac roedd y rhan fwya o'r athrawon yn ddawnus iawn. Rwy'n cofio cael fy ysbrydoli go iawn gan un athro Saesneg ifanc fu yno am gyfnod byr, Nigel Ellison. Roedd ei ddiddordeb mewn llenyddiaeth Saesneg yn heintus. Roedd yr athrawon Cymraeg – Glyn Hughes, Donald Hughes a Keith Williams – yn amlwg yn wirioneddol ymddiddori yn eu maes, ac yn llwyddo i drosglwyddo'r diddordeb yna'n eithriadol o dda, hyd yn oed i ddisgybl fel fi, oedd ddim wir yn gwerthfawrogi'r hyn roedd yn ei ddysgu. Ond rwy'n cofio hefyd am un arall a fu bron iawn â dod â 'nghyfnod yn yr ysgol i ben yn gynt na'r disgwyl. Fel soniais i'n gynharach, ro'n i wedi gorfod astudio Cymraeg, Saesneg ac Ysgrythur yn dilyn fy nghanlyniadau Lefel O. Er nad oedd gen i fawr ddim diddordeb yn yr un o'r rhain, doedd gen i ddim diddordeb o gwbl mewn Ysgrythur. Roedd yr athro'n ddyn bach o ran maint, oedd yn diodde o glefyd y dyn bach, sef meddwl ei fod e'n fawr ac yn bwysig. Do'n i erioed wedi dod mlaen â'r dyn, ac un diwrnod, aeth pethau o ddrwg i waeth. Wrth ystyried fy opsiynau ar ôl gadael yr ysgol, ro'n i wedi gwneud cais am le yng Ngholeg y Drindod, Caerfyrddin. Ro'n i hefyd wedi gwneud cais am grant llawn er mwyn medru fforddio mynd i'r coleg, gan nad oedd gobaith y bydden i'n medru talu am y cwrs. Un prynhawn, jest cyn y wers Ysgrythur, ces i neges fod swyddfa addysg y cyngor wedi ffonio'r ysgol i siarad â fi ynglŷn â'r arian. Felly bant â fi i swyddfa'r ysgrifennydd i ateb y ffôn. Roedd y sgwrs yn un hir, ac ro'n i'n ymwybodol iawn y dylwn i fod yn y wers Ysgrythur, oedd wedi dechrau ers tro. Daeth un o'r bois i chwilio amdana i i ddweud bod yr athro'n grac iawn nad o'n i yn y wers. Gofynnais iddo ymddiheuro ar fy rhan ac esbonio'r rheswm.

Daeth y sgwrs i ben ac es i i'r wers o'r diwedd. Wrth i fi agor y drws, dechreuodd y dyn bach fytheirio a holi ble o'n i wedi bod, a pham o'n i mor hwyr, ond heb roi cyfle i fi ymateb. Y funud nesa, cododd i'w lawn bum troedfedd a charlamu ar hyd y stafell tuag ata i, yn gweiddi a bygwth. Roedd ei wyneb yn syllu i mewn i fy stumog, a'i fys yn gwthio 'mrest. Rwy'n berson gweddol dawel ac rwy'n ara deg i wylltio fel arfer. Dwi ddim ond yn wirioneddol wedi colli 'nhymer ryw ddwywaith neu dair yn fy mywyd, ond y prynhawn hwnnw, fe ffrwydrais. Heriais yr athro i 'nharo i er mwyn i fi gael esgus i roi clatsien go iawn 'nôl iddo. Aeth y sgwrs yn fonolog o'n ochr i, a'i byrdwn oedd: dere mla'n, y diawl bach hyll, bwra fi, plis. Rho hanner esgus i fi gael torri dy drwyn – yn Saesneg, wrth gwrs. Ei ymateb e oedd dweud wrtha i am fynd i eistedd lawr. Dywedais nad o'n i'n bwriadu treulio eiliad arall yng nghwmni'r diawl bach, felly ro'n i'n gadael. Daeth y ffrae i ben wrth i fi ei wahodd e i drio fy stopio i. Fe adewais y dosbarth a cherdded allan o'r ysgol. Do'n i ddim yn bwriadu mynd 'nôl. Fe es i yn y pen draw, ond fues i byth i wers Ysgrythur wedi hynny. Ac yn y diwedd, penderfynais beidio â throi lan i sefyll sawl un o'r arholiadau Lefel A chwaith. Fel mae'n digwydd, sa i'n credu y byddai wedi gwneud llawer o wahaniaeth petawn i wedi mynd, achos fe fethais nhw i gyd beth bynnag, gymaint oedd y teimlad o gasineb a surni oedd gen i tuag at yr ysgol erbyn y diwedd.

Fe ddaeth haf 1973. Ro'n i wedi gadael yr ysgol, a'r cyfan oedd i'w wneud bellach oedd aros am y canlyniadau Lefel A, er 'mod i'n gwybod yn iawn fy mod wedi methu pob un. Do'n i ddim yn poeni'n ormodol, achos yn dilyn cyfweliad yng Ngholeg y Drindod, ro'n i wedi cael fy nerbyn i wneud cwrs tystysgrif addysg, yr hen Cert. Ed., i ddechrau yn y mis Medi canlynol. Bob haf ers rhai blynyddoedd, ro'n i wedi cael swydd yn gweithio i'r bwrdd dŵr yn Llanelli. Roedd hon yn fy siwtio i'r dim. Gadael y tŷ bob bore ar fy meic am chwech. Seiclo o'r tŷ i gronfeydd dŵr Swiss Valley, lle bues i'n crwydro'n blentyn, ac yna treulio'r dyddiau'n torri gwair neu'r coed o'u cwmpas. Nid pawb sy'n sylweddoli bod dwy gronfa ddŵr yn Swiss Valley, ac roedd gang o bedwar ohonon ni'n treulio'r rhan fwya o'n hamser ar y gronfa ucha. Roedd camlas fechan yn rhedeg wrth ochr y gronfa i gario dŵr os oedd yn gorlifo, a dyna lle bydden ni wrthi drwy'r dydd, yn cymoni ac yn glanhau'r tyfiant yn y gamlas. Roedd rhai o'r bois eraill o'r ysgol yn gweithio yno hefyd – Ian Morgan, naturiaethwr o fri, John Francis a John Jenkins, sydd bellach yn enw cyfarwydd fel pennaeth Tenovus yng Nghymru. Ffarmwr lleol oedd yn gofalu amdanon ni – Jack y Berllan, o Felinfoel. Roedd Jack yn ŵr bonheddig go iawn. Wedi ffarmio ar hyd ei oes, roedd e'n deall cefn gwlad yn iawn. Un prynhawn, roedd Jack yn gweithio ar y tractor pan benderfynodd pawb chwarae jôc arna i. Y bwriad oedd i'r bois eraill ddenu fy sylw tra oedd Jack yn tywallt llwyth o fwd o fwced y tractor lawr fy welingtons. Roedd popeth yn mynd yn iawn, a'r bois wedi meddwl am ryw stori i 'niddanu tra oedd Jack yn cael y tractor i'r lle iawn. Ond y funud nesa, fe deimlais boen anhygoel yn fy nghefn, a llewygu. Pan ddes i atof fy hun, roedd Jack druan yn ofid i gyd. Wrth iddo ryddhau'r bwced ar flaen y tractor, ro'n i wedi camu 'nôl, ac roedd y bwced wedi troi a 'nharo i yng ngwaelod fy nghefn. Trwy lwc, doedd dim cwt yna, ond roedd briw anferthol yn datblygu'n gyflym, ac am sbel fach ro'n i'n cael poenau *pins and needles* yn fy nghoesau. Wrth gwrs, bryd hynny, doedd dim sôn am fynd i'r ysbyty, a'r funud o'n i wedi gwella, aeth pawb yn ôl at eu gwaith – er, bues i'n methu plygu i wneud dim am gyfnod.

Ar ôl gweithio yn y gronfa ddŵr gydol yr wythnos, ro'n i wedyn yn cynorthwyo mewn siop gerddoriaeth ar ddydd Sadwrn. Ro'n i'n caru gyda merch leol, Ann, neu Elvira, fel roedd llawer yn ei nabod hi. Hi a'i theulu oedd yn berchen ar Falcon Music, tipyn o sefydliad yn nhre Llanelli, a dyna lle roedd pawb yn mynd i brynu'r recordiau diweddara. Roedd y siop yn gwerthu pob math o offer cerdd hefyd, yn cynnwys recorders i blant ysgol a gitarau trydan i fandiau. Ro'n i'n cael tipyn o hwyl gydag Ann a'i theulu – ei mam Jean, Alison ei chwaer a'i gŵr John, a'i brawd Rob a'i gariad Helen. Yna, bron bob nos Sadwrn, bydden i'n gwneud disgo yn rhywle. Yn aml iawn, parti priodas neu barti pen-blwydd deunaw neu un ar hugain oed oedd yr achlysur ac, wrth gwrs, ar ddiwedd tymor, roedd sawl parti ysgol hefyd. Os nad o'n i'n gwneud disgo, bydden ni'n cwrdd fel criw yn dre neu'n mynd i'r Glen, y clwb nos lleol lle roedd pawb yn mynd (doedd dim dewis arall!) i ddawnsio i gerddoriaeth disgo Paul Adams ac ambell fand byw. Roedd y cysylltiad â Paul a'r Glen yn handi iawn. Ro'n i'n dal i wneud rhaglen ar Radio Glangwili, a byddai bandiau fel Mungo Jerry neu'r Marmalade yn dod i'r Glen. Os o'n i'n cael gwybod mlaen llaw, bydden i'n bachu ar y cyfle i fynd yno'n gynnar i gyfweld y band.

Ro'n i'n lwcus iawn gartre hefyd. Doedd ddim gwahaniaeth gan Mam pwy oedd yn dod i'r tŷ, ac yn aml iawn, byddai eitha gang ohonon ni'n cwrdd yno i wrando ar recordiau a siarad. Byddai rhai o aelodau'r Aelwyd yn galw draw, a ffrindiau fel John Morgan, Dai Phillips, Peter Cook a Paul Jewell. Roedd Mam wrth ei bodd yng nghwmni pobl ifanc, ac roedd hi'n arbennig o hoff o John, ac Eleri Roberts o'r Bynea. Byddai Eleri'n dod gyda fi weithiau pan o'n i'n gwneud disgo, ac yn mwynhau'r cyfle i gael port a lemon bach ar ddiwedd y noson. Roedd Mam yn arbennig o hoff o Eleri, achos pan fyddai hi'n cyrraedd y tŷ, byddai hi'n cymryd drosodd! Weithiau, byddai Mam yn cael cic-owt o'r gegin er mwyn i Eleri baratoi bwyd i ni. Hi oedd *in charge*, fel byddai Mam yn ei ddweud. Eleri Davies yw hi erbyn hyn, a na, dyw hi ddim wedi newid dim! Fe fuodd Eleri'n canu gydag Elin (Morgan ar y pryd) am flynyddoedd, ac ymddangoson nhw ar y teledu'n gyson yn ogystal â chyhoeddi albwm. Roedd y ddwy'n teithio ar draws Cymru gyfan yn perfformio mewn nosweithiau llawen. Mae Eleri'n briod ag Eurig Davies ac mae'n fam i Sioned a Luned Eurig. Rydyn ni'n dal yn ffrindiau mawr, ac mae'r merched a Ffion yn ffrindiau penna.

Erbyn hyn, ro'n i wedi pasio 'mhrawf gyrru ac wedi llwyddo i brynu car, gyda help Mam. Ford Anglia gwyrdd oedd e, wedi ei gofrestru yn 1966. Ond roedd un peth hynod amdano. Roedd y car bach wedi bod mewn damwain, ac wedi colli'r bonet a'r ddwy asgell flaen. Ond yn lle adnewyddu'r rhannau unigol, roedd y cyn-berchennog wedi cael gafael ar un darn o *fibreglass* ac wedi siapio hwnna i ffitio dros yr injan. Roedd y bonet *fibreglass* yn edrych yn iawn, ond os oedd angen ei agor, roedd raid dadsgriwio braced bob ochr i'r car ac yna codi'r cyfan yn un darn. Do'n i'n cwyno dim. A dweud y gwir, ro'n i'n methu credu 'mod i wedi llwyddo i gael car o gwbl. Roedd y bechgyn yn yr ysgol yn cyfeirio ato fel 'y car â'r bonet cardbord', ond ro'n i'n falch iawn ohono. Yn y cyfnod yma, ro'n i'n mynd mas gyda merch o'r Hendy. Roedd hi a'r teulu yn byw ar riw serth yn y pentre, ac roedd cael y car allan o'r dreif mewn *reverse* yn dipyn o gamp. Un noson, a finne'n gadael y tŷ'n eitha hwyr, cydiodd y bymper blaen yn y gât. Doedd dim niwed i'w weld, felly bant â fi. Ond wrth i fi yrru drwy Langennech, dyma droi'r goleuadau mlaen, dim ond i'w gweld yn anelu'n syth at y tai bob ochr i'r heol. Dim problem. Allan o'r car a rhoi cic go iawn i ochr dde'r bonet, ac aeth popeth 'nôl i'w le.

Roedd y car, wrth gwrs, yn golygu rhywfaint o ryddid, ac ar benwythnosau fe fyddai John, y merched a fi'n gyrru draw i Benrhyn Gŵyr ar bnawn Sul i fynd i'r traeth. Un noson, wrth yrru adre, penderfynodd fy nghariad y byddai'n hoffi cael un o'r goleuadau oren rheiny sy'n fflachio wrth ymyl gweithfeydd ffordd i'w osod yn ei stafell wely. Doedd dim angen dweud mwy. Aeth John a fi allan o'r car a rhoi'r golau, a'r stand, yn y gist. Roedd un broblem. Do'n i a John ddim yn gwybod sut i ddiffodd y golau, a doedd y bŵt ddim yn cau achos bod coesau'r stand yn rhy fawr. Felly, dim ond un peth oedd i'w wneud – gyrru o Lanelli i'r Hendy a chist y car yn fflachio fel goleudy, gan obeithio na fydden ni'n gweld plismon. Ar ôl i ni gyrraedd y tŷ, dyma ni'n dymuno nos da iddi, a'i gadael yn sefyll o flaen tŷ ei rhieni'n dal y golau, oedd yn dal i fflachio wrth i ni yrru lawr yr heol. Fe ddylen i ychwanegu fan hyn fod John bellach yn blismon!

Hefyd yn 1973, ro'n i wedi cael cytundeb o fath i wneud disgo bob nos Sadwrn yn Aelwyd yr Hendy. Ro'n i wrth fy modd yn gwneud y disgos yna, a byddai'r neuadd yn llawn pobl ifanc yr Hendy a'r pentrefi cyfagos yn mwynhau'r disgos dwyieithog. Mam a thad Gari a Delyth Niclas oedd yn gyfrifol am redeg yr Aelwyd bryd hynny, ac fe lwyddon nhw i greu diddordeb mawr yn yr Urdd a gweithgareddau Cymraeg yn yr ardal. Fe barodd y disgos yn yr Hendy tan 1975 ac ro'n i wrth fy modd yn eu gwneud nhw.

Haf 1973 oedd y tro ola i fi fynd i wersyll Glan-llyn fel gwersyllwr. Roedd popeth yn newid. Ro'n i ar fin gadael cartre am y tro cynta. Ro'n i'n ansicr iawn am yr hyn oedd yn fy nisgwyl yn y coleg, ac yn poeni am adael Mam ar ei phen ei hun. Daeth fy mherthynas i â 'nghariad yn yr Hendy i ben. Os ydw i'n cofio'n iawn, fe es i i Lan-llyn ar fy mhen fy hunan am wythnos. Y tro hwn, es i â peiriant recordio casét, gyda'r bwriad o wneud rhaglen ddogfen ar gyfer Radio Glangwili. Roedd yr wythnos honno'n un ddiddorol iawn. Ymhlith y gwersyllwyr eraill, roedd gang o fois yn dod at ei gilydd i ffurfio grŵp newydd. Ro'n i'n nabod rhai ohonyn nhw'n barod – Delwyn Siôn, Geraint Davies a Derec Brown. Ro'n i wedi mynd â 'ngitâr hefyd, felly ces i sawl awr ddifyr iawn yn chwarae gyda nhw, a hyd yn oed perfformio ar lwyfan y noson lawen yn y gwersyll yn eu cwmni. Felly, rwy'n honni hyd heddiw fy mod i wedi chwarae gyda Hergest – er nad oedd yr Hergest go iawn wedi ffurfio bryd hynny – ond yn fan 'na dechreuodd y cyfan. Roedd rhai o ferched Glan Clwyd yno, gan gynnwys Sioned Mair. Ro'n i'n wirioneddol ffansïo Sioned, ond roedd ei safonau hi'n uchel iawn, felly sylweddolais yn go glou fod dim gobaith gyda fi! Es i ati i wneud fy rhaglen ddogfen, a holi gwersyllwyr, y swogs, pennaeth y gwersyll, John Eric Williams, a hyd yn oed staff y gegin. Yna, pwy drodd lan yn y gwersyll ond Hywel Gwynfryn a Dewi Pws. Mae gen i lun o'r ddau'n cerdded i mewn i'r llyn yn eu dillad. Dim syndod i neb, mae'n siŵr. Diflannodd Dewi cyn i fi gael cyfle i siarad ag e. A dweud y gwir, rwy'n amau a fydden i wedi magu'r hyder i ofyn iddo am gyfweliad. Ond rywsut neu'i gilydd, fe lwyddais i ofyn i Hywel am sgwrs. Dyna oedd y tro cynta i ni gwrdd. Roedd Hywel yn garedig iawn yn ateb y cwestiynau – yn Saesneg, gan mai dyna oedd iaith y rhaglen ddogfen i fod, mewn ymgais i genhadu rhinweddau Glan-llyn i'r di-Gymraeg. Daeth y rhaglen at ei gilydd yn iawn, ac fe'i darlledwyd hi ar Radio Glangwili am sbel.

Ac yna, yn sydyn iawn, roedd yr haf ar ben. Roedd hi'n bryd dechrau ar gyfnod newydd mewn bywyd. Cyfnod coleg.

Pennod 9

Pam Coleg y Drindod? Roedd sawl rheswm, mewn gwirionedd. Yn un peth, doedd gen i ddim llawer o ddewis. Do'n i ddim wedi troi lan ar gyfer rhai o'r arholiadau lefel A, ac wedi methu'r lleill. Felly oni bai fod y Drindod wedi 'nerbyn i ar sail fy nghanlyniadau Lefel O, a 'mod i wedi cwblhau'r cyrsiau Lefel A, o leia, fyddai gen i un man i fynd iddo. Ro'n i'n dal i gyflwyno ar Radio Glangwili, ac yn awyddus iawn i barhau i wneud. Ond un o'r pethau pwysica oedd Mam. Ro'n i'n ymwybodol iawn y byddai hi ar ei phen ei hunan petawn i'n mynd yn bell i'r coleg. Roedd y Drindod yn ddelfrydol, felly.

Yn ystod y flwyddyn gynta, fe fues i'n byw gartre ac yn teithio i'r coleg bob dydd yn y car, ac yn aros dros nos gyda ffrindiau'n achlysurol. Bryd hynny, roedd bechgyn yn aros yn Neuadd Dewi a merched yn Neuadd Non a Neuadd Myrddin, a chymysgedd o ferched a bechgyn yn y Tŵr. Roedd hi wastad yn bosib dod o hyd i rywle i aros yn un o'r neuaddau. Fy mwriad oedd byw gartre am flwyddyn i roi cyfle i Mam gyfarwyddo â'r syniad y bydden i'n symud allan, a gwneud hynny'n ara deg. Yn yr ail flwyddyn, es i fyw yn Neuadd Pedr, nid nepell o orsaf dân y dre, cyn symud i fyw ar y campws yn y drydedd flwyddyn. Rwy'n cofio cyrraedd y Drindod ar y diwrnod cynta yna yn 1973, ac ymuno â'r holl fyfyrwyr eraill, o bob rhan o Gymru a thu hwnt yn y neuadd, i glywed y croeso swyddogol a derbyn amserlen yr wythnos gynta. Cafwyd esboniad o ble roedd pob adran a sut i gyrraedd y darlithoedd. Ond roedd gen i un broblem. Doedd gen i ddim syniad beth ro'n i am ei astudio. Ar ôl gwrando ar y siaradwyr, fe benderfynais fynd i'r darlithoedd Cymraeg a Drama. Wel, am sioc farwol! Pan gyrhaeddais y ddarlith Gymraeg, roedd clywed fy nghyd-fyfyrwyr (o'r gogledd gan mwya) yn siarad am rai o'r pynciau oedd dan sylw yn brofiad rhyfeddol. Doedd gen i'r un syniad am beth roedden nhw'n sôn. Roedden nhw'n amlwg wedi cymryd gwersi Cymraeg Lefel A dipyn fwy o ddifri na wnes i.

Mlaen â ni i'r ddarlith Ddrama. Roedd y darlithydd yn fenyw fach o ran maint, ac roedd yn amlwg yn diodde'n eitha gwael o arthritis. Eisteddais yn y cefn, a sylweddoli'n go glou mai fi oedd yr unig un oedd ddim wedi gwneud unrhyw fath o wersi Drama. Fe dreulion ni ryw awr yn esgus mai coed oedden ni, neu'n rhuo fel y gwynt ac yn rhedeg o gwmpas y stafell. Roedd yn dod yn amlwg i fi nad dyma'r dyfodol ro'n i'n ei ragweld i fi'n hunan. Yna, ar y diwedd, gosodwyd gwaith paratoi ar gyfer y ddarlith nesa i ni – dylunio gwisg ar gyfer milwr Rhufeinig. Wel, dyna ddiwedd ar hynny! Ar y ffordd mas, dyma fi'n diolch yn fawr i'r darlithydd, a dweud nad oedd Drama'n bwnc y gallen i ymddiddori ynddo, felly fydden i ddim yn dod eto. Edrychodd arna i braidd yn syn, ond ddywedodd hi ddim byd. Bellach, roedd gen i broblem. Roedd yn rhaid astudio dau brif bwnc yn ogystal â phynciau craidd Saesneg, Addysg ac Addysg Gorfforol. Ond dim ond un prif bwnc oedd gen i, felly roedd angen dod o hyd i rywbeth arall ar fyrder. Gyferbyn â'r stafell ddrama, roedd grŵp o bobl wedi ymgynnull ar gyfer darlith arall. Roedden nhw'n edrych yn ddiddorol iawn – rhai yn hŷn ac eraill yn eitha bohemaidd yr olwg. Felly draw â fi, ac ymuno â darlith 'Youth and Community Studies'. Do'n i ddim yn disgwyl pethau mawr ar y dechrau, ond yn fuan iawn, sylweddolais fy mod yn gweld y pwnc yn hynod ddiddorol, felly dyma ymuno â'r dosbarth.

A dyna ni. Roedd fy mhrif gyrsiau wedi eu dewis – Cymraeg ac Astudiaethau Ieuenctid a Chymdeithasol. Wrth i'r dyddiau basio, deuai ambell un o'r myfyrwyr ata i a gofyn o'n i wedi rhoi'r gorau i'r darlithoedd drama go iawn. O'n, meddwn i, gan fethu deall pam ar y ddaear roedd pobl yn synnu fy mod i wedi rhoi'r gorau i bwnc nad oedd gen i ddim diddordeb ynddo. Yn ara deg, fe ddaeth y rheswm yn glir. Y darlithydd bach oedd Norah Isaac. Do'n i erioed wedi clywed amdani, nac am ei henw fel darlithydd egnïol a phenderfynol, chwaith. Petawn i'n gwybod, efallai na fydden i wedi bod mor barod i gerdded allan! Roedd hi hefyd yn darlithio yn yr adran Gymraeg, ac fe ddaethon ni i nabod ein gilydd yn dda iawn. Roedd hi'n hynod graff, ond yn garedig iawn yn ei ffordd ei hunan hefyd, yn enwedig pan fydden i'n hwyr! Roedd gen i'r parch rhyfedda ati.

Ar un adeg, fe ddatblygodd Norah rywfaint o obsesiwn â'r ffaith fy mod i'n atal. Roedd hi'n methu'n deg â deall sut medrwn i siarad yn iawn o flaen meicroffon, ac eto atal fel *morse code* yn y dosbarth o flaen y myfyrwyr eraill. Un prynhawn, galwodd fi i flaen y dosbarth i ddarllen darn allan o lyfr. Dyma fi'n dechrau ac, wrth gwrs, yn dechrau atal – yn reit wael. Cyn hir, roedd pawb yn edrych ar y llawr yn embaras i gyd wrth i fi straffaglu drwy'r darn. Ond roedd gan Norah syniad. Awgrymodd y dylen i esgus fy mod yn dal meicroffon yn fy llaw, ac yna byddai popeth yn iawn. Dyma fi'n dal meicroffon dychmygol, ond doedd hynny'n ddim help o gwbl. Rhaid i fi bwysleisio fan hyn nad yw'r atal wedi codi embaras arna i ers fy mhlentyndod, ac yn sicr ddim ers dyddiau'r ysgol ramadeg. Mae'n gwneud bywyd yn anodd weithiau, ond dwi byth yn teimlo embaras. Felly, y cyfan allen i ei wneud oedd gwenu ar Norah a dweud sori, ond ro'n i'n gwybod yn iawn na fyddai'r syniad yn gweithio. Yr hyn roedd Norah wedi methu ei ddeall oedd fod gan bawb ei ffordd unigol, unigryw o ddelio ag atal, ac yn fy achos i, y meicroffon neu'r camera sy'n ei dawelu. Flynyddoedd yn ddiweddarach, a finne wedi hen adael y coleg ac ymuno â'r BBC, fe welais Norah yn eistedd ger un o'r stondinau ar faes Eisteddfod yr Urdd. Roedd hi'n traethu wrth grŵp bach o bobl ifanc oedd wedi ymgasglu o'i chwmpas. Roedd raid i mi wenu o'i gweld yn annerch ei chynulleidfa. Dyma fi'n codi llaw a gwenu arni, a daeth y llais cyfarwydd i 'nghyfarch: 'Richard Rees! Dewch yma nawr!' Roedd yn amhosib anwybyddu Norah, felly draw â fi wrth i'r criw bach o edmygwyr fynd ar eu ffordd. Edrychodd i fyw fy llygaid, a dweud, 'Pan glywais i dy fod di wedi ymuno â'r BBC, roeddwn i'n meddwl dy fod wedi gwneud camsyniad mwya dy fywyd.' Edrychais arni, yn aros am y *coup de grâce*, ond er syndod mawr i mi, dywedodd, 'Ond ro'n i'n anghywir.' Gan 'mod i'n dal yn ddigon ansicr ar ddechrau 'ngyrfa ddarlledu, roedd geiriau Norah'n gysur mawr. Rwy'n ddiolchgar iawn iddi am yr ychydig eiliadau yna ar faes Eisteddfod yr Urdd.

Mae mwy i fywyd coleg na darlithoedd a dysgu, wrth gwrs. Mae'r ochr gymdeithasol yn bwysig iawn hefyd. Dwi ddim yn gwybod beth yw'r sefyllfa erbyn hyn, ond 'nôl ar ddechrau'r saithdegau, roedd y myfyrwyr Cymraeg yn dueddol o gadw at ei gilydd yn y gymdeithas Gymraeg, ac yn cyfarfod yn nhafarn y Ceffyl Du, neu'r Ceff. Fedra i ddim â honni i mi erioed fod yn aelod o'r gymdeithas na'r criw Cymraeg. Doedd dim rheswm arbennig am hynny hyd y gwn i, ac roedd gen i nifer o ffrindiau yn eu plith, ond roedd gen i nifer fawr o ffrindiau di-Gymraeg hefyd. Ro'n i'n meddwl bryd hynny – ac rwy o'r un farn heddiw – ei bod yn bwysig cymysgu â chynifer o bobl o wahanol lefydd ag sy'n bosib. Ro'n i wrth fy modd â fy ffrindiau newydd – Linda Ramsey o Gaerllion, Rob Rees o Solfach, Elaine o'r Alban, Nadine o Surrey, a nifer fawr o fois o Gymru hefyd – Rob Edwards o Abertawe, Derek Church o'r Coed Duon yng Ngwent, oedd yn chwarae rygbi i Cross Keys,

Robert Eynon o Lanelli a Cedric Jones. Ond do'n i ddim yn treulio llawer o amser yn y coleg, heblaw am fynd i'r darlithoedd. Ro'n i'n dal i ddarlledu'n gyson ar Radio Glangwili, ac yn cynnal disgo yn rhywle bron bob nos Wener a nos Sadwrn. Yn ystod y flwyddyn gynta hefyd, ro'n i'n caru gyda merch o Bontarddulais. Roedd Jackie'n gerddor dawnus dros ben, yn chwarae'r feiolín ac yn astudio yn y Coleg Brenhinol yn Llundain. Felly, bob tro roedd cyfle'n codi, ro'n i'n neidio ar y trên i aros gyda hi.

Yn raddol, wrth i'r flwyddyn fynd yn ei blaen, fe ddes i nabod mwy o bobl o'r ail a'r drydedd flwyddyn. Roedd gen i ddiddordeb mawr yn y sîn gerddoriaeth Gymraeg, ac o'r safbwynt yna, doedd dim lle gwell i fod na'r Drindod. Fe ddes i'n ffrindiau da â Cleif Harpwood a Iestyn Garlick. Bryd hynny, roedd y ddau'n canu gyda'r band Ac Eraill, gyda Tecwyn Ifan a Phil 'Bach' Edwards. Roedden nhw wrthi'n ysgrifennu caneuon ac yn ymarfer gyda'r band, ac ro'n i wrth fy modd o fod ar gyrion y sîn gyffrous yma. Roedd Cleif yn caru gyda merch o'r grŵp Astudiaethau Ieuenctid, Linda, ac fe fydden ni'n cael tipyn o hwyl yn mynd allan yn Llansteffan neu rywle cyfagos. Roedd llawer o gyffro yn y coleg bryd hynny gan fod Cleif a Iestyn yn gweithio ar opera roc Gymraeg i'w pherfformio yn yr Eisteddfod Genedlaethol yng Nghaerfyrddin yn 1974. Er nad o'n i'n rhan o'r gweithgarwch na'r paratoadau, roedd yn ddiddorol iawn clywed sut roedd y stori a'r castio'n dod yn eu blaen. Pan lwyfannwyd y perfformiad ym mhafiliwn yr Eisteddfod ym mis Awst 1974, roedd disgwyliadau'n fawr. Ond, yn anffodus, oherwydd pwysau amser y perfformiadau blaenorol ar y llwyfan, chafodd y criw ddim digon o amser i osod popeth yn iawn, nac i checio'r sain. O ganlyniad, er gwaetha perfformiadau gwych gan y cast cyfan, yn enwedig Cleif a Heather Jones yn y ddwy brif ran – a phwy allai anghofio Dewi Pws fel yr anfarwol Frenin Ri – prin y clywyd yr un nodyn. Bellach, mae deugain mlynedd wedi mynd heibio ers y perfformiad yna ar lwyfan Eisteddfod Caerfyrddin, mae nifer o gwmnïau drama ac ysgolion wedi llwyfannu *Nia Ben Aur* ac wedi cael hwyl fawr arni. Er hynny, mae'n biti na chafodd y gynulleidfa yn y perfformiad gwreiddiol y cyfle i fwynhau'r sioe yn ei llawn ogoniant.

Y newyddion mawr arall yn ystod y flwyddyn oedd fod Cleif wedi gadael Ac Eraill ac wedi ymuno â band newydd oedd yn creu tipyn o gynnwrf ar y sîn roc. Roedd y band wedi ffurfio flwyddyn ynghynt yn 1973, ond cyn bo hir, roedd Cleif Harpwood wedi profi ei hunan yn rhan annatod o Edward H. Dafis gyda Hefin Elis, Charli Britton, John Griffiths a Dewi Pws. Un diwrnod, roedden ni'n eistedd yn yr undeb yn y coleg yn sgwrsio dros baned, a dywedodd Cleif fod y band yn paratoi i recordio albwm, ond roedd angen un gân arall arnyn nhw. Ro'n i wedi ysgrifennu nifer o ganeuon dros y blynyddoedd (pob un yn angof erbyn hyn), a doedd gen i ddim bwriad gwneud dim byd penodol â nhw. Felly dyma gynnig un o'r caneuon i Cleif. Aeth Cleif â hi at weddill y grŵp, ac fe aildrefnwyd y gerddoriaeth gan Hefin Elis. Roedd y dôn yn gweithio gyda'r geiriau roedd Cleif wedi eu hysgrifennu, ac fe blethwyd y dôn a'r geiriau i greu'r gân 'I'r Dderwen Gam'. Ro'n i wrth fy modd fod y gân wedi ymddangos ar y record hir chwedlonol *Yr Hen Ffordd Gymreig o Fyw*. Ymhen amser, des i nabod y bois i gyd yn dda, ac ro'n i'n teithio'n aml i'w gigs, naill ai i wneud disgo neu, weithiau, i fod yn beiriannydd sain iddyn nhw. Roedd teithio a chydweithio gydag Edward H. yn hwyl go iawn. Roedd cwmni'r bois yn ddifyr bob tro, ac roedd sylwi ar yr ymateb roedd y band yn ei gael gan y ffans yn anhygoel.

Daeth y flwyddyn gynta yn y coleg i ben. Rywsut neu'i gilydd, fe lwyddais i basio'r arholiadau, a chael fy nerbyn i'r ail flwyddyn. O gofio 'mod i wedi dechrau yn y coleg heb lawer o ddiddordeb mewn gwirionedd, roedd dylanwad nifer o'r darlithwyr wedi cael effaith bositif iawn arna i. Rwy wedi sôn am Norah eisoes, ond roedd nifer o gymeriadau eraill diddorol dros ben yn darlithio yn y Drindod bryd hynny. Roedd yr adran Gymraeg yn ffodus iawn o'i darlithwyr, a chwpl o gewri'r genedl ar y staff. Roedd Dafydd Rowlands yn adnabyddus iawn fel bardd a llenor. Roedd Dafydd yn agos iawn at y myfyrwyr ac roedd yn bleser gwrando arno bob tro. Un diwrnod, roedd e'n darlithio i ni yn y stafell Gymraeg yn hen ran y coleg, ac yn smygu wrth drafod barddoniaeth Dafydd ap Gwilym. Yn sydyn, agorodd y drws, a phwy gerddodd i mewn i'r stafell ond Norah. Cuddiodd Dafydd y sigarét y tu ôl iddo ar unwaith i geisio cuddio'r ffaith ei fod yn smocio. Ond roedd arogl y mwg yn amlwg, ac roedd Norah'n gwybod yn iawn ei fod yn smocio. Felly, fe ddaliodd i siarad ag e am rai munudau, a'r sigarét yn llosgi lawr at ei fysedd, bron. Ar ôl iddi adael, trodd Dafydd aton ni, ei wyneb yn fflamgoch, a dweud, 'On'd yw hi'n rhyfedd fel mae menyw fach fel 'na'n gallu codi gymaint o ofn ar ddyn?'

Roedd Carwyn James yn adnabyddus i bawb, wrth gwrs. Yn y cyfnod hwn roedd e yn ei anterth fel hyfforddwr rygbi, ac roedd yn gweithio gyda thîm y Llewod. Ond roedd Carwyn yn ddyn diwylliedig dros ben hefyd, ac roedd yn hyddysg iawn mewn llenyddiaeth a barddoniaeth. Yn aml iawn, pan fyddai'n darlithio, byddai'n gwneud hynny â'i lygaid ar gau, heb unrhyw nodiadau na darn o bapur yn agos. Roedd y wybodaeth i gyd yn dod o'r galon ac o'r cof anhygoel oedd ganddo am ffeithiau a dylanwadau ar lenyddiaeth Cymru. Mewn blynyddoedd i ddod, fe fyddai Dafydd a Carwyn yn gyd-weithwyr ac yn ffrindiau i mi, ond roedd yn amhosib hyd yn oed dychmygu hynny pan o'n i'n fyfyriwr bach di-nod yn y coleg. Roedd nifer o ddarlithwyr da eraill yn yr adran hefyd – Dalis Davies, fu'n darlithio ar iaith a gramadeg; fe gymerodd Gwynne Jones drosodd oddi wrth Norah

Isaac, ac fe fu Eleanor Davies, mam Angharad Mair, yn darlithio
yno hefyd.

Ro'n i wrth fy modd â 'mhrif gwrs arall, Astudiaethau Ieuenctid
a Chymdeithasol. Y prif ddarlithydd oedd Roy Edwards, a Danny
Williams oedd yn darlithio i ni ar gymdeithaseg. Roedd y pwnc
yma'n ddiddorol iawn, ac fe ddarllenais nifer fawr o'r llyfrau oedd
yn cael eu hargymell ar ei gyfer. Hefyd, fel yn achos yr ymarfer
dysgu, fe fydden i'n mynd i wahanol ardaloedd i dreulio amser
mewn clybiau ieuenctid. Fe fues i yn Sandfields, ger Port Talbot,
ac yn y Cymer ar dop y dyffryn. Roedd gweithio gyda'r bobl ifanc
yn yr ardaloedd yma'n agoriad llygad, gan fod cynifer ohonyn
nhw'n ddi-waith, ac yn gorfod delio â thlodi eithafol. Doedd y
profiad yn ddim byd tebyg i'r hyn ro'n i'n gyfarwydd ag e yng
nghlybiau ieuenctid Llanelli, ac yn sicr, roedden nhw mewn byd
gwahanol i unrhyw Aelwyd yr Urdd fues i ynddi erioed. Roedd
gan nifer o'r bobl ifanc broblemau ag alcohol a chyffuriau, ond
roedd yn fraint cael cyfle i ddod i nabod y bobl go iawn y tu cefn i'r
stereoteips mae pobl yn eu cysylltu â'r sawl sy'n gaeth i broblemau
felly. Roedd yn fraint cael bod yn rhan o'u bywydau am gyfnod,
a medru cynorthwyo gwaith y trefnwyr a'r swyddogion ieuenctid
parhaol.

Yn ogystal â'r prif bynciau, roedd raid dilyn y cyrsiau
craidd hefyd. Un o'r darlithwyr gafodd argraff fawr arna i oedd
Raymond Garlick, tad Iestyn. Roedd Raymond yn ŵr bonheddig
go iawn. Roedd e wastad yn gwisgo'n hynod smart, ac yn cerdded
gyda chymorth ffon. Roedd yn cyfarch pob myfyriwr wrth eu
cyfenwau, fel Mr Rees neu Miss Williams. Yn ddyn gosgeiddig
ac addfwyn iawn, roedd Raymond hefyd yn fardd ac yn llenor.
Rwy'n cofio cael pleser mawr o siarad ag e, a fe gyflwynodd fi i
nifer o lyfrau ac awduron hynod yn Saesneg. Rhaid i mi sôn hefyd
am Megan Williams. Darlithydd Addysg Gorfforol oedd Megan,

ond yn fwy na hynny, roedd hi'n un o'r darlithwyr yna sy'n boblogaidd iawn ymhlith y myfyrwyr. Roedd Megan yn berffaith hapus i groesawu myfyrwyr i'w thŷ yn Nhre Ioan, ac i ymuno ag unrhyw weithgareddau oedd ar y gweill i godi arian. Roedd ei phlant, Iwan ac Eleri, yn cael cwmni myrdd o fyfyrwyr wrth dyfu lan, gan fod rhywun yn ymweld â'u cartre byth a beunydd. Mae llawer o ddarlithwyr oedd yn y Drindod yn fy nghyfnod i wedi'n gadael ni erbyn hyn, ond fe gollwyd Megan yn ifanc iawn. Roedd yn golled nid yn unig i'w theulu, ond i gannoedd o fyfyrwyr oedd wedi dod yn ffrindiau agos iddi.

Ar ddechrau gwyliau'r haf, es i 'nôl i weithio yn Swiss Valley. Ond yna ces i gynnig cyffrous ofnadwy. Daeth llythyr un bore â marc HTV ar yr amlen, yn cynnig gwaith i fi am wythnos fel rhedwr yn Eisteddfod Caerfyrddin. Sulwyn Thomas oedd wedi trefnu'r gwaith i fi gyda phennaeth newyddion HTV bryd hynny, yr hybarch Gwilym Owen. Ecseited? Peidiwch â sôn! Ond yn sydyn, dyma fi'n sylweddoli dau beth tyngedfennol. Yn gynta, do'n i erioed wedi bod i'r Eisteddfod o'r blaen, felly doedd gen i ddim syniad beth oedd beth ar y maes, ac yn ail, doedd gen i ddim clem beth oedd gwaith rhedwr. Fe dderbyniais y cynnig ar unwaith, ac yna mynd ati i gael gwybod rhywbeth am sut roedd yr Eisteddfod yn gweithio, a holi perfedd Sulwyn beth yn union oedd natur y gwaith. Dyma droi lan ar faes Eisteddfod Caerfyrddin ar y dydd Sadwrn, a chwrdd â'r criw fyddai'n gweithio yno am yr wythnos. Cerddais o gwmpas y maes yn trio cofio ble yn union roedd popeth. Ro'n i'n gweithio ar *Y Dydd*, rhaglen newyddion Gymraeg nosweithiol HTV. Y cyflwynwyr bryd hynny oedd Gwyn Llewelyn, Cenwyn Edwards, Vaughan Hughes, Eifion Lloyd Jones a Sulwyn. Ro'n ni'n eitha *star-struck* ar y dechrau, ond fe ddes i nabod pawb yn gyflym iawn. Roedd y profiad o weithio gyda'r criw technegol yn grêt hefyd, ac fe fues i'n gweithio gyda nifer fawr ohonyn nhw dros y blynyddoedd nesa. Roedd *Y Dydd* ar yr awyr o nos Lun tan nos Wener am hanner awr wedi chwech, felly ar y dydd Llun roedd y gwaith go iawn yn dechrau. Fy ngwaith oedd cwrdd â gwesteion ar y maes a'u hebrwng i stiwdio HTV am eu cyfweliad. Roedd gweithio o dan bwysau adran newyddion yn brofiad newydd i mi, ac roedd raid dod o hyd i bawb awr yn ôl! Yr her fwya oedd y corau. Rwy'n cofio cael gorchymyn i fynd i chwilio am y côr meibion oedd newydd ennill y brif gystadleuaeth. Dyma fi'n anelu am y pafiliwn, ond roedd y côr eisoes ar eu ffordd allan, ac wedi gwasgaru dros y lle i gyd, yn cwrdd â'u gwragedd ac yn llongyfarch ei gilydd. Ro'n i'n teimlo fel ci defaid, yn rhedeg i bob man yn trio corlannu'r holl aelodau a'u cyfeirio nhw draw at y stiwdio. Roedd yn wythnos, ac yn brofiad, anhygoel o werthfawr. Fe fues i'n gweithio fel rhedwr i HTV yn eisteddfodau 1975 ac 1976 wedi hynny, ac arweiniodd y gwaith at gyfleoedd eraill hefyd.

Ro'n i'n dal i ddarllledu ar Radio Glangwili bob nos Fawrth, ond roedd cyffro mawr arall yn yr aer dros fisoedd haf 1974. Roedd sôn bod gorsaf radio fasnachol ar fin dechrau darlledu yn yr ardal. Fe fyddai Swansea Sound yn darlledu ac yn gwasanaethu rhan helaeth o orllewin a de-orllewin Cymru o'i stiwdios mewn caban pren, rhyw fath o Portakabin anferth, y tu allan i bentre Gorseinon. Feddyliais i ddim am eiliad y byddai gobaith i fi weithio i ddarlledwr proffesiynol fel hwn, ond ro'n i'n awyddus iawn i wybod beth fyddai arlwy'r orsaf, ac i glywed yr orsaf radio fasnachol gynta yng Nghymru. Yna, un diwrnod, wrth gerdded drwy Abertawe, dyma fi'n digwydd cyfarfod â Glynog Davies. Ro'n i'n nabod Glynog ers tipyn drwy gysylltiadau â'r Urdd, ac fe oedon ni am sgwrs. Dywedodd Glynog ei fod wedi cael swydd fel cyflwynydd gyda Swansea Sound, yn darlledu yn Gymraeg, ac awgrymodd y dylen i gysylltu â'r orsaf a chynnig fy hunan fel cyflwynydd. Dwi ddim yn deall pam hyd heddiw, ond fy ymateb cynta oedd dweud na – fydden i byth yn ddigon da! Fe geisiodd Glynog ddwyn perswâd arna i, ond doedd gen i ddim o'r hyder i feddwl am eiliad y bydden i'n medru gwneud. Ac felly y bu. Chlywais i ddim byd rhagor am y peth.

Ar ôl i fi fod yn gweithio i'r bwrdd dŵr am rai wythnosau, ac am yr wythnos yn yr Eisteddfod gyda HTV, es i bant i Langrannog a Glan-llyn am gwpl o wythnosau i weithio fel swog. Ro'n i wrth fy modd yn y ddau wersyll, felly roedd mynd yno'n ddiweddglo perffaith i'r haf. Roedd y swogs yn cael diwrnod rhydd ar ddydd Sadwrn yn Nglan-llyn, ac ro'n i'n falch iawn o hynny, gan fy mod wedi cwrdd â merch hyfryd o Ben Llŷn. Roedd Gwennan a'i ffrind Mair wedi bod yn Llangrannog yr un pryd â fi, ac ro'n i'n awyddus i weld Gwennan eto. Felly, edrychais ar y map a gweld nad oedd Pen Llŷn mor bell â hynny o Lan-llyn. Daeth y dydd Sadwrn, a finne'n paratoi i fynd, pan ofynnodd pennaeth y gwersyll, John Eric, i ble ro'n i'n mynd. Do'n i ddim eisiau cyfadde 'mod i'n mynd i weld Gwennan ym Mhen Llŷn, felly dywedais wrth John 'mod i'n mynd i weld perthynas ym Mhwllheli. Y wers bwysig fan hyn yw: gwnewch yn siŵr o'ch ffeithiau cyn dweud celwydd, achos dywedodd John ei fod e'n dod o Bwllheli – pwy oedd y perthnasau a ble roedden nhw'n byw? Doedd dim pwynt trio mynd â'r stori'n bellach, felly dyma gyfadde'r cyfan, a bant â fi. Roedd John yn fonheddwr go iawn, ac rwy'n siŵr ei fod wedi deall yn iawn ble ro'n i'n mynd cyn iddo ddechrau holi, achos roedd ganddo wên ddireidus iawn ar ei wyneb drwy'r sgwrs. Fe lwyddais i gyrraedd Pen Llŷn a threulio diwrnod difyr iawn yng nghwmni Gwennan, a hithau'n dangos rhyfeddodau'r ardal i fi. Mae gen i feddwl uchel iawn o Ben Llŷn, a Gwennan, hyd heddiw.

Daeth yr haf i ben, ac roedd hi'n bryd mynd 'nôl i'r coleg. Ro'n i'n rhannu stafell yn Neuadd Pedr gyda rhywun arall a fyddai'n dod yn gyfaill oes, sef Robert Rees o Solfach. Roedd Rob yn fab i

John a Mary Rees, y ddau yn feddygon. Dyna sut dechreuodd fy mherthynas i â sir Benfro, a Solfach yn arbennig, gan y bydden i'n mynd i weld y teulu gyda Rob yn aml. Fe ddaeth John a Mary, Rob a'r plant eraill yn ail deulu i fi ac ry'n ni'n dal yn agos iawn. Rwy'n cofio'r tro cynta i mi yrru lawr yna, gyrru trwy Roach, a gweld bae Niwgwl yn agor o 'mlaen i, yr ynysoedd yn y cefndir a'r haul yn gwenu. Ro'n i'n meddwl bod y lle'n baradwys.

Dechreuodd y flwyddyn goleg â'r rhialtwch arferol, wythnos y glas. Dwi erioed wedi bod yn foi cymdeithasol iawn, a dwi erioed wedi bod yn foi tafarn. Dwi ddim yn yfwr mawr chwaith, ddim am unrhyw resymau moesol, ond yn syml, dwi ddim yn hoff iawn o gwrw. Felly, roedd meddwl am wythnos arall o fod allan â phawb yn meddwi o 'nghwmpas yn dipyn o hunlle. Roedd Mam wastad yn dweud, yn ei ffordd ddihafal ei hun, 'You really don't know how to enjoy yourself, do you?', barn sy'n cael ei mynegi'n aml gan fy ngwraig a fy merch erbyn hyn! Rwy'n siŵr taw dyna un o'r rhesymau pam roedd gwneud disgos yn apelio ata i gymaint. Roedd bod ar lwyfan yn chwarae'r gerddoriaeth ac yn gweld pawb arall yn ymateb ac yn mwynhau, yn grêt. Ro'n i'n hapusach o lawer ar y llwyfan nag o'n i'n dawnsio yng nghanol y dorf. Dwi ddim yn hapus iawn mewn torfeydd o hyd, felly ar y cyfan, rwy'n osgoi digwyddiadau fel gemau rygbi rhyngwladol a'r holl gynnwrf yn nhafarnau a chlybiau Caerdydd ar ôl y gêm. Fues i'n gweld gêm yn yr hen Barc yr Arfau sawl gwaith, ac rwy wedi bod i Stadiwm y Mileniwm gwpl o weithiau, ond er 'mod i wrth fy modd â'r rygbi, dwi ddim yn un sy'n mwynhau'r awyrgylch a'r sŵn. Gwylio'r gêm ac yna, yng ngeiriau Dewi Pws, MOMFfG.

Aeth bywyd yn ei flaen fel arfer yn y coleg. Yn ystod y flwyddyn gynta, ro'n i wedi gwneud ymarfer dysgu yn ysgol Brynsierfel yn Llwynhendy, ar gyrion Llanelli. Yr her yn yr ail flwyddyn oedd ymarfer dysgu mewn ysgol uwchradd. Cafodd un o'r myfyrwyr eraill, Vaughan Jones o Landysul a fi, ein hanfon i Ysgol y Strade yn Llanelli. Ro'n i'n mwynhau'r ymarfer dysgu. Roedd bod gyda'r plant yn hwyl, ac roedd Vaughan a fi'n dod mlaen yn dda iawn gyda'n gilydd. Ro'n i'n nabod nifer fawr o'r athrawon hefyd. Buodd Susan Tiplady ac Aerona Edwards, gwraig Hywel Teifi Edwards a mam Huw, yn help mawr i fi, ac mae gen i atgofion melys iawn o'r cyfnod yna.

Ond roedd rhywbeth arall yn chwarae ar fy meddwl yn gyson. Bellach, roedd Swansea Sound, neu Sain Abertawe, wedi cychwyn, ac wedi profi poblogrwydd mawr. Roedd yn hynod ddiddorol gwrando ar y cyfuniad o newyddion, eitemau a hysbysebion lleol i'r ardal wedi eu plethu â'r recordiau diweddara o'r siartiau. Roedd Sain Abertawe, a radio masnachol yn gyffredinol yn y dyddiau cynnar yna, yn cynnig gwasanaeth gwahanol iawn i'r BBC, ac roedd pobl leol wrth eu bodd â'r orsaf. Un o'r pethau pwysig adeg hynny oedd y defnydd o nifer fawr o leisiau lleol, oedd yn ychwanegu at y naws. Yn anffodus, erbyn hyn, mae'r rhan fwya o'r gorsafoedd masnachol wedi datblygu i fod yn ddim byd mwy na jiwcbocsys sy'n llawn hysbysebion a chyflwynwyr ag acenion estron. Ond ar y pryd, 'nôl yn 1974, roedd radio masnachol yn fyd gwirioneddol gyffrous, ac ro'n i'n difaru'n enaid i fi wrthod cynnig Glynog Davies. Felly, rywsut neu'i gilydd, fe fagais ddigon o hyder i ffonio Glynog i'w holi a oedd cyfle i fi wneud rhywfaint o gyflwyno o hyd. Cynghorodd e fi i ddod i mewn i'r orsaf i siarad â phennaeth yr adran Gymraeg, Wyn Thomas. Felly dyma benderfynu ar ddyddiad ac amser i gyfarfod, a draw â fi i Orseinon.

Do'n i ddim wedi cwrdd â Wyn o'r blaen. Gogleddwr yw e, a ddaeth i Sain Abertawe o HTV. Roedd yr adnoddau stiwdio i gyd ar y llawr cynta – stiwdio recordio fawr, bwth newyddion a dwy stiwdio ddarlledu – a'r swyddfeydd i gyd ar yr ail lawr.

Roedd un stafell fawr i'r DJs, stafell newyddion, swyddfa'r pennaeth, swyddfa'r prif weithredwr, stafell i'r adran farchnata a hysbysebion, a stafell i'r adran Gymraeg. Wyn a Glynog oedd yn yr adran Gymraeg, ac roedd pobl eraill, fel Rod Richards, Lloyd Walters ac Alan Pickard yn dod mewn yn achlysurol i ddarllen y newyddion a chyflwyno ambell raglen. Roedd y lle'n fwrlwm i gyd. Ces i gyfweliad gyda Wyn a thrafod faint o brofiad oedd gen i ac yn y blaen. Yna, wrth gwrs, roedd raid sôn am yr atal. Rwy'n mynnu bod yn hollol glir ynglŷn â'r atal bob tro rwy'n cael cynnig gwaith gan rywun newydd, felly dyma esbonio'r sefyllfa, a dweud bod Radio Glangwili wedi profi nad o'n i'n atal o flaen meicroffon. Ar ôl trafod gyda Wyn, roedd raid i fi fynd i gael sgwrs gyda Colin Mason, pennaeth yr orsaf, ac esbonio'r holl beth eto. Yn y diwedd, cytunodd Wyn a Colin i roi wythnos brawf i fi i weld sut fyddai pethau'n mynd, a rhoi rhaglen i fi ei chyflwyno. *The World of the Musicals* oedd ei theitl, ac roedd hi i'w darlledu am naw o'r gloch, nos Wener 13 Rhagfyr 1974.

Ro'n i'n eitha balch taw rhaglen Saesneg oedd hi, achos ar y pryd, ro'n i'n llawer mwy hyderus wrth siarad Saesneg na Chymraeg, gan mai Saesneg oedd fy iaith gyntaf. Erbyn hyn, rwy'n teimlo'r un mor rhugl yn y ddwy iaith, ond bryd hynny roedd fy Nghymraeg yn ddigon bratiog. Roedd yn grêt cael cynnig gwneud rhaglen fyw am y tro cynta ar radio masnachol, ond *The World of the Musicals*? Do'n i'n gwybod dim oll am *musicals*, a chofiwch, 'nôl yn 1974, doedd dim Google na Wikipedia o fath yn y byd. Felly, llyfrgell Llanelli amdani. Fues i wrthi am oriau'n ymchwilio ac yn ysgrifennu nodiadau i baratoi at y rhaglen. Ac yna, daeth y dydd. Lwcus nad ydw i'n ofergoelus, a doedd y ffaith mai dydd Gwener 13eg oedd hi'n poeni dim arna i, felly bant â fi i'r stiwdio. Gan nad o'n i wedi cael cyfle i gyfarwyddo â'r offer, fe gynigiodd Glynog, yn garedig iawn, aros ar ôl gorffen ei raglen e i weithio'r ddesg a'r peiriannau ar fy rhan. Felly, dyma naw o'r gloch yn dod a'r ddau ohonon ni yn y stiwdio'n edrych ar y cloc. Daeth y newyddion i ben, agorodd Glynog y meic, a … 'Good evening, and welcome to the world of the musicals.' Ro'n i'n rhyfeddol o nerfus, ond wrth i'r rhaglen fynd yn ei blaen, dechreuais ymlacio ac yna mwynhau. Daeth y rhaglen i ben, a holais Glynog sut roedd hi wedi mynd. 'O, iawn,' medde fe. Doedd dim mwy o ymateb, ac fe ddysgais yn fuan iawn taw dyna'r math o ymateb swyddogol mae rhywun yn ei gael i bob rhaglen, bron! Nawr 'mod i wedi cael blas ar ddarlledu byw, ro'n i'n ysu am wneud mwy.

Pennod 10

Yn raddol bach, daeth y cyfleoedd. Ro'n i'n cael cyflwyno'r rhaglen *Amrywiaeth* yn Gymraeg ar nos Wener, a chyn hir ces i alwad gan Colin Mason yn cynnig i fi ddarlledu yn Saesneg ar nos Sadwrn o saith tan ganol nos, ac ar nos Sul o naw tan ganol nos. Rhaglenni cerddoriaeth roc oedden nhw, ac ro'n i wrth fy modd. Y peth gorau am weithio i Sain Abertawe oedd cael cyfle i ddysgu gan y darlledwyr proffesiynol ifanc eraill oedd yn cyflwyno bob dydd ar yr orsaf. Roedd tua hanner cant o bobl yn gweithio yno, a'r peth hyfryd oedd fod pawb yn gwneud popeth. Byddai'r DJs yn actio yn y dramâu gyda'r newyddiadurwyr. Byddai'r cynhyrchwyr yn cyflwyno ar yr awyr. Roedd Mari, yr ysgrifenyddes, yn cyflwyno'r tywydd hefyd, ac fe fyddai'r technegwyr yn cymryd rhan yn y rhaglenni'n aml.

I rywun fel fi, oedd ddim ond newydd ddechrau ar y gwaith, roedd pob cyfle'n wych, ond y cyfle i ddysgu crefft wrth wylio, trafod a chael ymateb gan y DJs eraill oedd orau. Roedd pob un o'r cyflwynwyr yn *self-op*, hynny yw, yn rheoli desg yr offer technegol eu hunain, heb gymorth peirianwyr sain. Roedd y cyflwynwyr yn griw hynod broffesiynol, ac roedd pob un ohonyn nhw wedi gweithio i orsafoedd radio eraill cyn dod i Abertawe. Roedd Crispian St. John, er enghraifft, wedi bod yn gweithio i Radio Luxembourg a Radio Caroline. Ro'n i'n derbyn toreth o awgrymiadau gwerthfawr a chymorth ganddyn nhw i gyd, i ddatblygu fy steil a 'mhatrwm darlledu fy hun. Weithiau, byddai un o'r cyflwynwyr eraill yn dweud ei fod e neu ei bod hi wedi 'nghlywed i'r noson gynt ac wedi mwynhau. Roedd hynny'n hwb go iawn i'r hyder bob amser.

Cyn hir, ro'n i wedi ennill fy lle yn barhaol – ar nos Wener yn Gymraeg ac ar nos Sadwrn a nos Sul yn Saesneg. Ro'n i'n cael dewis fy recordiau fy hunan, a threfnu gwesteion. Ro'n i hefyd yn derbyn recordiau am ddim yn y post (feinyl, wrth gwrs), a gan gynrychiolwyr y cwmnïau recordiau pan oedden nhw'n galw. Weithiau, byddai cynrychiolydd yn ffonio i holi a o'n i ar gael y noson honno. Os o'n i, byddai amryw o gwmnïau recordiau mawr Llundain yn anfon car i fynd â fi yno i glywed artist diweddara'r label yn perfformio'n fyw, ac yna'n talu i fi aros mewn gwesty. Roedd y cwmnïau, wrth gwrs, yn hyrwyddo pob artist fel *the next big thing*. Fues i'n gweld merch ifanc oedd ar fin cyhoeddi ei halbwm gynta. Ei henw oedd Kate Bush, merch hynod swil ond talentog dros ben. Bellach, mae pawb yn ymwybodol o'i cherddoriaeth, ac mae hi wedi ailgydio mewn perfformio unwaith eto'n ddiweddar. Fues i'n gweld Ian Dury, a Justin Hayward a John Lodge o'r Moody Blues cyn iddyn nhw gyhoeddi'r albwm *Blue Jays* yn 1975. Roedd digon o arian yn dal i fod gan y cwmnïau bryd hynny, ond fe ddaeth y gwario mawr i ben yn fuan wedi hyn, tua diwedd y saithdegau.

Fe ddaeth trefnu gwesteion ar gyfer y rhaglenni, a'u holi am eu cerddoriaeth a'u bywydau, yn un o fy hoff bethau. Ond dechrau digon diseremoni gafodd fy ngyrfa yn y maes. Un diwrnod, daeth Terry Mann i mewn i'r swyddfa a gofyn o'n i'n rhydd i wneud cyfweliad. Ydw, iawn, medde fi, gan ddisgwyl siarad â rhywun am ryw ddigwyddiad lleol neu'i gilydd. Yn amlach na pheidio, doedd dim amser i baratoi am y pethe 'ma, felly dyma fi'n ei ddilyn e lawr y coridor. Wrth i ni fynd tuag at y stiwdio, holais pwy o'n i'n ei holi. 'Oh,' medde Terry. 'Helen Shapiro's just turned up. Could you do a quick fifteen minutes with her?' 'Yes, of course,' medde fi. Trwy lwc, ro'n i'n gwybod bod Helen Shapiro'n un o enwau mawr canu pop ym Mhrydain ac America ar ddiwedd y pumdegau a dechrau'r chwedegau. Er bod hynny ychydig cyn fy amser i, ro'n i'n gwybod bod y Beatles wedi ei chefnogi hi ar daith yn y chwedegau cynnar. Felly, roedd yn amlwg ei bod yn enw mawr iawn! Tu hwnt i hynny, doedd gen i ddim gwybodaeth am ei gyrfa na'i chynlluniau, felly ro'n i'n ddigon ansicr o 'mhethau. Es i mewn i'r stiwdio, ysgwyd llaw â Miss Shapiro a chael paned o de cyn dechrau. Fe ddaeth yn amlwg yn weddol glou mai pysgota o'n i am unrhyw gliwiau allai arwain at sgwrs ddifyr. Holais beth roedd hi'n ei wneud, sut oedd y daith yn mynd, ac am ei hoff atgofion o'r hen ddyddiau. Llwyddo o drwch blewyn wnes i, a fuodd hi'n edrych arna i'n syn tryw gydol y rhan fwya o'r cyfweliad!

Pan gyhoeddodd merch o Abertawe record sengl yn 1975, aeth â hi i'r siartiau Prydeinig, ac roedd raid i mi ei chael hi i mewn am sgwrs. Bonnie Tyler oedd y gantores, ac fe gawson ni sgwrs ddifyr a dymunol iawn am y gân 'Lost in France'. Roedd y cwmni recordiau wedi talu i nifer o DJs o wahanol orsafoedd radio fynd i Ffrainc, ac yna derbyn map i ddod o hyd i'r gwesty lle roedd y cwmni'n cynnal derbyniad i hyrwyddo'r record. Fe fu llawer ohonyn nhw'n 'Lost in France', yn llythrennol, am ddyddiau! Roedd Bonnie'n hyfryd ac mae copi o'r sgwrs gen i ar dâp o hyd.

Dro arall, fues i'n sgwrsio â Bryan Ferry o Roxy Music ar ôl un o'u cyngherddau yn yr hen Capitol Theatre yng Nghaerdydd. Roedd y band newydd gyhoeddi'r albwm *Avalon*, ac roedd Ferry yn falch iawn ohoni, yn arbennig felly oherwydd iddo gael rhan llawer mwy yn y broses o gyfansoddi a chynhyrchu nag a gawsai o'r blaen.

Fe ges y fraint o gael cinio gyda'r grŵp 10cc yng ngwesty'r Angel yng Nghaerdydd, a chael sgwrs hir gyd Lol Creme am y tŷ newydd roedd e wrthi'n ei gynllunio, ac ar fin dechrau ei adeiladu.

Roedden nhw newydd gael llwyddiant ysgubol gyda'r gân 'I'm not in love'.

Yn 1976, ro'n i 'nôl yn y Capitol yn holi'r band Queen. Roedd Ann o Aberteifi, oedd yn y coleg gyda fi, yn un o ffans mwya Queen, felly daeth hi lan i Gaerdydd gyda fi i gwrdd â'r grŵp. Brian May a Roger Taylor fues i'n eu holi, a dim ond am rai munudau ges i gwrdd â Freddie Mercury. Roedd pob un o'r band yn hynod gyfeillgar ac yn hynod alluog. Fe ddywedodd Brian May wrtha i ei fod yn astudio ar gyfer doethuriaeth mewn Astroffiseg, ac roedd gen i ddiddordeb clywed ei fod wedi derbyn ei radd o'r diwedd yn 2012!

Un noson, yn fyw ar y radio, ro'n i wedi trefnu holi'r deuawd Chas and Dave. Roedden nhw'n perfformio yng Nghaerdydd, ac ro'n i'n eu cyfweld lawr y lein. Roedd yn amlwg pan gyrhaeddon nhw'r stiwdio fod yr hen Chas a Dave wedi cael noson dda iawn, a dyma ni'n dechrau'r sgwrs, oedd i fod i gynnwys tair o'u caneuon. Aeth popeth yn dda am sbel, a'r ddau'n adrodd jôcs ac yn chwarae o gwmpas fel y boi. Ond yn sydyn, aeth rhywbeth o'i le ar y lein. Ro'n i'n gallu eu clywed nhw'n iawn, ond doedden nhw ddim yn fy nghlywed i. Ar ôl rhyw hanner munud o 'Hello, Chas, Dave, can you hear me?' wrtha i, a nhw'n ymateb, "Ello, 'ello', ac yna Chas yn dweud wrth Dave yn ei iaith Cockney orau, 'Somefing's 'appened, mate, I can't 'ear 'im,' daeth y sgwrs i ben. Yna, yn sydyn, yn fyw ar yr awyr, clywais e'n dweud, 'This is no good, mate. We might as well fuck off back to the hotel.' Ro'n i'n meddwl am funud fod fy ngyrfa ddarlledu ar ben, ond trwy lwc, roedd y pennaeth yn deall yn iawn beth oedd wedi digwydd.

Yng nghanol y saithdegau, cynhaliwyd gig anferth yn Llundain – The Great British Music Festival – ac roedd DJs o wahanol orsafoedd radio wedi cael eu gwahodd i fynd yno, naill ai i gyflwyno'r bandiau ar y llwyfan, neu i holi bandiau ar gyfer eu rhaglenni. Fe ges i wahoddiad, a threulio tridiau gwych yng nghefn llwyfan yr ŵyl yn Olympia, yn holi bandiau fel Bad Company, Status Quo, Nazareth, Slade a llawer iawn mwy. Rwy wedi cyfweld a chyflwyno Status Quo sawl gwaith, ac un tro, wrth iddyn nhw fynd trwy'r ymarfer sain, pasiodd Rick Parfitt ei gitâr i fi a dweud, 'There you go, mate, have a go.' Roedd y sŵn ddaeth yn ôl o'r system PA anferth yn anhygoel – ac yn lot o sbort!

Un diwrnod yn 1975, ro'n i'n paratoi un o raglenni'r penwythnos pan ddaeth galwad ffôn i'r swyddfa. Terry Mann dderbyniodd yr alwad, ac ar ôl sgwrs fer, holodd a o'n i'n rhydd y noson honno. O'n, medde fi, a 'nôl ag e at y ffôn. 'Yes, that's fine,' meddai, 'he'll be with you soon.' Doedd dim syniad gyda fi beth oedd yn cael ei drefnu, ond fe drodd Terry ata i a dweud, 'Can you get up to Cardiff? They want you to interview Paul McCartney.'

Fe gymerodd gwpl o eiliadau i'r geiriau dreiddio. Ro'n i wedi bod yn ffan enfawr o'r Beatles ers y chwedegau, ac yn sydyn, ro'n i'n cael cyfle i gyfweld un o'r bobl enwoca yn y byd, ac un o fy arwyr cerddorol. Fe gydiais mewn peiriant recordio Uher, sef hen beiriant tâp *reel to reel*, oedd yr un faint â bricsen fawr, a llawn mor drwm, a bant â fi. Ar ôl i fi gyrraedd y Capitol Theatre, roedd raid cyflwyno fy hunan i'r bobl ddiogelwch ar y drws ac aros tra oedden nhw'n cadarnhau fy enw cyn mynd i mewn i gefn llwyfan, a dyna lle roedd y band yn ymarfer. Ers diwedd y Beatles roedd McCartney wedi ffurfio band newydd, Wings, a hon oedd taith hyrwyddo'r albwm ddiweddara, *Venus and Mars*. Yr aelodau oedd Jimmy McCulloch, Joe English, Denny Laine a Paul McCartney a'i wraig Linda. Er mai ymarfer oedd e, roedd y sain yn wefreiddiol, ond cyn hir, ces i fy hebrwng i'r stafell lletygarwch lle roedd y band yn ymlacio. Roedd raid aros am dipyn cyn iddyn nhw orffen ymarfer, ac roedd y nerfau'n cynyddu gyda'r aros. Ar ben hyn, roedd un o'r rheolwyr cyhoeddusrwydd wedi dweud wrtha i nad oedd gen i hawl i gyfeirio at y Beatles na gofyn cwestiynau amdanynt. Byddai McCartney yn hapus iawn i drafod unrhyw beth arall, ond yn sicr bendant, dim gair am y Beatles. Ar y gair, agorodd y drws, a cherddodd dyn i mewn. Fy ymateb cynta oedd, 'Diawch, ma'r boi 'na'n edrych fel Paul McCartney', cyn sylweddoli taw fe oedd e, yn y cnawd. Mae argraffiadau cynta'n bwysig, ac roedd McCartney yn feistr ar greu'r argraff iawn. Ei eiriau cynta oedd, 'Hi Richard, I'm really sorry you've had to wait so long. The soundcheck over-ran a bit. I'm Paul.' Mae clywed Paul McCartney yn eich galw wrth eich enw'n dipyn o sioc. Yn amlwg, roedd e wedi holi un o'r bobl ddiogelwch beth oedd e cyn dod mewn, ond roedd ei ddefnyddio'n creu argraff o gyfeillgarwch yn syth. Fe fuon ni'n siarad am ryw hanner awr, am y band yn benna, ac am y caneuon newydd a'r albwm. Ces i gyfle i holi Jimmy McCulloch a Joe English hefyd. Yr unig aelod o'r band na siaradais â hi oedd Linda, oedd yn brysur iawn yn siarad â rhywun o *Melody Maker*. Tua diwedd y sgwrs, daeth Denny Laine i mewn i'r stafell gyda'i fabi bach newydd ac mae darn ar y tâp o McCartney yn siarad â'r babi a Laine. Mae llawer o bobl yn feirniadol iawn o McCartney, ac weithiau, mae rhywun yn clywed pethau digon ffiaidd amdano. Ond rydw i wedi dysgu dros y blynyddoedd yn y busnes yma mai'r peth pwysig yw barnu drosoch chi'ch hunan yn hytrach na gwrando ar farn pobl eraill. 'Speak as you find', fel maen nhw'n ddweud. Ac yn fy mhrofiad i, roedd McCartney yn foi hynod gyfeillgar a diddorol. Ar ôl y sgwrs, es i 'nôl i ochr y llwyfan tra oedd e a gweddill y band yn siarad ag aelodau eraill o'r wasg oedd wedi ymgasglu o flaen y llwyfan. Ces i aros am y cyngerdd hefyd, ac roedd y band yn swnio'n wych. Ar ddiwedd y noson, ro'n i'n aros pan oedd y band yn gadael y llwyfan. Fe ddaliais lygad Paul McCartney wrth iddo gerdded heibio. Fe gododd ei fys bawd arna i a wincio cyn diflannu i rialtwch cefn llwyfan. Yn rhyfedd iawn, feddyliais i ddim am ofyn i McCartney am ei lofnod, ond mae'r tâp o'r sgwrs yn ddiogel gen i o hyd.

'Nôl yn Abertawe, roedd y rhaglenni ro'n i'n eu gwneud yn cynnig cyfle arbennig i ddod i nabod y sîn gerddorol yng Nghymru drwy'r gerddoriaeth Gymraeg, ond hefyd y sîn yn ardal Abertawe, sydd wastad wedi bod yn wych. Rwy wedi sôn am Bonnie Tyler eisoes, ac un arall o'r bobl leol oedd yn dechrau gwneud argraff ar y pryd oedd Mal Pope. Ar ddechrau'r saithdegau, dim ond yn ei arddegau cynnar oedd Mal, ond fe gafodd ei ddarganfod a'i gefnogi gan Elton John. Fe recordiodd Mal nifer o recordiau ar label Rocket Elton, ac fe fuodd yn ymwelydd cyson â stiwdios Sain Abertawe. Ers hynny, mae Mal wedi cyflwyno nifer o'i gyfresi ei hunan i ITV ac eraill, a bellach mae e'n cyflwyno'i raglen radio'i hunan ar Radio Wales. Des i i nabod Mal yn dda dros y blynyddoedd, ac ry'n ni'n dal yn ffrindiau hyd heddiw.

Un arall o grwpiau mawr y cyfnod oedd yn cynnwys nifer o aelodau o Abertawe oedd Badfinger. Roedd un aelod, Pete Ham, yn frawd i John Ham, perchennog siop gerdd yn y dre. Cafodd Badfinger gytundeb gan gwmni recordiau Apple y Beatles, a chynhyrchodd Paul McCartney eu sengl 'Come and get it'. Pete Ham a Tom Evans o'r band ysgrifennodd un o ganeuon mwya cofiadwy'r saithdegau, 'Without You', fuodd yn llwyddiant ysgubol i'r canwr Harry Nilsson a, ddegawdau'n ddiweddarach, i Mariah Carey.

Weithiau, fe fyddai un o fandiau enwog y cyfnod yn dod i'r stiwdio er mwyn cael eu cyfweld yn fyw. Ar yr adegau hynny, fe fyddai torf fawr o bobl yn dod draw i'r orsaf ac yn sefyll tu allan i'r gatiau er mwyn cael cip ar eu harwyr, neu efallai i ysgwyd llaw neu gael llofnod. Un diwrnod, daeth y band Slade i'r stiwdios. Roedd Slade newydd fod ar *Top of the Pops*, ac roedd y band yn ei anterth. Roedd 'Merry Christmas Everybody' wedi bod ar frig y siartiau, a 'Coz I Luv You' wedi gwneud yn dda hefyd. Roedd cannoedd o bobl yn aros i weld y bois. Tra oedden nhw yn y stiwdio, fe gynigiodd Noddy Holder, y prif leisydd, oedd yn enwog am ei lais rhyfeddol o bwerus, wneud *jingle* i rai o'r cyflwynwyr. Fe wnaeth e un i fi. 'This is Noddy Holder from Slade on the Richard Rees show on Swansea Sound. Alright, alright, alright, ahhh!' Mae'r *jingle* yna'n dal gen i, ond does dim llawer o ddefnydd iddo ar Radio Cymru!

Un diwrnod, galwodd Colin Mason fi i mewn i'w swyddfa. Ar ôl iddo 'ngwahodd i eistedd, a chynnig diod i fi, fe ddywedodd ei fod newydd gael set o *jingles* arbennig o America, ac roedd e'n awyddus iawn i fi eu defnyddio nhw. Roedd *jingles* yn beth mawr iawn 'nôl yn y saithdegau, ac roedd pawb yn eiddigeddus iawn o'r rhai oedd yn cael eu cynhyrchu yn America. Felly, ar yr olwg gynta, roedd hwn yn gynnig gwych. Ond wedyn daeth yr amod. Roedd Colin am i fi newid fy enw i Bob McCord, sef yr enw yn y *jingles*! Do'n i ddim yn hapus o gwbl am hyn, ac yn methu deall pam, ar ôl bron i ddeunaw mis ar yr orsaf, roedd e hyd yn oed yn ystyried gofyn i fi newid fy enw. Wedi'r cwbl, roedd y gynulleidfa'n nabod fy enw i bellach. Cyn bo hir, fe ddaeth y rheswm yn glir. Roedd Colin wedi dod o hyd i DJ newydd roedd e'n awyddus iawn i'w ddefnyddio ar yr orsaf. Enw'r boi oedd Richard Rees. Fe awgrymais yn garedig wrth Colin, gan mai fe oedd y boi newydd, taw fe ddylai newid ei enw i Bob McCord. A diolch byth, felly y bu. Toc wedi hynny, fe ddechreuodd Bob McCord ddarlledu ar yr orsaf, ac oedd, roedd ganddo set o *jingles* arbennig iawn. Fe ddaeth y ddau ohonon ni mlaen yn dda iawn, ond yn anffodus bu Bob, neu Richard, i roi ei enw iawn iddo, farw rai blynyddoedd yn ôl.

Roedd rhaglenni nos Sadwrn a nos Sul yn rhai hir – y naill yn bump awr o hyd a'r llall yn dair awr. Ond yr adeg hynny, roedd pethau dipyn yn fwy hamddenol nag y'n nhw nawr. Weithiau, byddai'n bosib chwarae un o ganeuon band fel Yes, oedd yn para bron i hanner awr ac yn cymryd ochr gyfan o albwm ddeuddeg modfedd. Yn ystod cân mor hir, roedd yn bosib i fi yrru dwy funud lawr yr heol i'r King's yng Ngorseinon a chael coffi bach cyn gyrru 'nôl i'r stiwdio bum munud cyn i'r gân orffen. Roedd y King's yn grêt, ac fe fydden nhw'n rhoi Sain Abertawe ar y radio tu ôl i'r bar i chi fonitro'r rhaglen wrth i chi fwynhau'ch coffi! Byddai unrhyw beth felly'n arwain at y sac yn syth heddiw.

Fel ro'n i'n sôn yn gynharach, cryfder mawr gorsaf fel Sain Abertawe o ran hyfforddiant oedd nid yn unig fod modd dysgu wrth wylio a gwrando ar ddarlledwyr eraill hynod broffesiynol, ond roedd raid i chi wneud popeth eich hunan. Yn y stiwdio, roedd hynny'n cynnwys chwarae'r recordiau a'r hysbysebion, derbyn ac ateb galwadau ffôn, rhoi'r bwletin newyddion ar yr awyr a hyd yn oed ateb y drws ffrynt os nad oedd neb arall o gwmpas. Hefyd, chi oedd yn gyfrifol am yr holl waith papur, sef rhoi adroddiad manwl o bob record roeddech chi wedi ei chwarae. Un noson, wrth i fi baratoi i fynd ar yr awyr, ro'n i'n gweithio yn yr ail stiwdio, nesa at yr un oedd yn darlledu. Glynog oedd ar yr awyr ar y pryd, yn cyflwyno'r rhaglen *Amrywiaeth*. Ro'n i yng nghanol dewis recordiau pan ddaeth bloedd o drws nesa, ac yn sydyn, roedd gwaed ym mhob man. Roedd Glynog druan newydd chwarae eitem ar dâp ar y peiriant tu ôl iddo yn y stiwdio. Roedd yr eitem wedi dod i ben, a gwasgodd y botwm *rewind* i glirio'r tâp. Roedd y spwliau metal oedd yn dal y tapiau'n troi'n gyflym ofnadwy, ac roedd Glynog wedi ceisio gwasgu botwm stop y peiriant tra oedd e'n siarad ar yr awyr. Yn anffodus, yn lle gwasgu'r botwm, aeth ei fys bawd i ganol y sbŵl metal, oedd yn dal i droi ffwl pelt. Y canlyniad oedd i'r peiriant rwygo ewyn ei fys bawd yn ddwy, a thynnu un hanner oddi ar y bys yn llwyr.

Fel y gallwch chi ddychmygu, roedd hyn yn eithriadol o boenus, ac roedd gwaed yn llifo ar hyd y peiriant a'r ddesg. Roedd raid i Glynog fynd i'r ysbyty ac fe gamais i i'w sedd i orffen y rhaglen, ac esbonio wrth y gwrandawyr beth oedd wedi digwydd.

Roedd gweithio yn Sain Abertawe'n dipyn o hwyl oddi ar yr awyr hefyd. Bron iawn yn wythnosol, fe fyddai rhai ohonon ni'r cyflwynwyr yn gwneud darllediad allanol. Bydden ni'n mynd allan i ganol un o'r trefi cyfagos i hyrwyddo'r orsaf yn ystod y dydd, neu i un o'r clybiau nos yn Abertawe gyda'r hwyr. Roedd ymateb pobl yn bositif iawn, yn enwedig y bobl ifanc. Mae'r orsaf yn dal yn yr un lleoliad heddiw, ar gyrion Gorseinon, sydd yn agos iawn at draethau godidog Penrhyn Gŵyr. Yn ystod nosweithiau hir yr haf, fe fyddai gang ohonon ni'n mynd i lawr i un o'r traethau ac yn nofio neu'n gwneud 'bach o syrffio, a chynnau barbeciw ar y traeth. Roedd y nosweithiau yna o haf yn wych.

Wrth gwrs, roedd hyn i gyd yn digwydd tra o'n i yn y coleg. Felly, heblaw am y darlithoedd, do'n i ddim yn treulio llawer o amser yn y Drindod. Ro'n i hefyd yn mynd mas gyda merch o adran hysbysebu Sain Abertawe. Roedd Wendy'n byw yn Abertawe, felly ro'n i'n treulio tipyn o amser gyda hi hefyd. Ac wrth gwrs, ro'n i'n dal i ddarlledu ar Radio Glangwili. Roedd un o'r merched oedd yn cynhyrchu yn Sain Abertawe, Gill Ballard, yn awyddus i wneud 'bach o ddarlledu, felly byddai hi'n dod gyda fi i Radio Glangwili'n aml, ac yn cydgyflwyno'r rhaglen ar nos Fawrth. Fe symudodd Gillian i Dde Affrica i fyw, ac fe gafodd lwyddiant mawr yn gweithio yn Johannesburg. Daeth Gill, ei chwaer Lynette, a'u rhieni John a Lola, yn ffrindiau agos iawn i fi. Yn anffodus, bu Gill farw rai blynyddoedd yn ôl, ond rwy'n dal yn ffrindiau da â'r teulu, ac mae Lynette yn dal i gyfeirio ata i fel ei brawd mawr!

Roedd yn amlwg erbyn hyn fy mod wedi gosod fy mri ar ddarlledu, a dyna ro'n i am ei wneud fel gyrfa. Doedd Sain

Abertawe ddim yn talu'n dda iawn o gwbl. Os ydw i'n cofio'n iawn, ro'n i'n cael punt yr awr, felly tair punt am raglen dair awr a phum punt am bump awr. Ond doedd yr arian ddim yn bwysig. Nid dyna pam o'n i yno. Ro'n i yno i fagu profiad, i ddysgu ac i wella fy sgiliau yn y gobaith y byddai hynny'n ddigon i fi fedru dod o hyd i waith parhaol yn y cyfryngau. Roedd yn demtasiwn mawr i adael y coleg a chwilio am fwy o waith darlledu, ond byddai hynny wedi bod yn gamsyniad hefyd. Roedd yr hyn ges i o'r coleg – gwella fy Nghymraeg a gwneud cysylltiadau yn y byd Cymreig – yn bwysig iawn hefyd. A ta beth, byddai Mam wedi'n lladd i petawn i wedi awgrymu'r peth, hyd yn oed!

Pennod 11

Wrth i dymor ola'r coleg ddirwyn i ben yn 1976, roedd raid i fi wneud dewis. Rywsut, ro'n i wedi llwyddo i basio arholiadau'r coleg, a chael y Cert. Ed., tystysgrif y cymhwyster addysg. Ond er mwyn cymhwyso fel athro, roedd raid i fi ddysgu am flwyddyn. Ro'n i'n gwybod y byddai hynny'n anodd, a finne'n dal i weithio i Sain Abertawe, felly dyma benderfynu rhoi'r gorau i'r swydd radio i ganolbwyntio ar ddysgu. Do'n i ddim yn hapus am hynny o gwbl. A dweud y gwir, ro'n i'n meddwl bod fy ngyrfa ddarlledu ar ben. Er hynny, fe fuodd haf 1976 yn un cofiadwy iawn. Fe aeth ffrind a finne ar ein gwyliau am wythnos i ynys Jersey, ac es i 'nôl yno am gyfnod i weithio fel DJ yng nghlwb nos Sands ar draeth St. Ouens Bay. Pan ddes i 'nôl o Jersey, ces i waith fel rhedwr i HTV unwaith eto, yn Eisteddfod Aberteifi'r tro hwn, ac yna es i Lan-llyn yng nghwmni nifer o swogs difyr iawn, fel Huw Owen, sydd bellach yn feddyg ym Mhontiets a Nia Morgan o Gydweli. Fe fu Nia a finne'n treulio tipyn o amser yng nghwmni'n gilydd yng Nglan-llyn, a welson ni noson ola Edward H. yng Nghorwen gyda'n gilydd.

Ces i waith fel ymchwilydd gyda Cenwyn Edwards yn adran ffeithiol HTV hefyd, i gynorthwyo gyda gwneud ffilm am y noson honno. Fy ngwaith i oedd trefnu i lond bws o bobl o'r de deithio i Gorwen i weld y band yn perfformio. Ro'n i wedi llwyddo i lenwi bws â hanner cant o fyfyrwyr brwd fyddai'n gadael Llanelli ganol y bore ac yn cyrraedd Corwen tua pump o'r gloch. Pan fydden ni'n cyrraedd, fe fyddai Cenwyn a'r criw ffilmio'n cwrdd â'r bws ac yn holi rhai o'r ffans. Roedd y daith yn hunllef o'r dechrau. Roedd sawl un o'r ffans wedi bod yn yfed cyn cychwyn, ac eraill wedi dod â diod gyda nhw ar y bws. Felly, roedd raid gofyn i'r gyrrwr stopio o hyd er mwyn i lu o bobl naill ai fynd i'r tŷ bach neu chwydu. Doedd y gyrrwr ddim yn hapus iawn â hyn o gwbl, ac roedd yn benderfynol o daflu unrhyw un fyddai'n chwydu allan yn y fan a'r lle. Drwy lwc, fuodd neb yn sâl ar y bws, ond fe gymerodd oriau maith i ni gyrraedd Corwen. Dim ond jest cyrraedd mewn pryd wnaethon ni. Daeth Cenwyn a'r criw i holi'r gang cyn iddyn nhw orfod hel eu traed i ffilmio tu mewn i'r neuadd. Roedd hwn yn achlysur arall pan o'n i'n meddwl bod fy ngyrfa ddarlledu arfaethedig wedi dod i ben cyn iddi ddechrau!

Oedd, roedd haf 1976 yn un bythgofiadwy. Ar ôl y gwallgof-rwydd, roedd raid chwilio am swydd ddysgu ac fe ges i waith fel athro Cymraeg ail iaith ac Ymarfer Corff yn ysgol Oxford Street, Abertawe dan y brifathrawes Mrs Dilys Rees (dim perthynas). Rhaid i fi fod yn onest a dweud nad o'n i'n edrych mlaen at fynd i ddysgu, ac roedd gan ysgol Oxford Street dipyn o enw am fod yn ysgol galed. Roedd y rhan fwyaf o'r plant yn dod o ardal y dociau yn Abertawe, a'r lleill yn dod o ardal yr Uplands, dwy ardal wahanol iawn. Roedd staff yr ysgol yn gwybod bod yr ysgol yn mynd i gau ymhen blwyddyn, felly roedd tipyn o anniddigrwydd ymhlith yr athrawon, oedd yn poeni i ble bydden nhw'n mynd ar ôl hynny. Roedd y rhan fwya ar fin ymddeol, ond fe ddes i mlaen yn dda ag ambell un o'r rhai ifanc, yn enwedig Lou Bowyer, yr athro Saesneg, a Doreen Fletcher, oedd yn dysgu Ymarfer Corff i'r merched. Doedd gan y plant na'u rhieni ddim gronyn o ddiddordeb yn y Gymraeg. Fe fyddai'r rhieni'n dweud wrtha i'n aml fod y Gymraeg yn wastraff amser, ac yn tynnu sylw'r plant o bethau pwysicach.

Er gwaetha enw gwael yr ysgol, fe ddes i mlaen yn dda iawn â'r rhan fwya o'r plant, yn enwedig plant y dociau. Roedd y rhain yn blant dosbarth gweithiol go iawn, ac roedd nifer fawr o'u rhieni'n gweithio yn y dociau. Rhaid dweud taw nhw oedd halen y ddaear. Os oedden nhw o'ch plaid chi, roedden nhw'n barod i farw drosoch chi. Roedd plant yr Uplands ar y llaw arall yn blant i ddarlithwyr, athrawon a phobl broffesiynol eraill, ac a dweud y gwir, gyda nhw bydden i'n cael y problemau mwya. Un o'r pethau hyfryd am yr ysgol oedd y nifer fawr o blant oedd yno o dras Pacistanaidd. Roedd y plant yna'n hyfryd i'w dysgu ac i ddelio â nhw bob tro, ac rwy'n dal i gofio am nifer ohonyn nhw'n annwyl iawn. Roedd ambell broblem yn codi yn yr ysgol, yn enwedig gyda chyffuriau, ac weithiau byddai'r heddlu'n galw gyda chŵyn am blant oedd wedi bod yn ymladd neu'n dwyn. Un stori sydd wedi aros yn fy nghof yw hanes merch o Malaysia, oedd yn yr ail flwyddyn. Roedd hi'n byw gyda'i mam a'i chwiorydd ger St Helen's, ond doedd neb yn gwybod hanes y tad. Fe sylweddolwyd un diwrnod ei bod wedi bod yn absennol ers sbel. Doedd dim ffôn yn y cartre, felly anfonwyd un o'r athrawon draw i weld beth oedd yn bod. Doedd dim ateb. Ymhen diwrnod neu ddau, daeth yr heddlu i'r ysgol a dweud ei bod wedi cael ei dal yn dwyn o archfarchnad yn y dre. Roedd yn amlwg fod rhywbeth mawr o'i le. Roedd hi'n ferch arbennig o dda, na fyddai byth yn meddwl dwyn fel arfer. Cyn hir fe ddaeth y stori i'r wyneb. Mae'n debyg fod ei mam wedi mynd i ffwrdd gyda rhyw foi roedd hi wedi ei gyfarfod, a gadael y ferch fach yn y tŷ i ofalu am ei chwiorydd iau. Doedd dim digon o fwyd i'w cadw am fwy na diwrnod neu ddau, felly roedd hi wedi mynd allan i ddwyn bwyd i'r teulu bach, ac wedi cael ei dal. Pan ddaeth y rheswm i'r amlwg, anghofiwyd am unrhyw achos yn ei herbyn, ond fe fu'r heddlu a'r gwasanaethau cymdeithasol yn siarad â'r fam. Yn waeth fyth, pan ddaeth y ferch yn ôl i'r ysgol, roedd ganddi gleisiau mawr ar ei hwyneb a'i breichiau. Roedd ei mam wedi ei churo am ddod â'r heddlu a'r gwasanaethau cymdeithasol i'r drws. Roedd ambell blentyn yn Abertawe yn cael bywyd yn anodd iawn, ac rwy'n siŵr fod yr un peth yn wir heddiw.

Heblaw am ambell ddigwyddiad trist fel 'na, roedd bywyd yn yr ysgol yn mynd yn ei flaen yn iawn. Ro'n i'n mwynhau mynd â'r bechgyn i gaeau Ashley Road ger y Mwmbwls i chwarae rygbi, ac fe fydden i'n mynd â'r tîm i chwarae timau ysgolion eraill yn y ddinas. Ond yna, ym mis Tachwedd, fe welais hysbyseb yn y papur. Roedd BBC Cymru'n chwilio am ohebydd lleol yn ardal Abertawe i weithio ar raglen newydd fyddai'n cychwyn ar ddechrau 1977, a Hywel Gwynfryn yn cyflwyno. Dyma fynd ati i anfon cais yn syth. Bu'n rhaid aros am ryw wythnos cyn derbyn llythyr yn fy ngwahodd i gyfweliad yn stiwdios y BBC yn Abertawe. Pan ddaeth y diwrnod, ro'n i'n gyffrous ond yn nerfus iawn, gan nad o'n i'n gwybod yn iawn beth i'w ddisgwyl. Yn anffodus, ro'n i hefyd yn llawn annwyd, ac wedi bod yn hyfforddi bechgyn rygbi'r ail flwyddyn yn ystod dwy wers ola'r prynhawn. Felly, pan gyrhaeddais y BBC, ro'n i'n chwys diferol ac yn peswch fel buwch yn diodde o asthma! Dyma ganu'r gloch a chael fy nghyfarch gan un o gymeriadau chwedlonol BBC Abertawe, Thelma Jones. Roedd Thelma'n gweithio i'r BBC ers blynyddoedd. Hi oedd yn gofalu am yr adeilad a'r staff, ac roedd gan bawb y parch rhyfedda tuag ati. Dros y blynyddoedd nesa, fe fuodd Thelma o gymorth mawr i fi wrth i fi sefydlu fy hun fel darlledwr. Roedd y brif swyddfa ar yr ail lawr bryd hynny, ac wrth i fi gerdded i fyny'r grisiau, ro'n i'n ymwybodol iawn o hanes a phwysigrwydd y lle. Dyma lle roedd Dylan Thomas wedi bod yn darlledu yn gynnar iawn yn ei yrfa. O'r BBC yn Abertawe y byddai rhai o enwau mwya adnabyddus y genedl yn darlledu bob dydd; enwau fel Carey Garnon, Bill Curran (a'i Ford Cortina brown a'r plât rhif BBC 48), Anita Morgan a T. Glynne Davies. Rhain oedd y newyddiadurwyr a'r darlledwyr mwya profiadol ac uchel eu parch oedd yn cynnal y gwasanaeth yn Gymraeg ac yn Saesneg ar y pryd.

Fe ges i 'nhywys i swyddfa fach ar gyfer y cyfweliad. Cynhyrchydd *Helo Bobol*, Gareth Lloyd Williams, oedd yn cyfweld, gyda'i gynorthwy-ydd personol Anja van Bodegom (Mrs Hywel Gwynfryn erbyn hyn). Bu Gareth yn fy holi am fy mhrofiad yn Swansea Sound, a 'ngwybodaeth am yr ardal. Roedd Gareth yn berson hynod fonheddig a charedig, ond roedd gen i un broblem fawr. Fel y soniais gynnau, mae fy atal dweud yn waeth o lawer pan fydda i wedi blino neu'n sâl, ac yn ystod y cyfweliad, roedd yn gyfuniad o'r ddau beth. O ganlyniad, fues i'n atal mor wael nes 'mod i'n siŵr na ddeallodd Gareth yr un gair a ddywedais i o ddechrau'r cyfweliad tan y diwedd. Mae'n rhaid ei fod yn meddwl 'mod i'n hollol wallgo i ystyried swydd fel cyflwynydd, a finne'n diodde o'r fath gyflwr! Doedd hi ddim yn syndod i fi, felly, pan dderbyniais lythyr ymhen yr wythnos yn dweud nad o'n i wedi cael y swydd fel gohebydd lleol i'r rhaglen *Helo Bobol*.

Es i 'nôl i'r ysgol a cheisio anghofio am y cyfweliad. Ro'n i'n rhannu lifft bob yn ail wythnos â Huw Morris, oedd yn byw yn Felinfoel ac yn dysgu yn ysgol Townhill yn Abertawe. Felly 'nôl â fi i'r un hen rigol o yrru i'r gwaith bob bore – dros bont Llwchwr, ar hyd heol y Cob i Dregŵyr ac yna mlaen drwy Ddynfant i Abertawe. Pan ddechreuais i weithio, ro'n i'n gallu fforddio rhoi ffôn yn y tŷ i Mam a fi. Fe newidiodd hyn fywyd Mam yn sicr, achos roedd hi'n medru cysylltu â theulu a ffrindiau o bell yn rhwydd am y tro cynta. Ac un noson, pan ddes i adre o'r ysgol, daeth galwad ffôn fyddai'n newid fy mywyd inne am byth.

Roedd y BBC yn paratoi i lansio gwasanaeth newydd – Radio Cymru – ar donfedd newydd, VHF. Roedd y gwasanaeth yn cychwyn ar ddechrau Ionawr 1977, ond er mwyn creu ymwybyddiaeth o'r orsaf a'r donfedd newydd, roedd y BBC yn gosod nifer o orsafoedd bach lleol mewn gwahanol ardaloedd o Gymru am wythnos ar y tro. Un o'r rhain oedd Radio Llwynhendy, a fyddai'n darlledu rhaglenni a newyddion lleol o ardal Llanelli. Pan godais y ffôn ar y noson dyngedfennol honno, Brenda Thomas o'r BBC oedd yno, yn holi a fyddai gen i ddiddordeb mewn cyflwyno rhai o raglenni Radio Llwynhendy. Fe neidiais at y cyfle, a chytuno ar unwaith, heb holi pa fath o raglenni oedden nhw, hyd yn oed. Yr hyn oedd wedi digwydd, fel des i ddeall yn ddiweddarach, oedd fod ymchwilydd o'r BBC wedi bod yn ffonio pobl yn ardal Llanelli i ofyn am enwau cyflwynwyr posib. Roedd Brenda wedi siarad â Gari Niclas, ac awgrymodd e fi oherwydd fy mhrofiad yn Swansea Sound. Mae fy nyled i Gari'n fawr! Es i i gwrdd â Brenda a chriw'r BBC yng ngwesty'r Ashburnham ym Mhenbre. Gareth Price, is-bennaeth rhaglenni'r BBC oedd yn cynhyrchu, Brenda oedd ei gynorthwy-ydd a Wyndham Richards oedd y peiriannydd sain. Penderfynwyd y bydden i'n cyflwyno rhaglen awr bob bore o hanner awr wedi saith tan hanner awr wedi wyth, ac yna rhaglen ddwyawr gyda'r nos o bump tan saith. Ro'n i wrth fy modd!

Fe ddaeth y bore Llun cynta, a phawb yn ymgynnull yn y stiwdio, sef *portakabin* bach a'r offer i gyd ynddo tu allan i ganolfan gymdeithasol Llwynhendy. Roedd pawb yno am chwech, yn barod i fynd ar yr awyr am hanner awr wedi saith. Ac yna, i ffwrdd â ni, ac ro'n i yn fy elfen. Roedd un peth yn achosi pryder i fi, sef gorfod cynnal sgwrs fyw bob bore gyda Gwyn Llewelyn a T. Glynne Davies, a fyddai'n cael ei ddarlledu'n genedlaethol! Fel arall, roedd trefn y rhaglenni'n ddigon cyfarwydd – cymysgedd o gerddoriaeth, eitemau newyddion lleol a sgyrsiau gyda chymeriadau'r ardal. Ac wrth gwrs, gan fy mod yn perfformio o flaen meicroffon, doedd dim sôn am yr atal.

Un noson, pan oedden ni fel criw yn cael pryd o fwyd ar ôl y rhaglen, gofynnodd Gareth Price i fi o'n i erioed wedi ystyried gyrfa fel darlledwr llawn amser. Fe ddywedais wrtho 'mod i'n awyddus iawn i wneud hynny, ond bod y BBC newydd fy ngwrthod fel un o ohebwyr lleol *Helo Bobol*. Doedd Gareth ddim yn ymwybodol o hynny, a ddywedodd e ddim mwy ar y pryd. Ond, heb yn wybod i fi, fe ofynnodd e i Gareth Lloyd Williams, oedd wedi fy nghyfweld yn Abertawe, ddod draw i Lwynhendy i wrando arna i wrthi ar yr awyr. Fe gwrddais â Gareth Lloyd Williams eto ar ddiwedd y noson, ac ymhen rhai dyddiau fe ges i lythyr yn cynnig swydd i fi fel gohebydd de-orllewin Cymru *Helo Bobol*. Aeth hunllef y cyfweliad yn angof, ac ro'n i'n edrych mlaen yn fawr at gael dechrau ar y gwaith, pan ddaeth datblygiad carreg milltir arall yn fy mywyd fel darlledwr. Fe gysylltodd Gareth Price â fi eto, a dweud bod Hywel Gwynfryn yn rhoi'r gorau i'w raglen gerddoriaeth ar fore Sadwrn, *Helo Sut Dach Chi*, oherwydd ei ymrwymiad i gyflwyno *Helo Bobol* yn ddyddiol. Roedd y BBC yn chwilio am DJ i gymryd ei le, ac yn awyddus i roi cyfle i fi a chwpl o bobl eraill. Ro'n i'n meddwl bod y Nadolig wedi dod yn gynnar iawn yn 1976!

Yn ystod mis Tachwedd a mis Rhagfyr, es i 'nôl a mlaen i'r BBC yn Llandaf sawl gwaith er mwyn dod i nabod criw cynhyrchu *Helo Bobol* ac i gwrdd â'r gohebwyr eraill, ac wrth gwrs, Hywel Gwynfryn, yno wrth y llyw. Ro'n i'n swil iawn wrth gwrdd â Hywel ar y dechrau. Hwn oedd y llais ro'n i wedi bod yn gwrando arno ar fore Sadwrn, yn cyflwyno gyda hwyl a hiwmor, yn hynod broffesiynol. A dweud y gwir, ro'n i'n eitha *star-struck*. Roedd mynd i'r BBC yn brofiad cyffrous iawn, yn enwedig cael y cyfle i gyfarwyddo â'r stiwdio a'r offer y bydden i'n eu defnyddio i ddarlledu fy rhaglen fore Sadwrn. Fi oedd y cynta i weithio'r offer technegol fy hunan mewn stiwdio – *self-op* – felly ro'n i'n awyddus i fynd i'r afael â'r offer, oedd yn hollol wahanol i'r offer cyfatebol yn Swansea Sound. Fe ofynnodd y darlledwr Alun Williams i fi unwaith, pan o'n i'n westai ar ei raglen, beth oedd y gwahaniaeth rhwng gweithio i radio lleol a gweithio i'r BBC yn genedlaethol. Rwy wedi dweud hyn sawl gwaith, ond yr ateb roddais iddo oedd fod darlledu ar radio lleol fel chwarae rygbi i'r tîm cynta, ond bod darlledu ar y BBC, i fi, beth bynnag, yn cyfateb i gael cap dros eich gwlad.

Fe basiodd y Nadolig mewn bwrlwm o gyffro wrth i fi edrych mlaen at gyflwyno fy rhaglen newydd ar Ionawr y cynta. Roedd Brenda Thomas, yn garedig iawn, wedi cynnig i fi aros yn ei thŷ hi yng Nghaerdydd y noson gynt. Fe fu Brenda'n gymorth anferthol i fi yn y dyddiau cynnar yna, a bues i'n aros gyda hi ar nos Wener am fisoedd ar ddechrau 1977. Brenda gyflwynodd fi i fwyd Indiaidd a chyrri hefyd, un o'i hoff fwydydd hi. Yn anffodus, fe gollon ni Brenda rai blynyddoedd yn ôl, ac rydw i, fel nifer o bobl eraill, yn gweld colled fawr ar ei hôl hi.

O'r diwedd, fe ddaeth y diwrnod mawr. Roedd penderfyniad wedi ei wneud i rannu'r rhaglen dair awr yn ddwy ran. Fi fyddai'n dechrau pethau o Gaerdydd, ac yna'n trosglwyddo'r awenau i Dei Tomos yn Neuadd y Penrhyn ym Mangor. Ro'n i'n cyflwyno o'r stiwdio, ond roedd Dei druan mewn neuadd oedd yn llawn pobl ifanc yn ceisio creu awyrgylch disgo am naw o'r gloch bore Dydd Calan! Fe yrrais draw i stiwdio'r BBC yn fy hen Renault 5 bach gwyrdd. Mae'r adeilad yn anferthol, yn hollol wahanol i'r sièd y tu allan i bentre Gorseinon oedd yn gartre i Swansea Sound. Parciais y car o flaen y drws a syllu ar y cyntedd mawr, gwydr sy'n croesawu pobl i'r BBC yn Llandaf. Wrth syllu ar yr adeilad, fues i bron â thanio'r injan unwaith eto a gyrru o 'na. Beth yn y byd o'n i'n ei wneud? Pam o'n i erioed wedi meddwl y bydden i'n gallu gweithio mewn lle fel hyn? Fi, yn gweithio i'r BBC! Yn y diwedd, fe lwyddais i drechu'r nerfau, a mewn â fi, lan y grisiau i hen stiwdio Con 1. Gareth Price oedd yn cynhyrchu'r bore hwnnw. Roedd Brenda yno hefyd yn cynorthwyo, a'r peiriannydd yr ochr arall i'r gwydr yn y ciwbicl cynhyrchu oedd Mike Bracey. Dyma'r cloc yn taro naw, a bant â ni. Rwy wedi bod yn crafu 'mhen i gofio enw'r gân gynta i fi ei chwarae ar y BBC, a dwi bron yn siŵr mai 'Mynd yn ôl i'r Dre' gan Heather Jones oedd hi. Ar ôl i fi gyflwyno fy hun a chwarae'r record gynta, fe ddechreuais ymlacio a mwynhau. Ymhen sbel, fe ddes i'n ymwybodol fod nifer o bobl yn dod i mewn ac allan o'r ciwbicl drws nesa. Ar un adeg, codais fy mhen a gweld Teleri Bevan, Carwyn James, Emyr Daniel, Geraint Stanley Jones, Trevor Fishlock a Gareth Bowen, mawrion y BBC bob un, yn syllu arna i drwy'r gwydr. Mae'n debyg, gan mai fi oedd y cynta i weithio fel *self-op* yng Nghaerdydd, fod pawb wedi dod i weld beth yn union oedd yn digwydd.

Fe aeth yr awr gynta'n gyflym iawn, ac yna roedd yn bryd i fi drosglwyddo'r awenau i Dei Tomos a *Disgo Dei*. Ro'n i'n falch iawn o gael ymlacio am dipyn, ac roedd yr ymateb gan y cynhyrchwyr yn y ciwbicl i'w weld yn eitha ffafriol. Os ydw i'n cofio'n iawn, fe wnaeth Dei a finne'r awr ola ar y cyd, a chyn hir roedd fy rhaglen fyw gynta i'r BBC wedi dod i ben. Mae'r cwestiwn yn codi weithiau ai fi neu Hywel oedd y llais cynta ar Radio Cymru. Wel, dwi'n meddwl medra i gladdu'r cwestiwn yna unwaith ac am byth. Fe ddechreuodd Radio Cymru yn swyddogol fore Llun Ionawr y trydydd 1977, a'r rhaglen gynta ar y gwasanaeth oedd *Helo Bobol*, wedi ei chyflwyno gan Hywel Gwynfryn. Felly, mae'n saff dweud taw Hywel oedd y llais cynta ar Radio Cymru, ac mae'n debyg mai fi oedd un o'r lleisiau ola ar yr hen wasanaeth. A sôn am fore Llun, dyna oedd yr her nesa i fi, sef cyfrannu at raglen Hywel fel gohebydd y de-orllewin.

Roedd *Helo Bobol* yn dipyn o chwyldro i BBC Cymru, ac

i'r byd darlledu Cymraeg. Am ddwy awr bob bore, fe fyddai Hywel yn chwarae cerddoriaeth ac yn holi cyfranwyr o bob rhan o Gymru dros y ffôn neu o un o stiwdios lleol y BBC. Roedd cyfranwyr cyson yn y canolfannau lleol i gyd. Yn Abertawe, ro'n i'n cael y pleser o weithio gyda Dr Rosina Davies a'r cyfreithiwr O. J. Williams yn aml, ac roedd pobl eraill yn troi mewn i'r stiwdio hefyd i rannu eu stori gyda Hywel a'r genedl. Gwaith y gohebwyr lleol oedd adrodd ar y tywydd a sôn am unrhyw drafferthion traffig yn yr ardal, a rhestru prisiau bara a nwyddau fel llysiau a ffrwythau ac yn y blaen. Y gohebydd oedd yn agor y stiwdio i'r cyfranwyr, yn gwneud yn siŵr bod popeth yn gweithio ac yn gwneud i'r gwesteion deimlo'n gartrefol. Yn ogystal, roedd angen dod o hyd i dair stori ychwanegol bob wythnos.

Ond doedd pethau ddim yn fêl i gyd. Roedd cwpl o broblemau wedi codi yn sgil y newidiadau. Fy rhaglen i ar fore Sadwrn arweiniodd at y broblem gynta. Oherwydd fy mod yn darlledu'n *self-op*, a Hywel yn gwneud yr un fath ar *Helo Bobol*, roedd rhai o'r peirianwyr sain wedi dechrau poeni y byddai'r drefn gyflwyno newydd yn tanseilio'u swyddi nhw. Yng ngeiriau un hen stejar: 'The BBC spent a long time training us to operate these studios, now it seems they'll allow any bloody amateur loose in there'! Y gwir amdani oedd fod rhai o orsafoedd eraill y BBC, fel Radio 1 a Radio 2, a phob gorsaf fasnachol, wedi bod yn gweithredu fel hyn ers blynyddoedd. Yn fy marn i, roedd yn hen bryd i rai o aelodau staff BBC Cymru sylweddoli bod y byd yn newid. Roedd yr ail broblem hefyd yn codi o amharodrwydd rhai pobl i wneud hyn. Roedd pob un ohonon ni oedd yn gweithio'n lleol i *Helo Bobol* yn cael ein nabod fel 'gohebwyr'. Fe lwyddodd hyn i ypsetio undeb yr NUJ yng Nghymru, a pheri iddyn nhw fygwth mynd ar streic, achos yn eu barn nhw, roedd y term yn cael ei ddefnyddio i gyfeirio at bedwar o bobl nad oedd wedi eu cymhwyso i fod yn ohebwyr, yn benna am nad oedden ni'n aelodau o'r NUJ. Dwi ddim yn gwybod sut ymatebodd y BBC yn wleidyddol i'r bygythiadau yma, ond rywsut neu'i gilydd, parhau i weithio fel gohebwyr wnaethon ni i gyd am flynyddoedd.

Fe weithiodd popeth yn iawn am wythnosau cynta mis Ionawr 1977, ond cyn hir fe ddaeth y gwyliau i ben ac roedd raid mynd yn ôl i ddysgu, yn ogystal â gwneud y swydd ddyddiol i'r BBC. Roedd y drefn yn gweithio fel hyn: codi am bump y bore, cael brecwast a gyrru i Abertawe. Agor y stiwdio a chyflawni dyletswyddau *Helo Bobol*. Yna, am hanner awr wedi wyth, gadael y stiwdio a chroesi Abertawe i fynd i'r ysgol. Dysgu tan hanner awr wedi tri, yna mynd yn ôl i'r stiwdio i fynd trwy'r papurau lleol i chwilio am stori ar gyfer y bore. Weithiau, fe fyddai Carey Garnon neu T. Glynne neu Gilbert John yn y stafell newyddion yn pitïo drosta i, ac yn awgrymu rhywbeth roedden nhw wedi sylwi arno yn ystod y dydd. Nesa, at y ffôn i gysylltu â'r bobl oedd yn rhan o'r stori i holi a allen i ddod atyn nhw i recordio eitem. Os oedden nhw'n hapus, mewn i'r car a gyrru i'r lleoliad, unrhyw le o Lanelli i Dyddewi. Cyrraedd y lleoliad, recordio'r stori a gyrru 'nôl i Abertawe i olygu'r tâp yn y stiwdio. Yn ola, cysylltu â Chaerdydd ac anfon y stori lawr y lein at y cynhyrchydd oedd yn aros amdani yn stiwdio *Helo Bobol*. Weithiau bydden i'n lwcus, ac yn medru recordio dwy stori'r un pryd. Byddai hynny'n golygu y gallwn i hepgor taith ar ddiwrnod arall! Yna, gyrru i Gaerdydd ar nos Wener i gyflwyno rhaglen fore Sadwrn. Roedd hyn i gyd yn waith anodd dros ben ac yn dipyn o laddfa a dweud y gwir, ond yn brofiad bendigedig. Ar y dechrau, doedd gen i'r un syniad sut i fynd ati i drefnu a llunio stori ar gyfer y radio, ond roedd *Helo Bobol* yn ysgol brofiad wych. Fe fydden i'n cael fy nwrdio'n aml gan y cynhyrchwyr, Ruth Parri a Gareth Rowlands. Roedden nhw'n onest iawn am safon yr eitemau, ac yn barod iawn i feirniadu, weithiau'n hynod ddi-flewyn ar dafod.

Ond wrth wrando arnyn nhw ro'n i'n dysgu, ac er bod adegau pan o'n i'n teimlo fel taflu'r hen beiriant recordio Uher allan drwy ffenest y car, yn raddol bach, ro'n i'n dysgu'r grefft o roi stori at ei gilydd.

Fe barodd y broses hon am saith mis, tan ddiwedd y flwyddyn ysgol. Erbyn hynny, roedd nifer o bethau wedi newid. Roedd yr ysgol yn cau, wrth gwrs, ond fe gynigion nhw waith i fi fel athro cyflenwi parhaol. Do'n i ddim yn ffansïo hynny o gwbl, ac a dweud y gwir, ro'n i wedi cael llond bol ar ddysgu. Ro'n i'n mwynhau dysgu'r plant, ond roedd rhai o aelodau'r staff yn fy ngyrru i'n wallgo. Dyna lle ro'n i, yn un ar hugain oed, ar ddechrau fy ngyrfa, yn clywed dim ond pa mor uffernol oedd y swydd, pryd byddai pobl yn gallu ymddeol a beth fyddai maint y pensiwn. Buan iawn y penderfynais nad mewn dysgu roedd fy nyfodol. Ar ben hynny, rwy wastad wedi brwydro â'r syniad o droi lan i'r un lle bob dydd i wneud yr un gwaith. Roedd yn wir pan o'n i'n ddisgybl ysgol, roedd yn bendant yn wir pan o'n i'n dysgu ac yn gorfod mynd i'r un adeilad a'r un stafell bob dydd, ac mae'n wir heddiw. Rwy'n dal i'w chael yn anodd troi lan i'r swyddfa ddydd ar ôl dydd. Mae'n well o lawer gen i fod allan yn gweithio yn yr awyr agored, yn ymwneud ag amrywiaeth o leoliadau, pynciau a phobl. Mewn gair, darlledu.

Ond y newid mwya oedd fod Radio Cymru wedi gwneud penderfyniad am bwy fyddai'n cymryd slot Hywel ar fore Sadwrn yn barhaol. Ar ôl cyfnod estynedig o arbrofi, a Dei Tomos a fi'n cyflwyno bob yn ail fis, fe benderfynodd pennaeth Radio Cymru, Meirion Edwards, a Gareth Price, gynnig y gwaith i fi. Hoffwn gydnabod fy nyled i Meirion a Gareth fan hyn. Fe gymerodd y ddau dipyn o risg. Fe fyddai Dei wedi bod yn ddewis diogel iddyn nhw, ac yntau'n gymeriad adnabyddus eisoes, ac yn saff ei Gymraeg. Ond bydda i'n ddiolchgar hyd byth am eu penderfyniad i gynnig y swydd i fi – boi ifanc oedd yn gweithio'n galed i wella'i Gymraeg, ac a oedd hefyd yn atal dweud. Arwyddais y cytundeb cyn bod yr inc yn sych. Ar ddiwedd mis Mehefin, felly, fe roies i'r gorau i ddysgu ac i swydd gohebydd *Helo Bobol*, a symud i fyw i Gaerdydd.

Roedd rhywbeth arall wedi digwydd hefyd, a gafodd dipyn o ddylanwad ar fy mhenderfyniad i fentro i fyd darlledu'n llawn amser. Yn ystod hanner tymor Sulgwyn, ces i gynnig i gyflwyno teledu byw o Eisteddfod yr Urdd yn Saesneg – rhywbeth do'n i erioed wedi ei wneud o'r blaen. Roedd tri ohonon ni ar y tîm cyflwyno – Frank Lincoln, Elliw Haf a fi. Roedd hyn cyn dyddiau *autocue*, felly roedd raid dysgu pob gair. Roedd hyn yn achosi tipyn o broblem i fi. Os yw rhywun sy'n atal yn gorfod dysgu sgript o unrhyw fath, mae ambell air yn gallu peri gofid, sy'n golygu bod y person yn dechrau poeni eu bod nhw'n mynd i atal ar air arbennig. Ond roedd gen i broblem arall, hefyd. Ro'n i'n gwybod nad o'n i'n atal ar y radio, ac roedd gen i ryw syniad y byddai gwisgo clustffonau o gymorth mawr i osgoi'r atal. Rwy wastad wedi troi lefel y sain yn fy nghlustffonau'n uchel, ac rwy'n dal i wneud. Ond yn sydyn iawn, ro'n i'n ymwybodol iawn fy mod yn eistedd o flaen camera, ar fin darlledu'n fyw i gynulleidfa BBC Wales, yn aros i weld y golau coch, sef yr arwydd i fi ddechrau siarad, heb wybod yn iawn beth fyddai'n digwydd pan fydden i'n agor fy ngheg. Mae hon yn ffordd wych o golli pwysau! Trwy lwc, pan fflachiodd y golau coch, fe gyflwynais fy linc yn ddidrafferth, ac o'r foment honno, fe ddysgais fy mod yn medru cyflwyno o flaen camera yn ogystal â thu ôl i'r meicroffon. Rhaid i mi dalu teyrnged i Frank ac Elliw hefyd. Bu'r ddau o gymorth mawr i mi yn ystod yr wythnos honno, ac fe fanteisiais dipyn ar eu profiad. Fe fuodd Elliw yn garedig iawn wrtha i, ac yn ffrind da. Ar ôl yr Eisteddfod, fe ges i wahoddiad i barti yn ei thŷ hi a'i gŵr yng Nghaerdydd. Hwn oedd y tro cynta i fi gwrdd â rhai o fawrion y genedl, yn cynnwys Geraint Jarman, Marged Esli, John Pierce Jones, Brynmor Williams a Dyfed Glyn Jones. Fe fyddai rhai ohonyn nhw'n chware rhan bwysig iawn yn fy stori dros y blynyddoedd i ddod.

Un penwythnos ar ddechrau Gorffennaf 1977, ro'n i'n digwydd bod gartre yn Llanelli pan ganodd y ffôn. Un o gynhyrchwyr *Helo Bobol* oedd yno, yn gofyn cymwynas i fi. Roedd gêm griced *pro/celeb* yn cael ei chynnal ar faes St Helen's yn Abertawe. Fyddai modd i fi fynd draw i recordio cwpl o gyfweliadau ar gyfer rhaglen fore Llun? Ro'n i'n fwy na hapus i wneud, felly draw â fi. Roedd nifer o gricedwyr proffesiynol yn chwarae yn erbyn sawl enw adnabyddus o fyd chwaraeon a'r theatr. Yn eu plith roedd yr actor Robert Powell, y canwr David Essex, Noel Edmonds o Radio 1, Barry John, Gareth Edwards a Gerald Davies. Ar ddiwedd y gêm, es i draw i gael gair â Barry a Gareth, a sylwi ar wyneb adnabyddus wrth ochr y cae. Roedd Michael Parkinson wedi bod yn sylwebu ar y gêm. Bryd hynny, Parkinson oedd gohebydd criced y *Sunday Times*, felly manteisiais ar y cyfle i ofyn a fyddai'n fodlon recordio sgwrs fer gyda fi. Roedd e'n hapus iawn i wneud, ac fe ddywedodd bwt yn Saesneg ar gyfer yr eitem. Ar ddiwedd y sgwrs, holodd ers pryd o'n i wedi bod gyda'r BBC. Dywedais wrtho 'mod i wedi bod gyda nhw ers rhyw naw mis, yn gwneud amrywiaeth o bethau. Awgrymodd Michael y dylen ni fynd i'r Cricketers rownd y gornel am beint. Ro'n i'n methu credu fy lwc. Ro'n i wedi bod yn ffan o raglenni Michael Parkinson ers blynyddoedd, a nawr roedd e'n mynd am ddiod gyda fi! Fe fues i yn ei gwmni am tua dwy awr. Roedd yn garedig dros ben ac fe gynigiodd bob math o gyngor i fi am holi pobl, llunio storïau, darlledu teledu a chant a mil o bethau eraill. Ar ddiwedd y sgwrs, rhoddodd ei gyfeiriad cartre i fi, a dweud os medrai fod o unrhyw help yn y dyfodol, i gysylltu ag e. Rwy wedi gwneud hynny gwpl o weithiau, nid i ofyn am gymorth, ond i ddymuno'n dda iddo ar achlysuron arbennig. Rwy wedi bod yn eithriadol o lwcus o gael cyngor gan nifer o bobl brofiadol dros y blynyddoedd, ond yn sicr, roedd hwnna'n un o'r uchafbwyntiau.

Pennod 12

Pan symudais lan i Gaerdydd, es i i fyw dros dro gyda gang o fois yn Gabalfa. Roedd sawl un ohonyn nhw wedi bod yn yr ysgol gyda fi – Emyr Wyn, Elis Owen a Peter Jones. Roedd Rod Barra'n byw yno hefyd, ac yn y tŷ yn Gabalfa ddes i i nabod a dod yn ffrindiau gyda Gareth Pierce. Doedd dim stafell sbâr i gael, felly fues i'n cysgu ar lawr y stafell fyw am sbel. Yn amlach na pheidio, bydden i'n mynd i gantîn y BBC i gael cinio dydd Sul. Roedd y bwyd yno dipyn yn rhatach nag yn unman arall yn y ddinas. Un prynhawn Sul, o'n i'n eistedd wrth y ford yn bwyta pan glywais lais yn fy nghyfarch. 'Hello, do you mind if I join you?' Ro'n i'n nabod perchennog y llais yn syth. David Parry Jones oedd e, un o'r bobl fwya adnabyddus yng Nghymru ar y pryd. Roedd David yn sylwebydd rygbi, yn gyflwynydd ar *Wales Today* ac yn uchel iawn ei barch yn y BBC. Roedd e hefyd yn dipyn o arwr i fi. Wedi'r cwbl, ro'n i wedi tyfu lan yn ei weld e ar y teledu ac yn gwrando arno'n darllen y newyddion ac yn sylwebu ar y gemau rygbi rhyngwladol mawr. Eisteddodd wrth y ford a chyflwyno'i hun yn ddiymhongar. 'Hi, I'm David.' 'Yes, I know,' medde fi, yn swil iawn. 'I'm Richard.' Roedd David wedi clywed fy rhaglen y bore Sadwrn cynt, ac er nad yw e'n siarad Cymraeg, roedd e wedi gwrando a mynd i'r drafferth o ddod ata i i gynnig ambell air o gyngor gwerthfawr iawn. Fe ddes i nabod David a'i bartner, Beti George, yn dda, a ches i sawl noson hwyliog iawn yng nghwmni'r ddau wrth fynd allan am gyrri yng Nghaerdydd. Mae David wedi cael mwy na'i siâr o broblemau wrth fynd yn hŷn, fel mae Beti wedi cofnodi'n sensitif ac yn gariadus yn rhai o'i rhaglenni radio a theledu. Fedra i ond dymuno'n dda i'r ddau, a diolch iddyn nhw. Fel y dywedais, rwy wedi bod yn lwcus iawn o rai o'r bobl fuodd o gymorth i mi dros y blynyddoedd. Roedd sawl un ohonyn nhw'n ddarlledwyr hynod brofiadol a safonol. Roedd bod yng nghwmni rhai o'r cewri yma'n wers ynddi ei hun. Fe fydd enwau John Darren, Peter Walker, Vincent Kane, Brian Hoey, Patrick Hannan, Alun Evans ac Emyr Daniel yn gyfarwydd i bawb sy'n cofio'r cyfnod yna yn y saithdegau. Yng nghysgod y bobl yma fe ddysgais sut i fod yn broffesiynol. Yn raddol bach, fe ddes i ddeall pwysigrwydd safon rhaglenni a chynhyrchu, a beth a ddisgwylir gan ddarlledwr proffesiynol.

Yn ystod haf 1977, daeth cynnig anhygoel arall. Ro'n i wedi clywed llawer iawn am y cynhyrchydd Teleri Bevan. Ro'n i'n gwybod ei bod yn uchel iawn ei pharch fel cyflwynydd a chynhyrchydd teledu a radio, nid yn unig o fewn BBC Cymru ond ar y rhwydwaith hefyd. Tra o'n i'n cyflwyno Eisteddfod yr Urdd ar BBC Wales fe ges i neges fod Teleri am fy ngweld. Es i i Landaf ar unwaith am gyfarfod, a methu credu fy nghlustiau pan gynigiodd Teleri i fi gyflwyno cyfres o raglenni byw dros fisoedd yr haf. Fe drefnon ni gyfarfod un noson yng nghlwb y BBC, ond yn anffodus fe wnes i rywbeth anfaddeuol. Anghofiais am y cyfarfod. Yng nghanol holl fwrlwm a chyffro cyflwyno rhaglenni byw, aeth yn angof llwyr. Drannoeth, fe welais Teleri yn Llandaf. Doedd hi ddim yn edrych yn hapus wrth ofyn, 'Beth ddigwyddodd neithiwr 'te?' Edrychais arni'n syn am funud cyn cofio am y cyfarfod. Es i deimlo'n swp sâl, ac rwy'n siŵr fod y lliw wedi mynd o'n wyneb wrth i fi obeithio byddai'r ddaear yn agor a fy llyncu'n gyfan yn y fan a'r lle. Ymddiheurais ar unwaith, sawl gwaith, gan ofni fy mod wedi colli'r cyfle i gyflwyno'r rhaglenni a gweithio gyda Teleri. Ond, trwy lwc, roedd hi'n barod i faddau i fi, felly fe aildrefnwyd y cyfarfod i drafod un o'r cyfresi mwya cyffrous rwy wedi eu gwneud erioed.

Dros haf 1977, roedd tîm rygbi'r Llewod Prydeinig a Gwyddelig wedi teithio i Seland Newydd. Roedd y daith yn cael llawer iawn o sylw yn y wasg, ac roedd sylwebaeth fyw o bob gêm brawf ar y radio, yn dechrau am dri o'r gloch y bore. Roedd y BBC am ddarlledu rhaglen fyw i gadw gwrandawyr o ddeg o'r gloch y nos (pan fyddai radio'r BBC yn rhoi'r gorau i ddarlledu bryd hynny) nes i'r sylwebaeth ddechrau. Roedd Terry Wogan yn cyflwyno ar Radio 2, a thrwy ryw wyrth, fi gafodd y cyfle i gyflwyno rhaglenni'r Welsh Home Service (doedd Radio Wales heb gychwyn eto). Roedd y gwaith hefyd yn golygu cyfweld gwragedd chwaraewyr Cymru oedd yng ngharfan y Llewod. Es i ati ag arddeliad! Yn ogystal â chyflwyno'r cyfweliadau, roedd yn rhaid i fi wneud gwaith ymchwil i gefndir y chwaraewyr hefyd. Mae pethau wedi newid yn oes rygbi proffesiynol heddiw, ond 'nôl yn y saithdegau, roedd yn amhosib cael gwragedd chwaraewyr dwyrain Cymru i ddod i gwrdd â gwragedd chwaraewyr y gorllewin! Doedd dim llawer o Gymraeg, na Saesneg, rhyngddyn nhw o gwbl. Roedd cwrdd â'r rhai oedd yn y gorllewin yn gymharol hawdd, gan 'mod i'n nabod nifer ohonyn nhw eisoes. Roedd Pat Bennett, gwraig Phil, a Madora, gwraig Derek Quinnell, yn byw yn Llanelli. Roedd Catherine, gwraig Elgan Rees, yn byw tu allan i Gastell-nedd, gwraig Allan Martin yn byw ger Aberafan a gwraig J. J. Williams ger Porthcawl. Roedd siarad â'r menywod yma'n bleser pur, a bydden ni wastad yn cael paned tra oedden nhw'n datgelu rhyw gyfrinachau bach am eu gwŷr. Yr unig un oedd yn gwneud i mi boeni oedd Kathryn Rees, achos bob tro byddai hi'n fy ngweld i ar stepen y drws, byddai hi'n dechrau crio! Hiraeth am Elgan oedd yn gyfrifol am hyn wrth gwrs, ac ro'n i'n cynrychioli rhyw fath o gyswllt ag e tro oedd e i ffwrdd. Ond ro' i'n teimlo'n euog ofnadwy'n gweld Kathryn yn llefain y glaw wrth agor y drws i fi draw yng Nghastell-nedd! Roedd trefnu gweld gwragedd y dwyrain yn fwy o her. Penderfynais mai'r peth calla i'w wneud oedd cysylltu ag un ohonyn nhw a chael cyngor ganddi hi ar y ffordd orau o drefnu'r sgyrsiau. Ond pa un? Roedd dyn hynod a hynaws iawn yn gweithio i adran chwaraeon y BBC bryd hynny, Alun Pask. Roedd Alun wedi chwarae rygbi a bu'n gapten tîm Cymru yn y chwedegau, ond yn anffodus, chafodd e fyth gyfle i chwarae i'r Llewod. Holais Alun dros ginio un diwrnod pa un o'r gwragedd ddylen i gysylltu â hi. Heb betruso, awgrymodd e Brenda, gwraig Terry Cobner. (Yn drist iawn, bu farw Alun yn ifanc mewn tân yn ei gartre yn 1995. Roedd colled fawr ar ei ôl. Gŵr bonheddig os buodd un erioed.)

Fe gysylltais â Brenda, a dod i nabod un o'r cymeriadau mwya i fi eu cyfarfod erioed! Roedd Brenda Cobner yn amlwg yn arweinydd naturiol. Hi aeth ati i drefnu bod pob un o'r gwragedd eraill yn dod at ei gilydd yn hwyr un prynhawn yn stafell bwyllgor clwb rygbi Caerdydd. Ro'n i'n dal i fyw gartre yn Llanelli ar y pryd, felly dyma neidio yn y car – hen Renault 12 – picio draw i Abertawe i gasglu'r Uher o'r BBC ac anelu'r car am Gaerdydd. Doedd yr M4 heb gael ei orffen bryd hynny, felly roedd raid gyrru drwy Faglan, Port Talbot, Margam, y Pîl ac yna mlaen i Borthcawl a Phen-y-bont ar Ogwr drwy Fro Morgannwg i Gaerdydd. Rhwng y Pîl a Stormy Down, dechreuodd y car deimlo'n rhyfedd, a thynnu i un ochr. Roedd gen i olwyn fflat. Doedd dim dewis ond ei newid. Doedd hynny ddim yn broblem ynddo'i hun, ond roedd amser yn mynd heibio, ac roedd yn amlwg y bydden i'n hwyr. Gorfod i fi chwilio am flwch ffôn, ond doedd hwnnw ddim yn gweithio. Ar ôl i fi newid yr olwyn, 'nôl â fi i'r car a mynd ar ras draw i Gaerdydd. Cydiais yn y peiriant recordio a rhedeg mewn i'r clwb. Cnociais ar y drws a'i agor yn ofalus. Roedd y merched i gyd yn eistedd mewn hanner cylch o gwmpas y ford grand yng nghanol y stafell foethus – Ann Price, gwraig Graham, Wendy Fenwick, Judy Windsor, gwraig Jeff Squire a phartner Gareth Evans – ac yno ar y pen, roedd Brenda. Do'n ni heb gyfarfod o'r blaen, dim ond wedi siarad ar y ffôn, felly dyma fi'n cyflwyno'n hunan – fy ngwynt yn fy nwrn, fy wyneb yn goch, a 'nwylo'n frwnt ar ôl newid yr olwyn. Ymhen eiliad neu ddwy, daeth ymateb Brenda: 'Don't worry, girls, we're alright, he's a virgin!' Chwarddodd pawb wrth fy ngweld i'n cochi ac yn ymlacio, a dyna ddechrau perthynas fu'n llawer o hwyl a sbri.

Pan ddechreuodd y rhaglenni – pedair i gyd, un i gyd-fynd â phob gêm brawf –Teleri oedd yn cynhyrchu. Ro'n i wrth fy modd â'r cyfuniad o gerddoriaeth a chyfweliadau byw yn y stiwdio. Daeth llu o bobl heibio i drafod y tîm a'r gemau, ac i sôn am eu profiadau personol. Hwn oedd y tro cynta i mi gwrdd â Gerald Davies, bonheddwr go iawn ac un o'r bobl neisa dwi wedi eu cyfarfod erioed. Bu J.P.R. yn galw am sgwrs, a Frank Keating, gohebydd rygbi'r *Guardian*, cymeriad hoffus oedd yn llawn gwybodaeth am rygbi a hanesion ei brofiadau gyda'r chwaraewyr. Roedd y gerddoriaeth yn cynnwys popeth o Rod Stewart i'r Beatles ac wrth gwrs, roedd y gwragedd yn gofyn am geisiadau i'r bois allan yn Seland Newydd. Roedd y pump awr yn hedfan heibio wrth i ni sgwrsio, chwerthin, darogan ac ystyried posibiliadau'r gêm fyddai'n dilyn. Yna, am dri y bore, ro'n i'n trosglwyddo'r awenau i'r sylwebwyr yn Seland Newydd. Unwaith y deuai'r rhaglen oddi ar yr awyr, roedd pawb yn dal i drafod am ryw hanner awr arall cyn meddwl troi am adre, hyd yn oed. Ar ôl y rhaglen gynta, canodd y ffôn. 'Richard, call for you.' Ro'n i'n methu deall pwy fyddai'n ffonio'r adeg yna o'r bore, ond yna clywais lais cyfarwydd Brenda. 'What are you doing now?' 'Going home, Brend.' 'No, you're bloody not! Get over here now. You're listening to the game with us.' Felly draw â fi i Abersychan wrth i'r wawr dorri dros ddeddwyrain Cymru, i ymuno â gwragedd y Llewod yn gwrando ar eu gwŷr yn chwarae am eu bywydau ddeuddeg mil o filltiroedd i ffwrdd. Roedd brwdfrydedd ac angerdd y gwragedd yn heintus. (Wrth gwrs, roedd 'bach o alcohol yn help hefyd!) Roedd gofid bob tro bydden ni'n clywed am anaf ar y cae. Dychmygwch wrando ar sylwebydd radio'n dweud bod eich gŵr wedi cael anaf difrifol, a chithau'n methu gweld beth oedd wedi digwydd, na chysylltu â neb i gael manylion pellach. A dyna fu patrwm nosweithiau'r gemau. Fe fydden i'n gadael tŷ Brenda tua saith y bore a gyrru adre i'r gorllewin, a phan ddaeth taith y Llewod i ben, ro'n i'n gweld eisiau fy ffrindiau newydd draw yn Abersychan. Fe gollodd y Llewod y gyfres o dair gêm i un, a phan daeth y bois adre, fe gyflwynodd eu gwragedd nhw i fi. Roedd hynny'n dipyn o sbort. Yng ngeiriau Terry Cobner, 'So it's you that's been coming round to see my wife while I've been away!' Diolch byth mai jocan oedd Terry – roedd e'n llawer rhy fawr a ffit i fi ddadlau ag e! Yn anffodus, rwy wedi colli cysylltiad â Brenda a'r teulu bellach. Maen nhw wedi cael profiadau digon anodd dros y blynyddoedd, ond maen nhw 'nôl yn ne Cymru erbyn hyn. Rwy'n dal i weld rhai o'r gwragedd eraill o bryd i'w gilydd, ac ry'n ni wastad yn sôn am daith y Llewod 1977.

Roedd nifer o bethau cyffrous eraill yn digwydd ar y pryd hefyd. Ddiwedd yr haf, ces i gynnig fy nghyfres deledu gynta. Rhaglen gwis i blant oedd hi, yng nghwmni panel o enwogion – Emyr Wyn, Gareth Lewis, Myfanwy Talog a Gillian Elisa – a fi'n cadeirio. Ro'n i'n anobeithiol fel cwisfeistr, ond fe ddes i nabod Myfanwy Talog yn dda iawn. Roedd Myf yn gymeriad hyfryd, oedd yn trin pawb yr un fath, ac roedd yn arbennig o ffeind. Rwy'n cofio cwrdd â hi yng nghlwb y BBC yn White City yn Llundain sawl gwaith, a chael sgwrs hir â hi a rhoi'r byd yn ei le. Un diwrnod, ro'n i'n cerdded lawr Regent Street yn Llundain ac yn croesi un o'r heolydd bach ochr, pan fu bron i mi gael fy nharo gan gar. Neidiodd y gyrrwr allan yn syth i ymddiheuro, cyn dechrau chwerthin dros bob man. Myf oedd yn gyrru, ac roedd ei phartner, David Jason, yn eistedd wrth ei hochr yn poeni'n ofnadwy. Ches i ddim niwed, a chafodd y tri ohonon ni swper gyda'n gilydd y noson honno, a methu stopio chwerthin am fod Myf Talog wedi trio fy lladd i ar Regent Street!

Ac wrth gwrs, roedd fy nghyfres newydd ar fore dydd Sadwrn yn dechrau ym mis Medi, a Teleri fyddai'n gynhyrchydd arna i unwaith eto. Galwodd hi fi draw i'w swyddfa am sgwrs i benderfynu pa fath o raglen oedd hi i fod, ac wrth gwrs, i drafod yr enw. Buodd llawer o grafu pen, ond yn sydyn, dywedodd Teleri, 'Ti'n dod o Lanelli, on'd wyt ti?' 'Ydw, pam?' 'Wel, dyna'r teitl – *Sosban.*' A *Sosban* fuodd hi am yr wyth mlynedd nesa!

Pennod 13

Mae Sosban yn haeddu pennod iddi ei hunan. Ar y dechrau, roedd hi'n fwy o raglen adloniant na rhaglen gerddoriaeth. Bob bore Sadwrn fe fydden i'n croesawu gwesteion i'r stiwdio ac yn cael sgwrs, cynnal cystadlaethau a chwarae digon o gerddoriaeth hefyd. Roedd y gwesteion cynnar yn cynnwys actorion, chwaraewyr rygbi ac wrth gwrs, cerddorion. Fe gawson ni dipyn o hwyl ar yr awyr ac yn y stiwdio. Un tro, roedd Gillian Elisa a Dewi Pws yn y stiwdio gyda fi adeg y gystadleuaeth. Y wobr oedd tedi Mistar Urdd. Ro'n i newydd ofyn i Gill gyhoeddi enw'r enillydd pan sylwon ni'n dau fod Dewi wedi rhoi ei fys i sticio allan rhwng coesau Mistar Urdd, druan. Bu'n rhaid mynd at record yn syth, gan fod pawb yn chwerthin gormod i fedru siarad!

Fe symudodd Teleri mlaen ar ôl sbel, a bu sawl cynhyrchydd wrth y llyw ar *Sosban*. Ond yr un a roddodd ei stamp unigryw arni, a newid y rhaglen i fod yn un mor bwysig i'r sîn gerddoriaeth gyfoes yng Nghymru, oedd Eurof Williams. Ar ddiwedd y saith-degau a dechrau'r wythdegau, roedd yn gred gan y BBC yng Nghymru taw rhywbeth i blant oedd cerddoriaeth bop a roc. Ychydig iawn o bobl oedd yn barod i'w chymryd o ddifrif, felly roedd y rhaglenni *Sosban* cynnar wedi eu hanelu at gynulleidfa ifanc, a chystadleuthau ac ati oedd yn addas i blant a phobl ifanc iawn. Ond roedd Eurof a finne o'r genhedlaeth oedd yn gweld pwysigrwydd gwleidyddol a diwylliannol cerddoriaeth i fywyd pobl ifanc yng Nghymru. Felly, pan gymerodd Eurof yr awenau, newidiodd pwyslais y rhaglen yn llwyr. Y gerddoriaeth oedd

yn bwysig. O ran amseru, roedd y rhaglen yn digwydd ar adeg
gyffrous iawn yn y sîn roc Gymraeg. Roedd nifer o fandiau pwysig
o gwmpas, oedd yn denu dilyniant a chynulleidfaoedd o bob rhan
o Gymru. Roedd Edward H. Dafis, Bando, Geraint Jarman a'r
Cynganeddwyr, Eliffant, y Trwynau Coch, Angylion Stanli, Y
Ficar, Crys, Hergest, Maffia Mr Huws, Bryn Fôn, Ail Symudiad
a llawer iawn mwy ar y brig, a bandiau newydd yn ymddangos
bron yn wythnosol. Ac roedd y bandiau yma'n denu cefnogaeth
miloedd o bobl. Bron bob penwythnos, fe fydden nhw'n llenwi
neuaddau ar hyd a lled y wlad. Roedd enwau canolfannau fel
Blaendyffryn, Plas Coch a'r Dicsiland yn Rhyl yn gyfarwydd
iawn i ddilynwyr y sîn roc. Ein huchelgais ni oedd hyrwyddo
ac adlewyrchu'r hyn oedd yn digwydd ar lawr gwlad. Felly bob
wythnos, byddai adolygydd yn mynd i gig ar ran *Sosban*. Ymhlith
y bobl ifanc niferus gafodd gyfle i dorri eu dannedd darlledu ar y
rhaglen roedd rhai o enwau adnabyddus y byd darlledu cyfoes, yn
cynnwys Angharad Mair, Nic Parri, Aled Samuel ac Eirian John.

Ond efallai mai swyddogaeth bwysica un *Sosban* oedd trefnu
sesiynau i fandiau newydd gael cyfle i recordio ac i berfformio ar y
radio i gynulleidfa eang. Byddai'r sesiynau'n cael eu recordio naill
ai yn stiwdio'r BBC yn Llandaf neu yn un o'r amrywiol stiwdios
bach oedd yn ffynnu bellach ar hyd a lled y wlad. Er enghraifft,
roedd gan Dafydd Pierce Stiwdio Un, Dau Tri yng Nghaerdydd,
ac fe aeth Ail Symudiad ati i agor stiwdio yn Aberteifi. Rwy'n
cofio recordio sgwrs gyda cherddor gaiff aros yn ddienw yn y
bwth drymiau yn stiwdio Un, Dau, Tri. Mae bwth drymiau'n fach
iawn, iawn, a dim ond digon o le i'r drymiwr sydd ynddo mewn
gwirionedd. Roedd y person ro'n ni'n ei holi'n smocio, ac mewn
stafell mor fach, ro'n i siŵr o fod yn anadlu mwy o'r mwg nag
oedd e. Roedd popeth yn iawn nes i fi orffen y sgwrs a mynd mas
i'r awyr iach. Am funud, ro'n i'n meddwl 'mod i'n cael strôc, ond

yna sylweddolais nad tybaco oedd yn y sigarét, ond rhywbeth llawer cryfach. Rwy wedi gallu nabod oglau canabis byth ers hynny! Yn 1982 ac 1983, wrth i'r nifer o sesiynau gynyddu, fe gyhoeddwyd dau albwm feinyl o oreuon y sesiynau. Mae'r ddau gen i gartre o hyd, ac maen nhw o 'mlaen i ar hyn o bryd. Roedd *Sesiwn Sosban 1* o 1982 yn cynnwys caneuon gan Urien, Angylion Stanli, Maffia, Eliffant, Derec Brown a'r Racaracwyr, y Newyddion, Anghenfil, Sian Wheway, Rocyn a Canna. Flwyddyn yn ddiweddarach, roedd yr ail albwm yn cynnwys caneuon gan Doctor, Brodyr, Coch, Glas, Chwythu Mas, Louis a'r Rocyrs, Rohan, Ceffyl Pren, Ail Symudiad, Geraint Løvgreen, Morgan, Rhys Harris a Siân James, Gwallter a Gari Prysor. Mae hynny'n rhoi rhyw syniad o'r amrywiaeth o fandiau a cherddoriaeth oedd o gwmpas yn y cyfnod. Mae rhai o'r enwau'n dal yn adnabyddus heddiw, er bod eraill wedi mynd yn angof ers tro. Hefyd, wrth gwrs, fel sy'n digwydd heddiw, pan oedd grŵp yn chwalu, fe fyddai rhai o'r cerddorion yn siŵr o droi lan mewn band arall. Y peth pwysig am y sesiynau oedd eu bod nhw'n gwthio bandiau i greu ac i sgwennu pethau newydd. Roedd datblygiad i'w weld yn y sîn 'nôl yn y saithdegau a'r wythdegau, ac roedd y cyhoedd yn ymateb yn frwd i'r gerddoriaeth newydd oedd i'w chlywed ar y radio ar fore Sadwrn.

Cyn hir, penderfynwyd symud *Sosban* o Gaerdydd i Abertawe, ac a dweud y gwir, *Sosban* Abertawe sy'n aros yn y cof gen i. Dyma'r stiwdio ble dechreuais fy ngyrfa gyda'r BBC, pan oedd dim ond dau neu dri o ohebwyr yn defnyddio'r adeilad o dan oruchwyliaeth Thelma Jones. Roedd *Stondin Sulwyn* wedi symud i Abertawe hefyd, ac roedd tipyn o fwrlwm o gwmpas yr hen adeilad. Yn aml iawn, fe fydden ni'n mynd â'r rhaglen allan o'r stiwdio i'r eisteddfod neu ryw ŵyl arbennig. Ro'n i wrth fy modd yn cyflwyno'n fyw o'r gwahanol leoliadau, ac yn mwynhau cwrdd â'r gwrandawyr. Weithiau, fe fydden ni'n cynnal nosweithiau mewn lleoliadau fel Blaendyffryn. Mae nifer fawr o bobl hyd heddiw yn sôn wrtha i am hwyl nosweithiau *Sosban*, yn enwedig rhai Blaendyff. Ces i'r fraint hefyd o gyflwyno yn Noson Wobrwyo *Sgrech* a rhannu llwyfan gyda phobl fel Geraint Jarman ac Iwan Llwyd.

Un arall o'r uchafbwyntiau oedd cyfarfod a dod i nabod nifer o'r bobl oedd yn cyfrannu at y rhaglen. Fe wnes i lawer iawn o ffrindiau drwy *Sosban*. Mae ambell beth yn aros yn glir iawn yn y cof. Un bore Sadwrn, ro'n i wedi bod yn darlledu o Gaerdydd cyn gêm rygbi ryngwladol rhwng Cymru a Lloegr. Yn ystod y rhaglen, fe drefnwyd cael sgwrs fyw â Ray Gravell o'i stafell yn y gwesty yng Nghaerdydd cyn iddo fynd draw i'r stadiwm. Roedd Ray, fel byddech chi'n ei ddisgwyl, yn ecseited bost ac yn llawn bwrlwm a chynnwrf y bore. Nawr, roedd y cynhyrchydd yn gwybod bod Ray yn un o ffans mwya Dafydd Iwan, ac heb yn wybod i Ray, fe drefnwyd y byddai Dafydd ar y llinell ffôn arall er mwyn i'r ddau gael sgwrs ar yr awyr. Dyma ni'n cysylltu â Ray a chael sgwrs hir am ei baratoadau ar gyfer y gêm, a sut awyrgylch oedd ymhlith y tîm ac yn y blaen, cyn dweud wrtho bod rhywun arall am gael sgwrs gydag e. Fe gyflwynais Dafydd, a chlywed Ray yn cynhyrfu drwyddo ben arall y lein. Tra oedd y tri ohonon ni'n sgwrsio, fe ddatgelodd Ray ei fod yn gwrando ar ganeuon Dafydd cyn chwarae er mwyn ei danio ar gyfer y gêm. Dyna pryd awgrymodd Dafydd y dylai'r ddau gydganu dros y ffôn. Wel, roedd Ray yn ei seithfed nef ac fe ganon nhw gwpl o benillion o un o ganeuon Dafydd gyda'i gilydd yn fyw ar *Sosban*. Atgofion melys, yn wir. Ac 'Yma o hyd' Dafydd Iwan sy'n croesawu'r chwaraewyr ac yn dathlu ceisiau ar Barc y Scarlets hyd heddiw.

Fy ngwestai yn y stiwdio'r bore hwnnw oedd Carwyn James. Ro'n i'n nabod Carwyn ers dyddiau'r Drindod, ac roedd fy mharch ato wedi cynyddu dros y blynyddoedd, nid yn unig fel awdurdod ar hyfforddi a chwarae rygbi, ond am ei ddiddordeb a'i allu yn y byd diwylliannol hefyd. Yn ystod y cyfnod yma roedd Carwyn ar ei orau, ac yntau wedi profi ei allu fel hyfforddwr rygbi tactegol i'r byd, ac fe gawson ni sgwrs ddifyr iawn am y gêm. Ar ôl y rhaglen, holodd Carwyn o'n i'n mynd. Na oedd yr ateb, gan 'mod i byth yn llwyddo i gael tocynnau, a do'n i ddim wedi bod i gêm ryngwladol erioed. 'O,' medde Carwyn, 'dwi'n gweithio prynhawn 'ma, cer â 'nhocyn i.' Cynigiais dalu amdano, ond gwrthododd Carwyn, felly derbyniais yn ddiolchgar iawn. Lawr â fi i'r stadiwm yn gynnar a dod o hyd i'r sedd. Roedd pethau'n gwella bob munud! Ro'n i'n eistedd yn y rhes flaen ar y llinell hanner ffordd, felly dyma fi'n paratoi i ddathlu buddugoliaeth Cymru dros yr hen elyn. Yn ara deg, dechreuodd y stadiwm lenwi. Ond doedd neb yn eistedd wrth fy ochr i. Ro'n i'n edrych mlaen at gwrdd â phwy bynnag a fyddai'n dod i eistedd yno a chyd-ddathlu (tîm rygbi Cymru'r saithdegau oedd hwn. Doedd dim llawer o ofid ein bod ni'n mynd i golli). Yn raddol, daeth pobl i eistedd o 'nghwmpas. Trodd y gŵr ar fy ochr dde ata i. 'Hello, where's Carwyn then?' Esboniais fod Carwyn yn gweithio a'i fod e wedi rhoi ei docyn i fi. 'Oh, that was good of him. But then, that's Carwyn all over. Well, let's see how it goes and may the best team win. By the way, my name's Alasdair, Alasdair Milne, and you are ...?' Alasdair Milne oedd pennaeth y BBC! Cyn bo hir, roedd y seddi bob ochr i fi wedi llenwi â phwysigion y BBC o Lundain a Chaerdydd. Rwy wedi bod i sawl gêm ers hynny, ond dwi erioed wedi eistedd mor dawel ag y gwnes i'r diwrnod hwnnw.

Yn 1983, penderfynodd Eurof adael y BBC. Roedd e wedi cael cynnig swydd yn cynhyrchu rhaglenni cerddoriaeth i HTV yng Nghaerdydd, ac roedd yn awyddus i fentro ar her newydd. Roedd *Sosban* bellach yn chwe mlwydd oed ac yn darlledu am ddwy awr ar Radio Cymru bob bore Sadwrn. Fe benodwyd Geraint Davies, aelod o Hergest gynt, yn gynhyrchydd ar y rhaglen. Roedd y sesiynau'n parhau, a'r adolygiadau ac ati. Weithiau, fe fydden ni'n taclo ambell bwnc mwy dyrys hefyd. Rwy'n cofio cynnal cyfweliad digon tanllyd gyda Huw Jones unwaith. Bryd hynny, roedd Huw yn un o gyfarwyddwyr cwmni recordiau Sain, ac roedd rhai o'r grwpiau'n cyhuddo'r cwmni o beidio â gwneud digon i gefnogi a rhoi cyfleoedd i fandiau ifanc, newydd. Doedd Huw ddim yn derbyn y cyhuddiad o gwbl, wrth reswm, ac fe aeth yn drafodaeth ddigon pigog. Ond, wrth gwrs, ar ddiwedd y dydd, y gerddoriaeth oedd yn bwysig.

Ro'n i wrth fy modd yn cyfweld rhai o'r artistiaid hefyd. Nid pawb, gan fod ambell un yn medru bod yn lletchwith ofnadwy. Ond roedd sawl band yn bleser i siarad â nhw. Ymhlith fy ffefrynnau roedd Ail Symudiad. Roedd Richard a Wyn Jones ac aelodau eraill y band o Aberteifi'n chwa o awyr iach. Roedd y bois i gyd yn driw iawn i'w gwreiddiau, er mai anaml iawn fydden nhw'n dod i'r stiwdio, felly sgwrs lawr y lein fyddai hi fel arfer. Roedd un ohonyn nhw wastad yn dod â rhyw declyn oedd yn gwneud sŵn anifail gyda nhw, felly hanner ffordd drwy'r sgwrs, byddai sŵn byji, buwch neu ddafad yn bloeddio dros y meic. Roedd siarad â'r Trwynau Coch yn bleser bob tro, ac wrth gwrs y rocyrs o Resolfen, Crys. Fe ddaeth y brodyr Scott (gitâr fas) a Liam Ford (prif leisydd), Nicky Samuel y drymiwr ac Alun Morgan, gitâr flaen, â sain newydd a chyffrous i'r sîn Gymraeg. Roedd y bois yma'n gwybod sut i ysgrifennu a chwarae roc trwm go iawn, ac ro'n i wrth fy modd â'r bechgyn a'u cerddoriaeth. Cafwyd tipyn o hwyl gyda bandiau'r gogledd hefyd. Rwy'n cofio sawl sgwrs ddifyr iawn gyda'r Ficar o'r Felinheli ac Angylion Stanli.

Ond roedd Geraint a fi'n teimlo bod angen dod â bach o ffresni i'r rhaglen, felly aethon ni ati i chwilio am rywun i gydgyflwyno rhan o'r rhaglen. Roedd hwn yn gyfle arall i feithrin talent newydd. Roedd y dewis yn amlwg i ni. Roedd merch ifanc o Abertawe wedi disgleirio wrth adolygu nosweithiau yn yr ardal. Roedd hi'n ddisgybl yn y chweched yn Ysgol Gyfun Ystalyfera ac yn gweddu i'r rhaglen i'r dim. Daeth Eleri Davies yn aelod o'r tîm, a chydgyflwyno awr ola'r rhaglen am sbel. Pan ddaeth *Sosban* i ben, buodd Eleri'n cyflwyno *Cadw Reiat* gyda Dewi Rhys Williams am gyfnod. Fe ddaeth hi a'i theulu'n ffrindiau da i fi, ac maen nhw'n dal i fod. Doedd darlledu erioed wedi apelio at Eleri fel gyrfa, a chyn bo hir fe aeth i'r coleg yng Nghaerdydd. Mae hi bellach yn feddyg mewn swydd bwysig yn y gwasanaeth iechyd yng Nghymru.

Erbyn 1984 roedd *Sosban* wedi bod ar yr awyr ers wyth mlynedd, ac roedd pethau'n dechrau newid. Fe sylweddolais yn raddol ei bod yn bryd i rywun ifancach na fi gymryd yr awenau. Do'n i ddim yn deall o ble roedd llawer o'r gerddoriaeth newydd ar y sîn yn dod ac, os ydw i'n onest, doedd gen i ddim llawer o ymdeimlad at lawer ohoni chwaith. Hefyd, ro'n i'n gweld rhwygiadau'n dechrau ymddangos rhwng bandiau ac unigolion, ac fe dybiais y byddai hynny'n arwain at broblemau, os nad dirywiad, yn y sîn. Felly, dyma wneud y penderfyniad anodd i adael y rhaglen. Rwy'n cofio mynd i weld Meirion Edwards ac esbonio sut o'n i'n teimlo. Roedd Meirion wastad wedi bod yn hynod gefnogol i fi, ac fe ddywedodd ei fod yn deall, a 'mod i'n gwneud y penderfyniad iawn. Yn rhyfedd iawn, fe ddywedodd Meirion wrtha i fy mod i wastad wedi gwybod pryd oedd yr amser iawn i roi'r gorau i bethau. Dwi ddim wedi credu mewn aros yn un man am yn rhy hir erioed, ac estyn rhywbeth y tu hwnt i'w gyfnod naturiol.

Ar fore Sadwrn ola 1984, fe alwodd nifer o sêr heibio i'r stiwdio i ddymuno'n dda i fi, a ches i nifer o alwadau ffôn hefyd. Un gŵr a ddaeth draw, chwarae teg iddo, oedd Huw Eurig o'r Trwynau Coch. Yna roedd hi'n amser chwarae'r record ola a dod â'r rhaglen i ben. Fues i'n pendroni am sbel beth i'w chwarae, ond dim ond un dewis oedd 'na mewn gwirionedd – 'Dewch at eich Gilydd' gan Edward H. Dafis. Ro'n i wir yn poeni bod y sîn roc yng Nghymru'n chwalu, ac yn gweld bod angen i'r grwpiau fod yn llawer mwy cefnogol i'w gilydd yn hytrach na lladd ar bawb a phopeth fel oedd yn dechrau digwydd bryd hynny. Felly, ar ôl diolch i bawb am eu cefnogaeth dros y blynyddoedd, dyma chwarae'r gân ola a gorffen gyda'r *jingle* arferol – 'Rociwch ymlaen, Gymru!' Fe ddes i nabod llawer iawn o bobl yn ystod cyfnod *Sosban*, rhai sydd wedi dod yn ffrindiau oes. Er nad o'n i'n sylweddoli hynny ar y pryd, mae 'nyled i *Sosban*, a'r bobl wnaeth y rhaglen yn bosib ac yn llwyddiant, yn enfawr. Mae'r rhaglen wedi cael dylanwad mawr ar fy ngyrfa i hyd heddiw.

Pennod 14

Pan ddechreuais gyflwyno *Sosban*, roedd un peth do'n i ddim wedi paratoi fy hun i'w wynebu, a hynny oedd ymateb y wasg. Cefais fy lambastio yn y papurau am fisoedd. Rhwng *Y Faner*, *Y Cymro* a chylchgrawn *Sgrech*, roedd yn teimlo fel petai'r sefydliad Cymraeg am fy nghrogi, neu o leia, fy alltudio i Tasmania. Fe fues i'n gwbl agored o'r cychwyn cynta nad Cymraeg yw fy iaith gyntaf. Ond ro'n i eisiau darlledu yn Gymraeg, ac yn benderfynol o wella fy nefnydd o'r iaith. Eto, mae fy nyled yn fawr i benaethiaid y BBC, a Radio Cymru yn enwedig, am roi cyfle i fi a chadw'r ffydd wrth i mi weithio'n galed i wella fy iaith. Rhaid i mi ddiolch i Glenys Thomas, gwraig Sulwyn, hefyd, fu o gymorth mawr i fi yn ystod y cyfnod anodd yna. Roedd y sylwadau yn *Y Faner* fel arfer yn weddol ddiniwed, a'r dafod yn y foch. Ac roedd sylwadau *Sgrech* yn gallu bod yn eitha doniol. Fe ges i'r llysenw Richard 'Slic' Rees gan hwnnw. Fe gymerais hynna fel canmoliaeth, gan mai dyna o'n i'n meddwl oedd DJ i fod! Yna, un flwyddyn, ces i'r fraint o gael fy nethol yn sebonwr y flwyddyn am fy mod i'n garedig wrth y bandiau a'r cerddorion oedd yn dod i'r stiwdio. Eto, ro'n i o'r farn mai yno i gefnogi'r sîn roc o'n i, nid i ladd arni, felly beth oedd y broblem? Rwy wedi bod yn ymwybodol erioed fod pob cerddor yn gweithio'n galed iawn i greu cân neu gasgliad o ganeuon. Does dim ots beth yw fy marn i am y gerddoriaeth, fy ngwaith i oedd – ac yw hyd heddiw – rhoi gwrandawiad teg i'r miwsig, p'un ydw i'n ei hoffi neu beidio.

Er hynny, doedd sylwadau fel y rhain yn y papur ddim yn helpu. Rwy'n dyfynnu; 'Prin y teimlwn fod ffraethineb na nodweddion tafodieithol yn cael eu cyflwyno i'r genedl ... Ni cheir priod-ddulliau, ni fathir dywediadau bachog, ac ni chlywn ymadroddion gwreiddiol fel sydd bob amser yn britho sgwrs criw o ieuenctid sy'n cymdeithasu drwy gyfrwng y Gymraeg beunydd.' Ac yna'r clasur nesa 'ma – a dwi ddim yn siŵr fy mod i'n deall hwn hyd yn oed heddiw – 'Gwae ni os mai Cymraeg lastwraidd ddynwaredol Môr Iwerydd a ddefnyddiant i dafoli rhinweddau'r Trwynau Coch, Sos Coch a Mabsant. Arwain i bydew musgrellni a wna Cymraeg Woolworth a chyflwyniad papur wal Tesco.' Dyna grynhoi i mi esiampl fendigedig o'r snobyddiaeth a'r hunangyfiawnder sy'n peri cymaint o niwed i'r iaith Gymraeg. Yr awgrym oedd, os oeddech chi'n meiddio galw'ch hunan yn Gymro, heb lyncu geiriadur gyda'ch brecwast bob bore, yna roeddech chi'n Gymro israddol, yn llai o Gymro na'r rhai breintiedig rheiny oedd wedi bod yn ddigon ffodus i gael eu codi a'u magu mewn ardaloedd a chymdeithas Gymreig. Mae'r agwedd hon wedi effeithio'n arw ar sawl person dwi'n eu nabod, ac wedi peri i ambell un gefnu ar yr iaith am byth. Mewn un achos, rwy'n cofio chwaraewr rygbi enwog yn rhoi cyfweliad yn Gymraeg ar y radio ac yna'n cael ei feirniadu am safon ei iaith. O ganlyniad, gwrthododd wneud unrhyw gyfweliadau eraill gyda'r cyfryngau Cymraeg, a gwrthod anfon ei blant i ysgol Gymraeg. Dywedodd e wrtha i ar y pryd, 'Mae bywyd yn ddigon anodd fel mae, heb ychwanegu'r *hassle* o gael dy feirniadu'n gyhoeddus am y ffordd ti'n siarad.' Yn anffodus, mae'r un peth yn wir heddiw, ac mae gen i lawer o gydymdeimlad â nifer o gyflwynwyr sydd wedi dechrau darlledu, o ddewis, yn Gymraeg, ac sy'n cael eu beirniadu fel hyn. Rwy'n cofio poeni am yr erthygl yna, a theimlo dylen i ei thrafod gyda 'mhenaethiaid yn y BBC. Roedd yr ymateb yn syml – 'Paid â phoeni, mae'r erthygl yna'n drewi o eiddigedd.' Yr unig neges fedra i ei hanfon at awdur y llith uchod yw hon – dwi'n dal ar y radio ddeugain mlynedd yn ddiweddarach. Ble wyt ti?

Er bod *Sosban* wedi bod yn gymaint rhan o 'mywyd o 1977 tan 1984, roedd nifer fawr o bethau cyffrous eraill yn digwydd hefyd. Ar y dechrau, dim ond *Sosban* bob bore Sadwrn oedd gen i, felly manteisiais ar y cyfle i chwilio am bosibiliadau eraill o fewn y BBC. Cyn hir, fe ges i waith gyda'r World Service yn gwneud adroddiadau o Gymru am wahanol bynciau. Roedd y gwaith yn gyffrous iawn, ac roedd pobl o bob rhan o'r byd yn ymateb iddo. Tra o'n i'n cyflwyno *Sosban*, des i at sylw Ruth Price, un o uwch gynhyrchwyr adran adloniant teledu'r BBC, ac un o'r bobl oedd yn cynhyrchu'r gyfres *Twndish* gyda Peter Edwards. Ces i gyfle i gyflwyno ambell rifyn, er mai Iestyn Garlick oedd y prif gyflwynydd, ac roedd Gwyndaf Roberts yn cyflwyno ambell bennod hefyd. Yna, toc ar ôl i fi ymuno â'r BBC, ces i alwad i fynd i swyddfa Gareth Price. Roedd Gareth eisiau gwybod a fyddai gen i ddiddordeb mewn swydd fel cyhoeddwr *continuity* teledu. Am fy mod yn gweithredu'n *self-op*, roedd Gareth yn meddwl bydden i'n ddelfrydol ar gyfer y gwaith. Roedd y swydd hefyd yn cynnig job staff gyda'r BBC. Roedd Ronnie Williams, y digrifwr a phartner enwog Ryan Davies, wedi rhoi'r gorau i'w swydd fel cyhoeddwr teledu ac roedd angen rhywun i gymryd ei le. Fe dderbyniais y cynnig ar unwaith, nid yn unig oherwydd ei bod yn swydd staff, ond am reswm arall oedd yn bwysig i fi. Fel rhywun sydd ag atal dweud, do'n i ddim yn gallu meddwl am well swydd i roi sail gadarn i 'ngallu i siarad yn rhugl. Roedd cyhoeddwyr y BBC yn cael eu hystyried gyda'r gorau yn y byd. Felly, dyma fynd ati i hyfforddi ar unwaith. Fe ddechreuais ar y gwaith yn hen stiwdios y BBC yn Broadway yng Nghaerdydd, lle roedd stiwdio'r adran gyflwyno. Rhiannon John gafodd y fraint amheus o 'nysgu i sut i weithio'r ddesg a beth oedd yn ddisgwyliedig gan gyhoeddwr teledu. Roedd sawl enw enwog yn yr adran bryd hynny hefyd – Robin Jones, Iwan Thomas, Mari Griffith, Frank Lincoln, Neil Davies, Nia Rhosier, Geraint Jones, Gareth Glyn, Jamie Owen a Rob Brydon (mwy am Rob yn nes mlaen).

Mae gwaith cyhoeddwr teledu'n waith cyfrifol iawn, ond yn ddi-ddiolch. Yr unig adeg mae unrhyw un yn sylwi ar y cyhoeddwr yw pan fydd rhywbeth yn mynd o'i le! Hanfod y gwaith yw amseru'r rhaglenni i gyd, yna pan fydd un rhaglen yn dod i ben, mae'r cyhoeddwr yn cau'r *fader* ar honna ac yn agor *fader* arall i ddangos lluniau o'r rhaglen nesa neu arlwy'r oriau sydd i ddod. Agor y meic, siarad am yr hyn sy'n berthnasol ar y sgrin, torri at logo'r BBC ac yna cychwyn tâp neu giwio'r stiwdio ar gyfer y rhaglen nesa. Mae'n swnio'n syml, ond mae'r swydd yn frith o bosibiliadau am droeon trwstan. Sawl gwaith, fe adawyd meic ar agor heb yn wybod i'r cyhoeddwr, a darlledwyd y sgwrs rhyngddo a'r cynorthwyydd. Ar un achlysur enwog, roedd un o'r cyhoeddwyr newydd gyflwyno *Dechrau Canu, Dechrau Canmol* ac wedi anghofio cau'r meic. Y funud nesa, dyma'r gynulleidfa gartre'n clywed y cyhoeddwr yn morio canu gyda'r emynau ar y rhaglen!

Roedd sawl un o gyhoeddwyr Llundain yn holi am gyngor ar enwau Cymraeg. (Un o'r bobl fyddai'n ffonio'n aml oedd Phillip Schofield, oedd wedi dechrau fel cyflwynydd ar raglenni plant ond roedd e hefyd yn gwneud shifftiau *continuity*.) Un noson, ro'n i'n gweithio'n hwyr ar nos Sadwrn ar fy mhen fy hun yn gofalu am y ffilm hwyr, pan ganodd y lein ffôn arbennig oedd yn ein cysylltu'n uniongyrchol â stiwdio'r cyhoeddwyr yn Llundain.

'Hello, Cardiff 1,' medde fi. Clywais lais sidanaidd cyhoeddwr Llundain, Bruce Hammal, ben arall y ffôn.

'I wonder if you could help me. I've got some Welsh names in tomorrow's script and I'd like to check the pronounciation.'

'Of course,' atebais.

'Sorry, who am I speaking to?' holodd Bruce.

'Oh, my n-n-n-name's R-R-R-Richard R-R-R-Rees,' medde fi, yn atal fel y boi.

'Hi Richard, I wonder if I could speak to the announcer?' oedd ymateb Bruce.

'I am the an-n-n-n-n-n-ouncer,' medde fi.

'Oh, can you just hang on a second?' medde Bruce. 'I've got am important call here that I need to take. I'll phone you back.' Iawn, medde fi, ac eistedd 'nôl i aros am yr alwad. Ro'n i wedi bod yn aros ers sbel pan ddaeth boi diogelwch BBC Cymru mewn i'r stiwdio.

'Hi Rich, is everything alright?'

'Yes, fine,' medde fi. 'Why?'

'I've just had the London announcer on the phone. He says there's a nutter in here with a stammer who thinks he's an announcer!'

'Yeah, that'll be me, then!' Yn sgil hynny, mae'n debyg i fi ddod yn eitha enwog ymhlith y cyhoeddwyr yn Llundain, oedd yn synnu ac yn rhyfeddu bod boi ag atal yn cael ei gyflogi gan y BBC fel cyhoeddwr teledu.

Un noson, yn ystod rhaglen *Plant mewn Angen*, ro'n i'n gweithio ar BBC 1 yng Nghymru. Ro'n i wedi bod yn siarad tipyn â'r criw yn Llundain yn trafod trefn y noson. Yn sydyn iawn, dyma lais cyfarwydd iawn yn atseinio o gwmpas y stiwdio o'r uchelseinydd ar y wal – llais Elin, fy ngwraig annwyl! Roedd Elin wedi mynd i Ganolfan y BBC yn White City yn Llundain (yr hen TV Centre sydd wedi cau bellach), i recordio rhaglen ar gyfer BBC2. Roedd hi wedi esbonio wrth y criw *continuity* yn Llundain ei bod yn wraig i Richard, y cyhoeddwr yng Nghaerdydd oedd yn atal. Gan 'mod i'n adnabyddus am hyn ymhlith criw Llundain, fe drefnon nhw iddi fynd i'r galeri a rhoi sioc cwbl annisgwyl i fi wrth i fi gyhoeddi manylion y darllediad nesa!

Mae chwarter canrif bellach ers i fi wneud y gwaith *continuity*, ac erbyn hyn mae popeth yn cael ei reoli gan gyfrifiadur. Ond dwi'n meddwl yn achlysurol am yr hen dechnoleg oedd yno yn fy amser i. Roedd y glob â map y byd a logo'r BBC arno'n glob go iawn, tua'r un maint â phêl dennis, a drych y tu ôl iddi. Dros y blynyddoedd, wrth ei thrwsio'n achlysurol, roedd technegwyr wedi crafu'r paent fan hyn a fan draw, ac wedi ychwanegu degau o ynysoedd bach at y Môr Tawel! Roedd gofyn i rywun wasgu botwm ar y ddesg i ddechrau'r glob i droi rai munudau cyn mynd ar yr awyr, er mwyn sicrhau ei bod wedi cyrraedd y cyflymder iawn cyn ei dangos. Bellach, mae'r symbol a phopeth arall yn cael eu creu'n ddigidol, a dydyn nhw ddim yn bodoli yn y byd go iawn. Rwy'n siŵr byddai diddordeb gan bobl mewn gweld yr hen dechnoleg yna mewn amgueddfa o ryw fath.

Roedd 1978 yn flwyddyn bwysig arall yn hanes y BBC yng Nhymru, gan mai dyna pryd sefydlwyd gwasanaeth Radio Wales. Gan fy mod i wastad wedi gweithio yn y ddwy iaith, ro'n i'n awyddus iawn i fod yn rhan o dîm cyflwyno'r gwasanaeth newydd. Drwy lwc, pennaeth cynta'r gwasanaeth oedd Teleri Bevan. Felly, pan gyhoeddwyd y cynllun rhaglenni a'r rhestr o gyflwynwyr, ro'n i wrth fy modd o weld fy enw arni. Roedd Radio Wales, fel Radio Cymru, yn gorfod bod yn rhywfaint o bopeth i bawb, ac roedd ystod y cyflwynwyr yn adlewyrchu hynny. Roedd y rhestr yn cynnwys Vincent Kane, Chris Stuart, Noreen Bray, Claire Vincent, Anita Morgan, Alun Williams ac ambell enw newydd. Un o'r rhain oedd Dan Damon. Roedd Dan wedi bod yn gweithio i gwmni annibynnol Red Dragon Radio yng Nghaerdydd, a fe oedd yn cyflwyno'r rhaglen foreol o naw tan hanner dydd. Pan ddechreuais i, ro'n i'n cyflwyno rhaglen gerddoriaeth roc ar nos Lun a rhaglen gerddoriaeth y siartiau amser cinio dydd Sadwrn.

Roedd y ddwy raglen ro'n i'n eu cyflwyno'n rheolaidd yn mynd o nerth i nerth, yn enwedig y rhaglen roc, sef *Rockpile*, oedd wedi ei henwi ar ôl band y cerddor o Gymru Dave Edmunds, a'r stiwdio recordio o'r un enw ger Trefynwy. Ymhen dim, roedd y rhaglen yn cael ei darlledu ddwywaith yr wythnos, ar nos Fawrth a nos Iau. Roedd yr ymateb yn anhygoel. Roedd cynulleidfa sylweddol yng Nghymru, ond roedd y rhaglen yn cael cymaint, os nad mwy, o sylw tu hwnt i'r ffin. Byddai llythyron, cyfarchion a cheisiadau'n dod o bob rhan o Loegr a thu hwnt bob wythnos. Roedd nifer fawr yn gwrando yn Iwerddon, yr Alban a Sweden a Norwy, hyd yn oed. Fe ddes i nabod sawl un o'r gwrandawyr yn dda trwy eu llythyron a'u negeseuon. Roedd Brychan Davies o Gymru'n ysgrifennu'n wythnosol, ac yn anfon lluniau o'i deithiau o gwmpas y wlad ata i. Ro'n i hefyd yn derbyn ceisiadau weithiau ar ddillad isa merched. Mae'n siŵr eu bod nhw'n meddwl y byddai'n ffordd dda o ddenu sylw at y cais! Un tro, fe drodd un gwrandäwr benywaidd ifanc o Iwerddon lan ar stepen drws fy nghartre, er mawr syndod i fi a 'ngwraig ar y pryd!

Ond y peth pwysica am y rhaglenni oedd y gerddoriaeth. Rhaglen roc trwm oedd *Rockpile*, yn chwarae cerddoriaeth AC/DC, Rainbow, Pink Floyd, Def Leppard, Deep Purple, Emerson, Lake and Palmer, Black Sabbath a llawer iawn mwy. Ro'n i hefyd yn rhoi lle a chyfle i nifer o fandiau o Gymru recordio sesiynau ac ymddangos ar y rhaglen. Bu gŵr o'r enw Gary Davies yn gweithio gyda fi am gyfnod. Roedd e'n trefnu nifer o nosweithiau i fandiau yn y cymoedd, ac yn dod i mewn yn wythnosol gyda'r newyddion diweddara. Bues i'n feirniad ar y gystadleuaeth Battle of the Bands, ac mae enwau nifer o fandiau gorau'r cyfnod wedi aros yn y cof – Ohibo Paronti o Aberdâr, Andy Pandemonium o Lanelli a Sassafras o'r cymoedd yn eu plith. Yn y cyfnod yma, fel yng nghyfnod Swansea Sound, roedd cwmnïau recordiau'n anfon albymau a recordiau sengl aton ni. Byddai cannoedd o recordiau'n pentyrru yng nghornel y swyddfa, ac roedd yn cymryd tipyn o amser i wrando arnyn nhw i gyd. Y peth difyr arall am y rhaglen, wedi iddi ennill ei phlwy, oedd fod nifer o gerddorion yn awyddus i ymddangos arni. Rwy'n cofio siarad sawl gwaith ag aelodau Status Quo, Badfinger, Dire Straits, 10cc ac eraill. Un diwrnod yn 1979, canodd y ffôn yn y swyddfa yng Nghaerdydd. Y boi ar y ddesg yn y dderbynfa oedd yn galw, i ddweud bod rhywun yn aros i 'ngweld i. Lawr â fi, a gweld Carl Palmer o Emerson, Lake and Palmer gynt, oedd wedi dod â chopi o albwm ei fand newydd, *PM*, i fi. Fe ddaethon ni mlaen yn dda dros baned o goffi, a recordio cyfweliad ar gyfer y rhaglen. Fe chwaraeais dipyn ar yr albwm, ac fe arhosodd Carl a finne mewn cysylltiad am gyfnod. Pan aeth e i weithio ar ei brosiect newydd, y band Asia, fe ddaeth 'nôl eto am sgwrs.

Un o enwau mawr rhaglenni roc ar y radio ar y pryd oedd Tommy Vance. Buodd Tommy'n cyflwyno rhaglen roc ar Radio 1 am flynyddoedd, ac un Nadolig fe ges i'r fraint o gydgyflwyno gydag e ar Radio Wales. Ar ôl cyfnod hir o ddarlledu'r rhaglen o Gaerdydd, symudodd *Rockpile* i Abertawe, ac fe gafwyd llawer iawn o hwyl yn paratoi a darlledu'r rhaglen gyda chymorth cyfeillion fel Jon Gower a Tomos Morgan, a pheirianwyr sain gwych fel Aled Wood a 'nghyfaill direidus Alun Protheroe. Roedd yn bosib cael llawer iawn mwy o hwyl wrth ddarlledu yn ystod y dyddiau hynny. Petaen ni'n gwneud hanner y pethau yna heddiw, fe fydden ni i gyd yn cael y sac! Er enghraifft, rwy'n cofio Alun Lenny o'r stafell newyddion yn rhoi sgript rhagolygon y tywydd i mi ei ddarllen, a dyma fi'n dechrau darlledu'r rhybudd hollbwysig fel hyn: 'Here is the weather forecast for Wales for the next 24 hours. It will be dry this afternoon, with showers in the west and earthquakes in places. Some snow is expected in south Wales and a monsoon in mid Wales. People living below 300 feet are advised to pack their most valued posessions in their cars and head for the hills.' Rwy'n credu i fi gyrraedd 'monsoon' cyn dechrau chwerthin, ac esbonio mae jôc oedd y cyfan. Un o hoff driciau Alun Protheroe oedd taflu fy llais yn ôl ata i yn y clustffonau trwy ychwanegu atsain. Canlyniad hynny yw bod rhywun yn methu siarad yn iawn ac yn swnio'n rhyfedd tu hwnt i unrhyw un sy'n gwrando. Triwch e rywbryd!

Fe fues i'n cyflwyno *Rockpile* a *Get Set* o 1978 tan ddechrau'r nawdegau. Yn ogystal, bob haf, bydden i'n cyflwyno rhaglen gerddoriaeth a chanlyniadau criced o'r enw *Sunday Spin* ar ddydd Sul. Roedd y rhaglen yn para o ddau o'r gloch y prynhawn tan saith o'r gloch y nos dan oruchwyliaeth cynhyrchydd hynod broffesiynol a hoffus, Tom Davies.

Dros y blynyddoedd, roedd Radio Wales yn newid, yn aeddfedu ac yn dod i nabod ei chynulleidfa'n well. Daethpwyd â chyflwynwyr newydd fel Roy Noble, Frank Hennessy ac Owen Money i'r orsaf. Yng nghanol yr wythdegau, fe ad-drefnwyd rhaglenni penwythnos Radio Wales gan y pennaeth David Peet. (Mae David bellach yn briod â'r awdures a'r actores Ruth Jones, a'u cwmni cynhyrchu nhw fu'n gyfrifol am y ffilm *Ar y Tracs* a'r gyfres *Stella*.) Ces i wahoddiad gan David i gyflwyno'r brif raglen ar fore Sadwrn o naw tan hanner dydd. Roedd *Sosban* wedi dod i ben ryw dair blynedd yn gynt, ac roedd cynnig i fod 'nôl yn darlledu ar fore Sadwrn yn rhy dda i'w wrthod, felly neidiais at y cyfle. Unwaith eto, fe ges i'r cyfle i gwrdd ac i holi nifer o bobl diddorol dros ben. Daeth Mary Parkinson, gwraig Michael, ar y rhaglen, a Karl Francis, y cyfarwyddwr ffilmiau. Ond un o'r gwesteion mwya diddorol oedd Gerry Anderson, y gŵr a ddyfeisiodd y gyfres *Thunderbirds*. Rwy'n cofio i ni gael sgwrs hynod ddiddorol am sut cafodd e'r syniad, a'r broses o ddatblygu'r pypedau ac yn y blaen.

Y peth arall oedd yn nodedig am y rhaglen honno oedd y rhaglenni bob ochr i mi. Roedd Rob Brydon yn cyflwyno o mlaen i rhwng saith a naw, ac yna fyddai neb llai na John Peel yn cymryd drosodd am awr. Ro'n i wedi dod i nabod Rob yn dda yn ystod ein cyfnod o gydweithio fel cyhoeddwyr teledu. Roedd yn amlwg o'r dechrau ei fod yn gymeriad unigryw a chanddo ddawn arbennig iawn. Ond roedd yn amlwg hefyd ei fod yn rhwystredig iawn â Radio Wales a BBC Cymru, gan nad oedd neb yn barod i roi rhyddid iddo berfformio yn y ffordd roedd e'n dymuno gwneud. Pan adawodd David Peet yr orsaf, fe gymerodd Megan Emery drosodd a chael gwared ar Rob a fi. Doedd Rob yn amlwg ddim yn hapus, ac un diwrnod, wrth iddo gyflwyno'i raglen fyw, fe gafodd alwad ffôn gan un o'i wrandawyr. 'Hello,' medde Rob. 'Who am I speaking to?' Dyma'r ferch yn ateb, ond roedd ci'n cyfarth yn uchel iawn yn y cefndir. Roedd Rob yn methu anwybyddu sŵn y ci, felly dywedodd, 'I hear you've got a little dog with you there.' 'Oh yes, she's gorgeous,' medde'r fenyw. 'I'm sure,' medde Rob. 'What's her name?' 'Her name's Megan.' 'Oh, that's funny,' medde Rob. 'We've got a bitch called Megan here, too!' Os nad oedd ei yrfa yn Radio Wales ar ben cyn hynny, roedd yn sicr wedi cloi'r drws ar ôl y sylw yna! Ond fel sy'n hysbys i bawb bellach, wnaeth hynny ddim llawer o niwed i yrfa Rob, ac mae e bellach yn enwog iawn am ei waith comedi ac actio.

Yn ystod y cyfnod yma gyda Radio Wales (a Radio Cymru, wrth gwrs), fe ges i gyfle i fynd ar ymlyniad i Radio 1 yn Llundain. Y bwriad oedd gweld sut roedd y stiwdios wedi eu gosod a pha offer roedd yr orsaf yn eu defnyddio, yn ogystal â chael blas ar fywyd bob dydd radio rhwydwaith. Wedi cyrraedd yno, fe ges i 'nghyflwyno i bennaeth yr orsaf, Johnny Beerling, aeth â fi o gwmpas yr adeilad i gwrdd â'r cyflwynwyr a'r cynhyrchwyr. Fues i ddim yno'n hir, ond fe ddes i nabod rhai o'r cyflwynwyr yn reit dda. Bydden i'n mynd i'r stiwdio gydag ambell un i eistedd drwy'r rhaglen a nodi eu dulliau cyflwyno a'u defnydd o'r offer. Ro'n i'n gwneud eitha tipyn gyda David 'Kid' Jensen ac fe ddes i nabod Paul Burnett a Dave Lee Travis yn eitha da. Rhaid i fi gyfadde mai'r unig un na ddes i mlaen ag e o gwbl oedd Tony Blackburn. Roedd cymeriad y boi'n troi arna i, ac rwy'n ei chael yn anodd gwrando arno hyd yn oed heddiw.

Un o'r atgofion eraill sydd gen i am Radio 1 yw chwarae gêm bêl-droed yn erbyn y cyflwynwyr ar Barc Ninian yng Nghaerdydd. Roedd criw Llundain yn cyflwyno wythnos o raglenni o Gymru, ac fe benderfynodd y diweddar Bob Humphrys y byddai'n syniad trefnu gêm rhwng Radio Wales a Radio 1 i godi arian at achos da. Fe ddaeth torf sylweddol i gefnogi, ond cyn bo hir, er mai gêm bêl-droed oedd hi i fod, fe gododd rhywun y bêl a dechrau ei phasio fel pêl rygbi! Mae dau beth yn aros yn y cof. Yn gynta, ces i 'nhaclo mewn brechdan rhwng Peter Powell a Noel Edmonds (dyw 'nghefn i ddim wedi bod yr un fath ers hynny!) ac yn ail – wel, mae hwnnw'n atgof melys iawn. Roedd nifer o enwau mawr y byd chwaraeon yn chwarae dros Radio Wales, yn cynnwys Barry John a Gareth Edwards. Unwaith trodd y gêm yn rygbi, fe ges i fy hunan yn rhedeg lawr y cae rhwng y ddau eilun yna. Y peth nesa, dyma Gareth yn pasio'r bêl i fi, a ches i ei phasio i Barry John cyn iddo sgorio wrth groesi'r llinell rhwng pyst y gôl! Chwedlonol.

Pennod 15

Roedd diwedd y saithdegau a dechrau'r wythdegau'n gyfnod cyffrous iawn yn fy mywyd, yn y gwaith a thu hwnt. Ar ôl i fi symud i Gaerdydd a chysgu ar lawr Emyr Wyn ac Elis Owen am gyfnod, fe benderfynais chwilio am le arall i fyw. Roedd Gareth Pierce yn symud mas hefyd, felly daeth e a fi o hyd i fflat yn Fairwater Road East ar gyrion Llandaf. Roedd y tŷ'n perthyn i gynghorydd oedd yn byw mewn palas o le rownd y gornel. Roedd dynes mewn oed yn byw ar y llawr gwaelod, a chafodd Gareth a minne bob o stafell ar yr llawr cynta. *Bedsits* oedd y stafelloedd, a chegin a stafell ymolchi i'w rhannu rhwng y ddau ohonon ni. Ro'n i'n hoff iawn o fy stafell er nad oedd gwres ynddi, ac yn y gaeaf fe fyddai rhew a iâ'n ffurfio tu mewn i'r ffenestri bron iawn cyn ffurfio tu allan. Er hynny, roedd y fflat yn grêt i ddau foi ifanc dibriod yng Nghaerdydd, a chafwyd tipyn o hwyl ac anturiaethau yno. Rwy'n cofio un haf, daeth Gareth a fi 'nôl i'r fflat ar ôl bod i ffwrdd. Roedd y tywydd yn dwym iawn, a thra o'n i'n gwneud brechdan yn y gegin, fe daflais rywbeth i'r bin. Yn sydyn iawn, dechreuodd y cynnwys symud o gwmpas. Galwais ar Gareth i ddod i weld y ffenomen ryfedd yma cyn sylweddoli bod gwaelod y bin yn llawn cynrhon, ac mai nhw oedd yn peri i'r sbwriel symud.

Dro arall, fe gyhoeddodd Gareth ei fod wedi prynu peiriant golchi dillad wrth rywun yn y gwaith, a bod angen mynd i'w gasglu o Gasnewydd. Draw â ni diwedd un prynhawn i nôl y peiriant a dod ag e gartre i Gaerdydd. Pan gyrhaeddon ni'r fflat, fe ddadlwython ni'r peiriant a'i adael ar waelod y grisiau cyn penderfynu mynd am beint. Yn hwyrach y noson honno, daethon ni'n dau adre, yn teimlo rhywfaint o effaith y lemonêd brown. Galla i ddychmygu y byddai wedi bod yn ddoniol iawn ein gwylio wrth i ni straffaglu i gario'r peiriant i fyny'r grisiau cul gan geisio peidio deffro'r hen ddynes lawr llawr. Roedd y fflat yn weddol agos at y dre, felly os byddai un ohonon ni'n cwrdd â dynes ifanc ddeniadol, roedd yn ddigon hawdd estyn gwahoddiad am baned gyfleus o goffi. Yn ystod ein hamser yn y fflat, fe groesawon ni nifer o ferched draw am baned – ambell un o India, Canada a Ffrainc!

Roedd y fflat yn agos iawn at y gwaith yn Llandaf hefyd, felly pan ges i ddamwain car yn fy Triumph Dolomite hoff, galwodd digonedd o bobl draw i wneud hwyl am fy mhen. Do'n i ddim wedi fy niweidio'n wael er i'r car droi drosodd dair gwaith cyn stopio ar ochr arall y lôn. (Mae'n deimlad rhyfedd iawn, hongian ben i waered wrth y gwregys diogelwch, yn ceisio dyfalu ble yn union y'ch chi.) Fy nghefn oedd wedi'i chael hi eto, felly bu'n rhaid gorwedd yn llonydd yn y gwely am gwpl o ddyddiau. Roedd fy nghariad ar y pryd, Jan, yn help mawr, a finne'n methu gwneud dim byd am gyfnod byr. Weithiau, byddai ffrindiau'n dod i aros am y penwythnos. Roedd Alun Lenny'n gweithio fel newyddiadurwr i'r BBC bryd hynny. Roedd e a'i wraig Ann yn byw yng Nghaerfyrddin, ond weithiau byddai Alun yn gwneud shifft penwythnos yng Nghaerdydd. Fe fyddai Alun ac Ann yn aros bob hyn a hyn, ac Ann fu'n gyfrifol am ailgynnau fy niddordeb mewn ffotograffiaeth. Ro'n i wedi bod yn defnyddio hen gamera fy nhad am flynyddoedd, ond doedd dim modd newid y lens, felly roedd yn anodd iawn arbrofi a thynnu'r math o luniau ro'n i am eu tynnu. Roedd Ann newydd orffen cwrs ffotograffiaeth, ac roedd hi eisiau gwerthu ei chamera er mwyn prynu un newydd. A dyna pryd prynais fy nghamera SLR cynta. Roedd hyn yn golygu fy mod i bellach yn medru newid y lensys ac amrywio'r lluniau. Dwi ddim wedi edrych 'nôl ers hynny, ac mae Ann yn dal i fod yn ffotograffydd proffesiynol yng Nghaerfyrddin.

Un Nadolig, ar ôl gorffen gwaith a chyn mynd adre dros yr Ŵyl, fe benderfynodd Gareth a fi ddathlu'n gynnar, gan na fydden ni'n debygol o weld ein gilydd eto, am fod Gareth yn mynd at ei deulu yn Llanddarog a finne gartre at Mam yn Llanelli. Roedd Gareth wedi cael potel o frandi gan rywun yn y gwaith, felly dyma fynd ati i ddathlu gyda honna. Cyn hir, roedd hwyliau da iawn arnon ni'n dau, ac roedd y botel yn wag!

Rhaid i mi ddiolch i Gareth hefyd am fy atgoffa o un o'r gweithgareddau bues i'n eu mwynhau pan o'n i yn yr ysgol ac yn mynd i Lan-llyn – mynydda. Un penwythnos, a'r ddau ohonon ni yng Nghaerdydd, dywedodd Gareth fod arno awydd mynd i gerdded yn y Bannau. Gofynnodd a hoffwn fynd gydag e, felly gyrron ni i Storey Arms i gerdded lan i gopa Pen y Fan. Roedd y tywydd yn eitha da, ac fe gyrhaeddon ni'n gymharol gyflym. Y diwrnod hwnnw, doedd gen i ddim math o offer mynydda deche o gwbl, ond ar ôl ailgynnau'r diddordeb, es i ati i brynu sgidie a dillad addas, a chyn bo hir roedd y ddau ohonon ni'n gwersylla yn y Bannau ac yn ymweld ag Ardal y Llynnoedd yn rheolaidd.

Ar un o'r tripiau gwersylla cynnar yna, fe benderfynon ni ddringo mynydd Blencathra. Roedd y tywydd yn gyfnewidiol, roedd hi'n oer, ac roedd rhew ac eira ar gopa'r mynydd. Wrth i ni ddringo, daeth y niwl i lawr a'i gwneud yn amhosib i weld unrhyw beth o'n cwmpas – *whiteout*. Fe ddalion ni i fynd, gan ddilyn y map a'r cwmpawd yn ofalus. Roedden ni wrthi'n croesi darn fflat o dir pan glywson ni sŵn cracio o dan ein traed, a sylweddoli'n go glou ein bod wedi cerdded allan ar wyneb llyn oedd wedi rhewi o dan haenen o eira. Roedd raid cerdded 'nôl yn ara deg ac yn ofalus iawn nes ein bod yn siŵr ein bod ar dir cadarn. Gwers werthfawr i'w dysgu! Ac mae mynydda'n ddiléit gen i o hyd, er nad ydw i'n cael amser i wneud cymaint ag yr hoffwn i.

Ar ôl i fi fod yn byw yn y fflat am gyfnod, fe benderfynais ei bod yn hen bryd i fi brynu rhywle i fyw. Am dŷ fues i'n chwilio i ddechrau, ond dod o hyd i fflat yn St. Catherine's Mews, Severn Grove ym Mhontcanna wnes i yn y diwedd. Roedd yn berffaith – dwy stafell wely, stafell fyw a chegin, a lle i barcio'r car tu allan. Roedd drws cefn y fflatiau'n agor ar lôn fach oedd yn dod allan ger clwb y Cameo, ac yn byw gyferbyn, roedd neb llai na Dewi Pws! Fe dalais swm afresymol o uchel bryd hynny, sef £12,000, a symudodd Gareth a fi i mewn ddechrau Chwefror 1979. Ro'n i'n falch iawn o'r lle, ond penderfynais y byddai'n well i mi roi cot o baent iddo cyn gwahodd Mam i Gaerdydd i ymweld. Felly, dyma fynd ati un diwrnod oer. Mas â fi i brynu paent a brwshys ac yn y blaen. Doedd gen i fawr o glem beth o'n i'n ei wneud, felly holais y boi yn y siop yn Canton am gyngor. Roedd e wrth ei fodd yn helpu, felly, ymhen dim, ro'n i 'nôl yn y fflat gyda'r paent a phopeth arall oedd ei angen arna i. Y cam nesa oedd cau'r ffenestri, tanio'r gwres gan ei bod yn rhew ac yn eira tu allan, a dechrau paentio'r stafell fyw. Bues i wrthi am oriau, ac o'n i'n teimlo'n reit benysgafn yng nghanol yr holl anweddau oedd yn dod oddi ar y paent. Wyth awr yn ddiweddarach, fe gamais yn ôl yn llawn balchder i edrych ar fy nghampwaith. Roedd y stafell fyw yn edrych yn berffaith yn ei chot newydd o baent gwyn. Rai diwrnodau wedi hynny, des i â Mam draw. Doedd hi ddim yn hapus o gwbl 'mod i wedi prynu'r fflat, achos bu'n rhaid i fi gael morgais, ac roedd hi'n perthyn i'r genhedlaeth na fyddai byth yn benthyg arian. Felly roedd hi'n meddwl 'mod i wedi bod yn ffôl iawn. Beth bynnag, fe gerddodd i mewn i'r fflat, a dyma fi'n agor drws y stafell fyw yn falchder i gyd, er mwyn iddi weld fy nghampwaith. Unig sylw Mam oedd, 'What the hell have you done?' (a doedd hi byth yn rhegi!). Yn fy nhwpdra, ro'n i wedi paentio'r welydd gyda phaent *gloss* dros ben y papur wal. Roedden nhw'n sgleinio fel welydd siop fwtsiwr, ac wedi hynny, os oedd unrhyw beth yn cael ei ollwng ar y wal, y cyfan oedd angen ei wneud oedd rhedeg cadach gwlyb drosto, ac roedd fel newydd! Rwy'n credu byddai'r papur wal yna wedi aros yn ei le hyd yn oed petai'r welydd wedi disgyn.

Yn anffodus, o fewn ychydig wythnosau, fe gafodd Mam ddiagnosis o ganser y fron. Bu'n rhaid iddi cael llawdriniaeth a cholli'r fron. Yna, mewn tro hynod greulon yn y gynffon, y diwrnod roedd hi i fod i adael yr ysbyty, fe ddaethpwyd o hyd i lwmp yn y fron arall, a bu'n rhaid iddi aros yn yr ysbyty a cholli'r ail fron hefyd. Fe fu cyfnod hir o radiotherapi i ddilyn y llawdriniaeth, a thrwy ryw wyrth, fe lwyddodd i osgoi unrhyw driniaeth cemotherapi. Bu Mam yn yr ysbyty am wythnosau, ond fe ymdopodd â'r sefyllfa'n wyrthiol o dda. Doedd hi ddim yn un i blygu yn wyneb anffawd.

Ddim sbel ar ôl i fi symud i mewn i'r fflat, fe gwrddais â merch go arbennig. Roedd *Sosban* yn recordio sesiynau bron iawn yn wythnosol, ac fel arfer fe fydden i'n mynd i stiwdio i glywed y band ac i holi'r aelodau. Yr wythnos honno yn 1979, daeth Islwyn Evans i'r stiwdio. Mae Islwyn, o Geredigion, yn adnabyddus bellach fel athro cerdd ac arweinydd nifer o gorau, ond bryd hynny roedd e'n dal yn y Coleg Cerdd a Drama yng Nghaerdydd ac yn sgwennu caneuon. Fe ddaeth i'r stiwdio, ac roedd tair merch yn canu cefndir iddo. Ar ôl i'r sesiwn orffen, gofynnais i un o'r merched a oedd hi am fynd am ddiod i glwb y BBC. Roedd hi'n dod o'r gogledd-ddwyrain, ac i dorri stori hir yn fyr, fe briodon ni yn 1982. Fy ffrind Gareth Pierce oedd y gwas priodas. Gwerthais y fflat ac fe symudon ni i fyw i Bump Heol ger Llanelli er mwyn bod yn agosach at Mam, gan nad oedd teulu agos arall ganddi i'w helpu gyda phethau bob dydd. Ro'n i'n dal i weithio yng Nghaerdydd ac

Abertawe, ac fe gafodd fy ngwraig swydd athrawes yn yr ardal. Er bod pethau'n iawn ar y cychwyn fe ddaeth yn amlwg yn weddol fuan nad oedd yr un ohonon ni'n hapus mewn gwirionedd. Ar ôl tair blynedd, fe ddaeth y briodas i ben. Dwi ddim yn meddwl bod mwy o fai ar y naill na'r llall. Yn syml, roedden ni'n dau eisiau pethau gwahanol mewn perthynas a phriodas, a doedd dim dyfodol i ni. Roedd hi'n ferch hyfryd, ac er na wn i ddim o'i hanes hi bellach, rwy gwastad wedi dymuno'n dda iddi.

Trwy gydol y saithdegau a'r wythdegau, ro'n i'n dal i weithio fel cyhoeddwr teledu ac yn cyflwyno nifer o raglenni radio yn Gymraeg ac yn Saesneg. Fe fues i wrthi'n cyflwyno a chynhyrchu rhaglenni awyr agored, yn profi offer cerdded ac ati, gyda Jon Gower a Tomos Morgan. Rwy'n cofio'r stori am Jon a Tomos yn ceisio am swydd cynhyrchydd gyda'r BBC yn Abertawe. Fe ddaeth y panel cyfweld lawr atyn nhw o Gaerdydd. Yr adeg hynny, roedd raid cael aelod o'r adran bersonél ar y panel, ac yn yr achos yma, doedd y swyddog hwnnw ddim yn siarad Cymraeg, felly bu'n rhaid cynnal y cyfweliad yn Saesneg. Wedi i Jon orffen ei gyfweliad, aeth Tomos i mewn. Gofynnwyd iddo pam roedd e'n ymgeisio am swydd yn Abertawe yn hytrach nag yng Nghaerdydd, lle roedd llawer mwy o gyfleoedd i gael dyrchafiad. Ar ôl meddwl am eiliad, atebodd Tomos, 'Well, the truth is, I've fallen in love with Gower.' Dyma sylweddoli'n go glou arwyddocâd yr hyn yr oedd newydd ei ddweud, felly, er mwyn egluro unrhyw gamddealltwriaeth, ychwanegodd, 'The Gower Peninsula, that is!' Pan ddaeth fy mhriodas i ben, buodd Tomos yn ffrind arbennig iawn. Ces i symud i fyw yn ei stafell wely sbâr am gyfnod, nes i fi gael cyfle i sortio 'mywyd. Rwy'n ddiolchgar iawn iddo am hynny, ac rwy'n falch o ddweud ein bod ni'n dal yn ffrindiau da hyd heddiw.

Rhaid sôn hefyd am eira mawr 1982. Mae pawb yn gwybod am gysylltiad Sulwyn Thomas â'r eira, pan fuodd e'n darlledu am oriau maith o stiwdio'r BBC yn Abertawe, yn darparu gwybodaeth a newyddion i'r gwrandawyr oedd yn gaeth yn yr eira, ac yn cysylltu ag e dros y ffôn. Fe lwyddodd Sulwyn i ddal y trên ola o Gaerfyrddin i Abertawe a chyrraedd y stiwdio cyn i'r lein gau. Ffoniodd e fi gartre yn nhŷ Mam a gofyn allen i fynd draw i helpu. Doedd dim bws na char na thrên yn symud yn Llanelli, felly penderfynais gerdded. Taith o ryw bymtheg milltir yw hi, ac roedd y golygfeydd yn anhygoel. Fe gerddais ar hyd yr heol fawr trwy Lwynhendy a'r Bynie, dros bont Llwchwr ac ar hyd Marsh Road i Dre-gŵyr. Mae Marsh Road yn rhedeg wrth ochr yr aber, oedd yn eira i gyd – golygfa fendigedig. Yna, i fyny trwy ardal Dynfant, aros am baned yn nhŷ ffrind, yna cerdded mlaen drwy Sgeti a lawr i'r dre i stiwdio'r BBC. Fe fuodd criw ohonon ni'n gweithio ac yn cysgu yno am gwpl o ddyddiau – Sulwyn, Siân Thomas, Lyn Jones a finne – cyn i'r BBC roi caniatâd i ni aros mewn gwesty cyfagos. Heb os nac oni bai, fe ddangosodd y cyfnod yna werth radio i bobl. Mae radio'n medru cynnig cymaint mwy o wasanaeth i'r gymuned na theledu, hyd yn oed heddiw.

Pan ddaeth *Sosban* i ben yn 1984, fe ddechreuais gyflwyno *Ar Hyd y Nos* ar Radio Cymru rhwng deg o'r gloch a hanner nos ar nos Fercher. Dyna i chi raglen ro'n i'n wirioneddol yn ei mwynhau – dwy awr o gerddoriaeth a siarad â gwesteion. Un o'r pethau rhyfedd o hyfryd am ddarlledu'r adeg yna o'r nos yw'r awyrgylch. Roedd y rhaglen yn cael ei darlledu o hen stiwdio Con 1 yng Nghaerdydd, ac roedd modd newid lefel a lliw'r goleuadau yn y stiwdio. O ganlyniad, roedd yr awyrgylch yn rhwydd ac yn hamddenol iawn, ac roedd y gwesteion yn dweud y pethau mwya anhygoel weithiau oherwydd hynny. Rwy'n cofio cyfweld ag un actor enwog, ac yn sydyn iawn, dechreuodd ymosod yn chwyrn ar Gwmni Theatr Cymru. Fe ddatgelodd ambell un fanylion am *affair* neu ryw bwt amheus o'u hanes. Ond y peth ro'n i'n ei fwynhau fwya oedd y sesiynau byw. Pan ddaeth Huw Chiswell ar y rhaglen, fe ddaethpwyd â phiano i mewn i'r stiwdio, a dyna lle fuodd Huw yn chwarae ac yn canu'n fyw, ac yn esbonio sut aeth ati i ysgrifennu'r geiriau neu'r alaw. Ro'n i'n cael cyngerdd personol bob wythnos, ac ro'n i wrth fy modd yn clywed sêr y sîn Gymraeg yn canu'n fyw i fi yn y stiwdio ac i'r gynulleidfa gartre.

Un o'r artistiaid ddaeth i mewn oedd Elin, y ferch a ddysgais i chwarae'r gân 'Anji' yn yr Aelwyd flynyddoedd yn gynt. Roedd hi ac Eleri Davies newydd ryddhau eu halbwm *Estyn dy Law*, ac roedd Elin yn chwarae'r gitâr dipyn yn well erbyn hyn – a dweud y gwir, llawer yn well na fi! Mae hi'n gerddor galluog iawn sydd wedi ysgrifennu nifer o ganeuon hyfryd, ac roedd hi'n wych ei chlywed yn perfformio'i chaneuon yn awyrgylch arbennig y stiwdio. Roedd perfformiad y noson honno'n un hudolus, ac rwy'n falch iawn o ddweud y bydden i'n gweld llawer iawn mwy ar Elin yn y dyfodol agos.

Fues i'n gwneud amrywiaeth o waith teledu yn ystod y cyfnod hwn hefyd, a rhai mentrau'n fwy llwyddiannus na'i gilydd. Yn 1979, fe gynigiodd John Norman o Adran Chwaraeon y BBC waith cyflwyno i fi ar bencampwriaeth snwcer Cymru yng Nglyn Ebwy. Roedd hyn cyn dyddiau S4C, ac roedd John yn awyddus i gael sylwebydd Cymraeg. Fe ddywedais wrtho'n bendant iawn na allwn i sylwebu yn Gymraeg, ac nad oedd gen i wybodaeth drylwyr iawn o snwcer chwaith. Ond eglurodd John fod sylwebydd wedi ei drefnu, a bod dim ond angen i fi gyflwyno dechrau a diwedd y rhaglen, a gwneud ambell sylw yn ystod y darllediad. Fe gytunais i wneud y gwaith, ac ar y nos Wener dan sylw, bant â fi i Lyn Ebwy. Roedd y gystadleuaeth yn cael ei chynnal mewn canolfan chwaraeon, a stiwdio wedi ei chodi yn y selar. Fe gwrddais â'r sylwebydd, cyfreithiwr wrth ei waith bob dydd, a dyma pawb yn paratoi i fynd ar yr awyr ar BBC Wales am saith o'r gloch.

Fe ddaeth yr awr, ac arhosais am y golau coch ar y camera cyn dechrau.

'Noswaith dda i chi o ganolfan chwaraeon Glyn Ebwy, a chystadleuaeth snwcer proffesiynol Cymru.' *So far, so good.* Ar ôl i fi grynhoi pwy oedd wedi bod yn chwarae yn ystod y dydd, fe gyflwynais y sylwebydd er mwyn iddo sôn am y gêm fyw oedd yn digwydd ar y pryd. Tawelwch! Daeth neges yn fy nghlust gan y cyfarwyddwr:

'Ask him a question.' Holais pwy oedd ar y blaen.

'Doug Mountjoy.' Neges arall.

'Ask him something else, quickly.' Ar ôl munud neu ddwy, fe ddaeth yn amlwg fod y gŵr bonheddig oedd i fod yn sylwebu ddim am ddweud llawer o ddim byd. Neges arall yn fy nghlust.

'For f**k's sake, do the commentary.' Nawr, fel yr esboniais wrth John Norman, doedd fy ngwybodaeth i am snwcer ddim yn wych. Ond ar ben hynny, roedd un broblem arall. Dyma fi'n stumio at y boi sain i gau'r meicroffon ac esbonio wrth y cyfarwyddwr:

'I can't do the commentary, my monitor's black and white!' Ac yn wir, gan nad oedd angen i fi sylwebu, roedd y criw wedi rhoi monitor du a gwyn i fi. Fe newidiwyd y monitor yn go glou, ond erbyn hynny roedd yr holl beth wedi mynd yn siambls llwyr. Des i â'r rhaglen i ben am wyth, a fues i erioed mor falch i adael stiwdio yn fy myw. Roedd John Norman yn gandryll, a siaradodd neb yr yr Adran Chwaraeon â fi am wythnosau. Ond a bod yn deg, fe sylweddolon nhw yn y diwedd nad arna i oedd y bai, a chefais faddeuant, neu o leia, cymaint o faddeuant ag y mae rhywun yn debygol o'i gael gan yr adran honno!

Roedd y fenter nesa i fyd teledu yn 1982 yn wahanol iawn. Roedd BBC Cymru'n awyddus i wneud rhaglen o Ŵyl Ryng-Geltaidd Lorient yn Llydaw. Fe benderfynodd Gareth Price, is-bennaeth y BBC ar y pryd, mai fi ddylai gyflwyno rhaglenni'r BBC ar gyfer S4C. Cyn hir, ro'n i ar fy ffordd i Lydaw. Do'n i ddim wedi teithio rhyw lawer cyn hynny, felly roedd yn brosiect cyffrous iawn. Mae'r ŵyl yn Lorient yn denu artistiaid o bob rhan o'r byd Celtaidd, a dros gyfnod o ryw wythnos, maen nhw i gyd yn perfformio ar hyd a lled y dre. Roedd un grŵp yna o Gymru, sef Ali Grogan, oedd yn cynnwys Geraint Jones, cyn-aelod o'r grŵp Rocyn. Yr enw mawr yn yr ŵyl y flwyddyn honno oedd Alan Stivell o Lydaw, oedd wedi dechrau gwneud tipyn o enw iddo'i hun ar draws Ewrop a'r gwledydd Celtaidd. Ond y grŵp wnes i wirioni arnyn nhw oedd Runrig, sy'n dod yn wreiddiol o ynys North Uist yn yr Hebrides. Maen nhw'n canu ac yn cyfansoddi caneuon yn yr iaith Aeleg ac yn Saesneg, ac mae ganddyn nhw ddilyniant mawr ar draws Ewrop a thu hwnt. Fe gyrhaeddon nhw'r siartiau Prydeinig yn yr wythdegau gyda'r gân 'An Ubhal As Airde' ('The Highest Apple'). Mae caneuon Runrig yn nodweddiadol o'r Alban ac o awyrgylch ynysoedd yr Hebrides, a chan 'mod i'n ymwelydd cyson â'r lle, mae eu caneuon yn crisialu'r teimlad rwy'n ei gael o fod yno. Rwy'n gymaint o ffan heddiw â phan welais i nhw gynta yn Lorient. Fe fues i a Ffion, fy merch, i'w gweld yn dathlu deugain mlynedd mewn cyngerdd enfawr yn Muir of Ord yn yr Alban ym mis Awst 2013.

Yng nghanol yr wythdegau, fe benderfynodd BBC Cymru ddarlledu yn Saesneg o Eisteddfod yr Urdd unwaith eto. Fe gofiwch chi mai hwn oedd fy mhrofiad cynta fel cyflwynydd teledu yn 1977. Erbyn hyn, roedd yr Eisteddfod yn cael ei darlledu drwy'r dydd yn Gymraeg ar S4C, ond roedd y BBC yn teimlo'i bod yn bwysig i Gymry di-Gymraeg gael cyfle i weld ac i werthfawrogi'r Eisteddfod hefyd. Felly cafodd Naomi Jones a fi gynnig y gwaith o ddarlledu bob dydd ar BBC Wales rhwng pump a hanner awr wedi pump y prynhawn. Doedd y rhaglenni ddim yn fyw, ond roedd cydweithio gyda'r criw a'r cynhyrchwyr yn brofiad gwerthfawr.

Roedd gweithio gyda Naomi'n brofiad hyfryd hefyd. Roedd Naomi'n wyneb cyfarwydd iawn ar y teledu, a hithau wedi bod yn cyflwyno rhaglenni plant fel *Bilidowcar* ers blynyddoedd. Wrth i ni sgwrsio yn ystod yr wythnos, fe ddaeth yn amlwg fod sefyllfa'r ddau ohonon ni rywbeth yn debyg. Doedd yr un ohonon ni wedi cael ein codi yn y ffordd draddodiadol Gymreig o eisteddfota a throi ym myd y 'pethe' traddodiadol. Ro'n i'n gwylio Hywel Gwynfryn a Caryl Parry Jones yn darlledu, ac yn rhyfeddu at wybodaeth y ddau am hanes a chefndir y cystadleuwyr, y darnau gosod ac yn y blaen.

Yn sicr, roedd y ddau wedi gwneud eu hymchwil yn drwyadl iawn. Ond roedd gwybodaeth a sylwadau'r ddau yn mynd ymhell y tu hwnt i ymchwil. Roedd yn amlwg fod blynyddoedd o nabod y diwylliant wedi arwain at ddealltwriaeth gynhenid o'r deunydd dan sylw. Sylweddolais bryd hynny nad o'n i wedi bod, ac na fydden i byth, yn rhan o'r sefydliad diwylliannol Cymraeg eisteddfodol. Dwi ddim erioed wedi poeni am hynny. Mae 'niddordebau i'n wahanol iawn i'r hyn sy'n cael ei adlewyrchu'n flynyddol ar y maes. Does gen i ddim llawer o ddiddordeb mewn barddoniaeth, er fy mod yn hoff iawn o waith Waldo Williams, R. S. Thomas a Dylan Thomas. A dwi erioed wedi deall yr awydd i gystadlu wrth ganu a llefaru. Mae'n ddiddorol i fi fod llawer o'r Cymry dwi'n eu clywed yn beirniadu rhaglenni fel yr *X Factor* a *Britain's Got Talent* wedi bod yn cefnogi'r un math o gystadlu ers blynyddoedd, ond bod yr Eisteddfod yn rhoi rhyw barchusrwydd ffug, dosbarth canol iddo.

Pan ges i faddeuant gan yr Adran Chwaraeon, daeth cynnig difyr ganddyn nhw. Roedd rhaglen newydd o'r enw *Sportfolio* yn dechrau ar nos Wener ar BBC Wales. Y cyflwynydd oedd Peter Jackson, gohebydd gyda'r *Daily Mail*. Y cynhyrchwyr oedd Trevor Lewis, John Norman ac Onllwyn Brace, ac ymhlith y criw ifanc oedd yn cael eu hyfforddi ym myd teledu roedd Eddie Butler, oedd yn chwarae rhif wyth i Gymru. Roedd y tîm yn awyddus i fi fod yn ohebydd ar gampau ymylol fel canŵio, codi pwysau, marchogaeth ceffylau ac yn y blaen. Roedd y gwaith yn golygu gwneud y rhan fwya o'r campau fy hun, ac fe ddes i ben â nhw'n iawn, ond roedd diffyg profiad yn dangos weithiau.

Ar un achlysur, fues i'n ffilmio cyfweliad gyda David Broome yn ei gartre ger Cas-gwent. Roedd David wedi ennill yn yr Horse of the Year Show, ac wedi cynrychioli Prydain Fawr yn y Gemau Olympaidd, wrth gwrs. Cafodd fy nghynhyrchydd y syniad gwych o wneud y cyfweliad â'r ddau ohonon ni ar gefn ceffyl. Do'n i ddim wedi bod ar gefn ceffyl erioed o'r blaen. Daeth chwaer David, Liz Edgar, i fy hebrwng at fy ngheffyl ar fuarth y ffarm. Roedd yn greadur anferth yr olwg i fi, ac yn waeth na hynny, hwn oedd newydd ennill yn yr Horse of the Year Show. Roedd rheolau iechyd a diogelwch yn golygu bod David a fi'n gorfod gwisgo het galed wrth eistedd ar gefn y ceffylau. Edrychodd Liz arna i a gofyn, 'Who gave you that hat?' 'David,' medde fi. 'Why? Is there something wrong?' 'No, not at all,' oedd yr ateb. 'It just makes you look like a right twat!' Er gwaetha'r ffordd o'n i'n edrych, lan â fi ar gefn y ceffyl a sefyll wrth ochr David ar ei geffyl yntau. Yna, yn hollol ddisymwth, dyma'r boi sain yn gwthio meicroffon wedi'i orchuddio â'r ffwr llwyd sy'n amddiffyn y meic rhag y gwynt, o dan drwyn fy ngheffyl. Doedd hwnnw ddim yn hapus o gwbl. Lan ag e ar ei goesau ôl a finne'n cydio yn ei fwng am fy mywyd. Y funud nesa, fe ddechreuodd e garlamu ar draws yr iard. Trwy lwc, fe lwyddodd David i afael yn y ffrwynau cyn iddo fynd yn rhy bell. Aeth y cyfweliad yn iawn, ond dwi ddim yn meddwl bod David Broome wedi cael argraff dda iawn o fy sgiliau marchogaeth.

Pennod 16

Er fy mod yn mwynhau gweithio ar *Sportfolio*, yn enwedig pan o'n i'n cyflwyno pan oedd Peter Jackson i ffwrdd, ro'n i wedi dechrau mynd i rigol erbyn canol yr wythdegau. Ro'n i'n dal ar staff y BBC fel cyhoeddwr teledu, yn cyflwyno'n achlysurol ac yn dal i gyflwyno rhaglenni radio yn Gymraeg ac yn Saesneg. Fe fues i'n cyflwyno *Diolch Byth, dydd Gwener* ar Radio Cymru a'r hyfryd Menna Gwynn yn cynhyrchu. Roedd Menna'n gyhoeddwr ac yn gynhyrchydd gwych a phrofiadol iawn. Fe ddysgodd llawer cyhoeddwr a chyflwynydd eu crefft dan ei goruchwyliaeth ofalus hi. Ond, er gwaetha'r holl bethau cyffrous oedd yn digwydd, ro'n i wedi mynd i deimlo braidd yn stêl.

Roedd fy mhriodas wedi dod i ben, ac ro'n i'n chwilio am her newydd. Yn ystod y cyfnod yma ro'n i wedi bod yn cynhyrchu cyfres o raglenni meddygol i Radio Cymru, o'r enw *Bys ar Bŷls*. Roedd y rhaglenni'n canolbwyntio ar ddatblygiadau newydd a diweddar ym myd meddygaeth ac yn holi cleifion, meddygon ac arbenigwyr. Roedd angen gohebydd arna i i holi cyfranwyr a chyflwyno eitemau gwyddonol. Yr enw a ddaeth i'r meddwl oedd Elin. Roedd hi wedi bod yn wyddonydd gyda'r bwrdd dŵr, ac roedd hi bellach yn ymchwilio ac yn cyflwyno rhaglenni am iechyd a ffitrwydd yn ogystal â rhaglenni gwyddonol i HTV. Mae gan Elin radd mewn Biocemeg ac roedd ei gwybodaeth eang a thrwyadl o'r maes hwnnw'n gaffaeliad mawr wrth fynd ati i drin a thrafod symptomau ac effeithiau afiechydon ar y corff. Ac wrth i ni gyfarfod am y trydydd tro, fe flodeuodd yr egin berthynas o ddyddiau'r Aelwyd, ac rydyn ni wedi bod gyda'n gilydd byth ers hynny. Fe briodon ni yn 1988. Priodas fach oedd hi. Dim ond Mam, fy modryb, fy ngwas priodas John Morgan a'i wraig Mererid oedd yno ar fy ochr i. Ar ochr Elin, roedd ei mam, ei mam-gu, Eleri ac Eurig a'u merch fach Sioned, Nest, un o'i ffrindiau ysgol, ac wrth gwrs ei thad, y Parchedig T. G. Morgan, a weinyddodd y seremoni. Priodi Elin oedd un o'r pethau gorau ddigwyddodd i fi erioed. Roedd 18 Mehefin 1988 yn ddiwrnod arbennig iawn, ac fe fyddai'r dyddiad hwnnw'n dod yn bwysicach fyth ymhen pedair blynedd. Aethon ni i Awstria ar ein mis mêl – er ein bod ni'n dau'n hoff iawn o'r môr, y mynyddoedd enillodd y dydd ar gyfer y gwyliau arbennig yna.

Ro'n i wedi bod yn cynhyrchu ac yn cyflwyno cyfres o raglenni natur ar Radio Cymru, a chyflwyno eitemau ar y *Natural History Programme* ar Radio 4. Roedd hyn i gyd wedi codi awydd ynof i ailafael yn un o fy niddordebau cynhara, sef gwyddoniaeth. A bod yn hollol gywir, bioleg. Hefyd, er bod gen i ddiddordeb brwd mewn bywyd gwyllt, ro'n i'n ei chael yn rhwystredig methu deall rhai agweddau ohono heb ddigon o ddealltwriaeth o'r elfennau gwyddonol sylfaenol. Felly, fe wnes gais i ymuno â chwrs gradd y Brifysgol Agored, a chael fy nerbyn ar y cwrs gwyddoniaeth sylfaenol yn 1985. Fe ddechreuodd y cwrs yn yr hydref, ac ro'n i wrth fy modd. Roedd yn cynnwys Cemeg, Ffiseg, Gwyddorau'r Ddaear (*Earth Science*) a Bioleg. Yn yr haf, roedd raid mynd ar gwrs breswyl mewn prifysgol er mwyn astudio a defnyddio labordai ac offer labordy. Yn y flwyddyn gynta, es i i Brifysgol Caerhirfryn. Roedd cael cyfle i weithio a thrafod gyda phobl eraill oedd yn gwneud yr un cwrs, a'r tiwtoriaid oedd yn darlithio ac yn cynorthwyo, yn wych. Roedd cael gwneud y gwaith a'r arbrofion ymarferol yn brofiad ardderchog hefyd. Ro'n i'n cael arbenigo mwy yn yr ail flwyddyn, felly dyma ddewis cwrs

Bioleg Pur, ochr yn ochr â chwrs Cemeg Organig. Er mai Bioleg oedd yn mynd â 'mryd bob tro, fe weithiais yn galed i ddeall y gwaith cemeg hefyd. Roedd y drydedd flwyddyn yn cynnig cyfle i arbenigo'n fwy penodol, felly fe ddewisais y ddau gwrs ro'n i wedi bod yn edrych mlaen at eu gwneud ers y cychwyn, sef Ffisioleg Anifeiliaid a Biocemeg. Pan o'n i yn yr ysgol, a hyd yn oed yng Ngholeg y Drindod, fydden i erioed wedi meddwl y byddai'n bosib ymgolli'n llwyr mewn pwnc academaidd. Ond dyna ddigwyddodd. Wrth gwrs, ro'n i'n gweithio'n llawn amser yr un pryd hefyd, ond roedd pob munud sbâr yn mynd i astudio, yn enwedig y Ffisioleg.

Yn ystod y flwyddyn ola, es i i Brifysgol Nottingham. Roedd y gwaith ymarferol yn wych. Roedden ni'n cael arbrofi ar y cyd a gwneud arbrofion ffisiolegol ar ein gilydd. Roedd Denise Connell, merch o Lanelli, yn gwneud yr un cwrs â fi. Roedd Denise wedi bod yn nyrsio am flynyddoedd, ac wedi penderfynu gwneud gradd mewn Ffisioleg. Felly, fe benderfynon ni rannu'r daith, a daeth Denise yn fy nghar i. Ar y ffordd 'nôl, gan mai fi oedd yn gyrru, awgrymais y gallai hi ddilyn y map ac arwain y ffordd. Roedd popeth yn mynd yn dda nes i ni gyrraedd ardal Birmingham. Roedden ni wedi bod yn teithio ar yr M40 a sawl traffordd arall ers sbel pan ofynnais i Denise a oedd hi wedi gweld yr A444. Fe aeth y sgwrs rywbeth fel hyn. Fi: 'Are you sure we're not lost?' Denise: 'No, not at all.' Fi: 'I'm sure we should have seen the A444 by now. Are you sure we haven't passed it?' Denise: 'Oh my God, I thought you were stammering. I've been looking for the A4 for the last 20 miles!'

Erbyn y flwyddyn ola roedd Elin a fi wedi priodi, ac roedden ni'n byw ym mhentre Pentyrch ger Caerdydd. Fuodd Elin yn dipyn o sant, yn rhoi lan â fi'n darllen, yn ysgrifennu traethodau ac yn gwneud y gwaith ymarferol hefyd, er mwyn pasio'r cwrs, ond roedd yn grêt medru trafod nifer o agweddau'r cyrsiau Cemeg a Biocemeg gyda 'ngwraig. Mae Elin yn fenyw hynod alluog. Mae ganddi ddiddordeb mawr mewn biocemeg a meddygaeth hyd heddiw, ond ei phrif ddiddordeb, er yn blentyn, yw sêr a'r gofod. Mae ganddi feddwl fforensig iawn, a'r gallu i ddadansoddi pethau'n fanwl tu hwnt. Er ei bod yn gweithio ym myd y cyfryngau ers blynyddoedd bellach, gwyddoniaeth sy'n dal i fynd â'i bryd bob tro.

Roedd holl brofiad y Brifysgol Agored yn wych. Fe raddiais yn 1988, a chynhaliwyd y seremoni raddio yn Neuadd Dewi Sant, Caerdydd. Roedd Mam yno gydag Elin, ac wrth i fi fynd i'r llwyfan, daeth bloedd fawr o'r balconi. Roedd Mam, er gwaetha'i swildod ofnadwy, wedi teimlo cymaint o falchder nes i Elin ei pherswadio i weiddi hwrê dros bob man. Roedd y ddwy wedi aberthu llawer dros y blynyddoedd i ganiatáu i fi wireddu'r freuddwyd o ennill gradd mewn Bioleg. Do'n i ddim wedi sylweddoli pa mor bwysig oedd hyn i Mam tan y diwrnod hwnnw, mewn gwirionedd. Welais i erioed mohoni'n hapusach nag oedd hi'r prynhawn hwnnw yn Neuadd Dewi Sant.

Ar ôl i fi raddio, ro'n i'n gweld eisiau'r gwaith gwyddonol yn ofnadwy. Wrth i fi drafod y gwaith gydag un o'r darlithwyr un diwrnod, fe gododd y posibilrwydd o wneud doethuriaeth ran amser. Roedd y syniad yn apelio ata i'n fawr. Mae gen i ddiddordeb enfawr mewn parasitoleg, sef astudiaeth o'r llyngyr sy'n effeithio ar anifeiliaid. Mae'r maes yn cynnwys astudio chwain, llau a throgod (ticks) yn ogystal â llyngyr. Fe fues i'n astudio llyngyr mewnol (helminth parasites) llygod ar dir ffarm yn ne-orllewin Cymru, oedd yn ddiddorol dros ben. Fe ddes i'n gyfarwydd iawn â mamaliaid bychain fel llygod y maes, llygod pengrwn a llygod cyffredin. Ro'n i wrth fy modd allan yn y caeau'n casglu ac yn astudio'r anifeiliaid ac yna mynd yn ôl ac astudio'r llyngyr o dan y meicrosgop. Fe fues i wrth y gwaith maes yn rhan amser am dair blynedd. Ro'n i'n teithio bob yn ail ddydd i ardal Llandeilo i chwilio am lygod a dod o hyd i'r llyngyr. Ambell waith, fe fydden i'n galw heibio'r caeau oedd gen i dan sylw ar y ffordd 'nôl o ffilmio, ac weithiau, byddai Elin yn dod gyda fi ac yn cerdded yn amyneddgar o gwmpas y caeau, neu'n eistedd yn y car os oedd y tywydd yn wael. Unwaith ro'n i'n cyrraedd gartre, roedd raid archwilio'r llyngyr o dan y microsgop, eu nabod nhw a'u cadw ar sleids neu mewn poteli. Yn anffodus, cyn i mi gael cyfle i fynd ati i ysgrifennu'r traethawd, fe newidiodd fy amgylchiadau (mwy am hynny'n nes mlaen) a bu'n rhaid i fi roi'r gorau i'r ddoethuriaeth. Ond mae'r data gen i o hyd, felly rhyw ddiwrnod, pwy a ŵyr?

Sbel cyn i Elin a fi briodi, ces i alwad i fynd i weld Gareth Price. Roedd BBC Cymru'n cynhyrchu cyfres o raglenni ar Sbaen i S4C a BBC2. Roedd Gareth yn cynnig y cyfle i fi gyflwyno'r cyfresi yn Gymraeg ac yn Saesneg. Fe dderbyniais ar unwaith, heb feddwl ddwywaith! Ro'n i eisoes wedi cael blas ar deithio ar ôl bod yng Ngŵyl Lorient, ac wedyn yn Norwy ar gyfer rhaglen wyliau i BBC Abertawe. Pan o'n i'n iau, doedd braidd dim cyfle wedi bod i deithio. Yn dilyn marwolaeth Dad, doedd dim arian gyda Mam a fi i fynd ar ein gwyliau yng Nghymru, heb sôn am dramor. Ac eithrio'r daith i Ewrop gyda Richard McCabe a'i deulu mewn *camper van* yn fy nyddiau ysgol, doedd gen i ddim profiad o deithio o gwbl cyn i fi ddechrau yn y BBC. A nawr, ro'n i'n mynd i Sbaen. Y bwriad oedd ffilmio deg rhaglen a fyddai'n dangos holl wahanol agweddau'r wlad. Enw'r gyfres yn Gymraeg oedd *Popeth dan Haul*, ac yn Saesneg, *Everything under the Sun*. Roedd naw ohonon ni yn y criw, a byddai Brynmor Williams, y cynhyrchydd / gyfarwyddwr a Gerald Cobbe, y dyn camera, yn cael dylanwad mawr arna i yn y dyfodol.

Roedd ffilmio yn Sbaen yn fôr o brofiadau cymysg. Un funud byddai rhywun yn ffilmio yng nghanol dinasoedd bywiog a lliwgar Seville, Barcelona neu Granada, ond cyn pen dim, gallai rhywun fod yng nghanol yr eira ar ben y mynyddoedd. Roedd gwrthgyferbyniad enfawr hefyd rhwng ardaloedd llewyrchus y dinasoedd a thlodi'r cannoedd o bobl oedd yn cardota ar hyd y strydoedd, a nifer fawr ohonynt â phlant yn eu breichiau.

Un o'r pethau mwya dadleuol am Sbaen a'i thraddodiadau, wrth gwrs, yw ymladd teirw. Cyn i mi gyrraedd y wlad, ro'n i'n gwrthwynebu'r gamp ar bob lefel, ond ar ôl i ni dreulio tipyn o amser yn ffilmio gyda matador enwoca Sbaen, Juan Antonio Ruiz – Espartaco – do'n i ddim mor saff o 'mhethau. Roedd paratoadau Espartaco cyn gornest yn ddefodol iawn ac yn llawn ofergoel hanesyddol. Fe ddes i ddeall ei bod yn anodd i estronwyr bwyso a mesur o'r tu allan, am fod ymladd teirw'n cael ei ystyried yn fwy o gelfyddyd nag o gamp yn Sbaen. Yn aml iawn, mae bechgyn a dynion ifanc yn ei weld fel cyfle i ddianc o'u tlodi ac i wneud enw iddynt eu hunain.

Er gwaetha atyniadau'r dinasoedd, ro'n i'n llawer mwy cartrefol ym mynyddoedd y Sierra Nevada neu yn Arcos de la Frontera. Tref ar ben bryn yw hon, ac roedden ni'n aros mewn gwesty bach ger y llyn. Ro'n i wrth fy modd yn gwylio'r *geckos* bach yn rhedeg lan a lawr wal fy stafell ac yn cerdded dros y nenfwd uwchben y gwely yn ystod y nos. Roedd miloedd o frogaod yn gwneud sŵn anhygoel o uchel yn y llyn ac roedd adar ym mhobman. Mae llethr serth ar gyrion y pentre sy'n frith o nythod cudyll coch. Fues i'n eu gwylio nhw'n hofran yn yr awyr am oriau gyda'r nos.

Uchafbwynt arall i mi oedd cerdded yn y mynyddoedd uwchben Grazalema gyda'r nos, a phasio adfail hen eglwys, cytiau cerrig cadw moch a chŵn hela mileinig. Rwy'n cofio difaru na welais flaidd yno, gan fod poblogaeth fechan o fleiddiaid yn byw yn yr ardal. Yn Sierra Nevada, roedd byd natur yn rhemp unwaith eto. Es i am dro lawr y mynydd ar hyd yr afon un prynhawn. Roedd madfallod ym mhobman, ac eryrod yn hedfan o gwmpas ar yr awel a'r gwres. Eisteddais yn dawel ar lan yr afon i ymlacio yn yr haul. Roedd degau o bili palaod yn chwyrlïo o 'nghwmpas. Yn sydyn, gwelais rywbeth yn symud yn y gwair. Doedd dim syniad gen i beth oedd yno am sbel, ond ymhen tipyn, daeth top y pen a'r clustiau i'r golwg. Lyncs oedd e! Ro'n i wedi fy syfrdanu, ac yn methu credu fy lwc. Dim ond am rai munudau fuodd y lyncs yno, ond hwn oedd y tro cynta i mi weld un o'r anifeiliaid prin yma yn y cnawd.

I orffen y daith, hedfanon ni i Santiago de Compostela yn Galicia, yng ngogledd-orllewin Sbaen. Roedd gyrru o gwmpas yno fel camu 'nôl ddwy ganrif. Roedd y caeau'n llawn menywod yn casglu llysiau, yn plygu'n ddwbl wrth eu gwaith a phob un yn gwisgo du. Roedd y dynion yn lladd gwair gyda chryman ac yn ei gasglu'n dwmpathau mawr o gwmpas y caeau. Wrth weld hyn i gyd, penderfynodd Brynmor a Gerald stopio'r car i ffilmio. Wrth i Gerald osod y camera, dechreuodd y menywod daflu cerrig mawr aton ni cyn troi eu cefnau arnon ni a chario mlaen â'u gwaith. Fe esboniodd ein tywysydd, Ramon, wrthon ni fod pobl yn ofnus iawn wrth weld camerâu. Mae'n debyg fod heddlu cudd cyfnod Franco'n arfer ffilmio pobl ar y stryd er mwyn cadw llygad ar unrhyw un oedd yn debygol o wrthwynebu'r gyfundrefn. Yn aml, fe fyddai pobl yn cael eu harestio neu'n diflannu am ddweud rhywbeth o'i le. O ystyried mai dim ond rhyw ddeuddeg mlynedd oedd wedi mynd heibio ers marwolaeth Franco, roedd yn hawdd deall, felly, pam nad oedd rhai o bobl Sbaen yn hapus i weld camerâu.

Pennod 17

Pan ddes i 'nôl o Sbaen, roedd rhywbeth wedi newid. Ro'n i'n dal i weithio fel cyhoeddwr teledu, ond ro'n i wedi cael blas ar fyd arall bellach. Mae'n siŵr fy mod wedi bod yn yr un swydd rhy hir. Ro'n i wedi syrffedu ar eistedd yn stiwdio'r cyhoeddwyr yn gwylio'r teledu am oriau bob nos, a gweld beth oedd pobl eraill wedi bod yn ei wneud. Mewn ffordd, ro'n i'n byw bywyd yn ail law. Roedd bod yng nghwmni Brynmor Williams a Gerald Cobbe yn Sbaen wedi codi awydd arna i i wneud mwy o waith teledu, nid fel cyflwynydd, ond fel cyfarwyddwr neu gynhyrchydd. Ro'n i wedi chwarae â'r syniad sawl gwaith, ond nawr ro'n i o ddifri. Felly, dyma drefnu cyfarfod gyda Teleri Bevan, oedd yn bennaeth rhaglenni BBC Cymru erbyn hynny. Eglurais wrthi yr hoffwn newid cyfeiriad, ac roedd hithau'n fy nabod yn ddigon da i ddweud wrtha i am dynnu 'mys mas a gwneud rhywbeth am y peth. Yn fwy na hynny, roedd hi'n gwybod am swydd oedd ar fin codi yn yr Uned Amaethyddol ym Mangor, yn gweithio ar raglenni fel *Farming in Wales*. Perffaith! Chlywais i ddim byd am dipyn ond yna, un diwrnod, daeth llythyr yn y post mewnol yn dweud wrtha i am gysylltu â phennaeth yr uned, Brian Griffith. Ar y pryd roedd cyfarwyddwyr yr Uned Amaethyddol i gyd yn gweithio ym Mangor, ac fe welodd Teleri a Brian gyfle i arbed arian trwy gael cyfarwyddwr sefydlog yn y de. Ro'n i wrth fy modd. Yr unig ofid oedd gen i oedd y byddai'n rhaid i mi adael sicrwydd swydd staff y BBC a gweithio ar gytundeb tymor byr. Roedd hynny'n golygu colli pensiwn a nifer o hawliau eraill, ond ar ôl trafod y peth gydag

Elin, doedd dim dewis mewn gwirionedd. Do'n i ddim yn mynd i fod yn hapus yn parhau i weithio fel cyhoeddwr, felly roedd raid derbyn y risg a mentro ar gytundeb. Dwi ddim yn un sydd wedi poeni am bethau fel cael dyrchafiad yn y gwaith erioed, a dwi ddim wedi ceisio am swydd pennaeth chwaith. Yr hyn sydd wedi bod yn bwysig i mi ar hyd y blynyddoedd yw cael cyfle i wneud yr hyn dwi'n mwynhau ei wneud.

A dyma gychwyn ar yrfa newydd sbon fel cyfarwyddwr teledu. Trwy lwc, roedd y BBC yn hapus i fi barhau i weithio ar y radio, felly ro'n i'n cael y gorau o'r ddau fyd. Roedd yr Uned Amaethyddol yn weddol o fach. Fe ddaethpwyd o hyd i swyddfa i fi yn y BBC yn Abertawe, ac fe fues i'n lwcus dros ben i gael Siân Ann Daniels fel PA. Do'n i ddim wedi gweithio gyda Siân o'r blaen, ond dros y blynyddoedd fe gadwodd hi drefn arna i yn y swyddfa ac wrth fynd allan i ffilmio. Heb gymorth amhrisiadwy Siân, fyddai dim o'r ffurflenni bondigrybwyll wedi cael eu llenwi, a fydden i ddim wedi hawlio ceiniog o dreuliau teithio. Hi oedd y PA teledu orau i mi weithio gyda hi erioed. Felly, dyma ddechrau ar y gwaith o ffilmio eitemau ar gyfer rhaglen *Farming in Wales* i BBC Wales. Cyflwynwyr y gyfres oedd Bob Davies, Ann Brown, Gaina Morgan a Gerry Monte. Yn ffodus iawn i mi fel cyfarwyddwr newydd sbon, roedd llond gwlad o brofiad gan y cyflwynwyr a'r dynion camera, a fu'n help mawr wrth i fi ddysgu 'nghrefft.

Ar y diwrnod cynta un, ro'n i'n ffilmio stori am glefyd penodol i wartheg. Fe drefnwyd i ni ffilmio gyda ffarmwr yn ardal Llanon, a chyfweld milfeddyg o Dre-gŵyr. Ar ôl i ni siarad â'r ffarmwr, fe benderfynais yr hoffwn saethu'r milfeddyg yn cyrraedd yn ei gar ar hyd y lôn hir oedd yn arwain at y ffarm. Felly, dyma osod y milfeddyg ar waelod y lôn, allan o olwg y camera, i aros am arwydd oddi wrtha i cyn gyrru i fyny heibio i'r camera. Gosodwyd popeth yn ei le, a chwifiais fy mreichiau yn yr awyr fel arwydd iddo ddechrau gyrru. Dim byd yn digwydd. Trio eto, dim byd. Roedd yn amlwg nad oedd y milfeddyg yn medru fy ngweld yn rhoi'r arwydd iddo. Felly, dyma benderfynu sefyll ar ben y wal tu cefn i mi a thrio eto. Chwifiais fy mreichiau, a dechreuodd y car symud. Ond wrth i fi chwifio, fe gollais fy nghydbwysedd a chwympo oddi ar y wal. Wrth i mi ddisgyn, fe sylweddolais beth oedd odana i, a rywsut neu'i gilydd, fe lwyddais i lanio ar fy nhraed – yng nghanol y *slurry pit*. Trwy lwc, doedd y wal ddim yn uchel iawn, a'r pwll ddim yn ddwfn iawn. Roedd y dom da yn cyrraedd hyd at fy nghanol, felly fe gerddais allan o'r pwll a sefyll yno'n drewi i'r uchel nefoedd. Fe lwyddodd Ashley Rowe, y dyn camera, i ffilmio'r holl beth, ond does gen i ddim syniad beth ddigwyddodd i'r tâp! Aeth y ffarmwr â fi i sefyll wrth ymyl y sièd wartheg a 'ngolchi gyda *pressure washer* (dŵr oer oedd ynddo, ac roedd hyn yn digwydd ym mis Ionawr). Ar ôl iddo olchi'r rhan fwya o'r dom i ffwrdd, fe wisgais hen bâr o drowsus sbâr oedd gen i yng nghefn y car a chario mlaen i ffilmio. Roedd rhan nesa'r eitem yn digwydd yn y filfeddygfa yn Nhre-gŵyr, felly draw â ni. Wrth i fi gamu allan o'r car, fe rwygodd fy nhrowsus ar dop y goes, o'r cefn hyd at y zip yn y tu blaen. Rhaid cofio, gan fod fy nillad isa wedi cael gwlychfa go iawn ar y ffarm, nad o'n i'n gwisgo dim byd odanyn nhw. Felly es i mewn i'r filfeddygfa'n dal yn dynn yn fy nhrowsus, a gofyn yn garedig i'r nyrs eu staplo 'nôl at ei gilydd – yn ofalus iawn.

Weithiau fe fyddai cyfle'n codi i fynd dramor gyda *Farming in Wales*. Fuon ni yn Iwerddon un tro, yn dilyn hynt a helynt Raymond Powell, oedd newydd ennill teitl Ffarmwr Ifanc y Flwyddyn. Roedd Raymond a'i bartner Delyth wedi teithio i Iwerddon i weld sut roedd ffermwyr yn gweithredu yno. Roedd hyn yn ôl ar ddechrau'r nawdegau, pan oedd mewnforio cig o Iwerddon a gwledydd eraill Ewrop o dan reolau'r Undeb Ewropeaidd yn cael ei weld yn dipyn o fygythiad i ffermwyr yma yng Nghymru. Tra oedden ni yno, fe etholwyd gŵr o Iwerddon yn gomisiynydd amaeth i'r Undeb Ewropeaidd. Penderfynwyd teithio i'r ffin â Gogledd Iwerddon i drafod yr apwyntiad gydag un o gymdogion y comisiynydd newydd. Roedd hi'n ddiwrnod poeth o haf, a dyma ni'n cyrraedd y fferm fach ger y ffin. Gerry Monte oedd yn cyflwyno, ac aeth y criw ati i osod yr offer ffilmio tra oedd Gerry'n siarad â'n gwestai. Mae'n anodd osgoi'r ddiod gadarn yn Iwerddon, a daeth y gŵr allan o'r tŷ â hambwrdd yn llwythog â gwydrau o wisgi. Mae hon wastad yn sefyllfa anodd. Roedd hi tua un ar ddeg y bore, a doedd neb o'r criw wir am yfed mor gynnar, er mwyn canolbwyntio ar y gwaith, ond byddai gwrthod wedi sarhau'r croeso. Felly, dyma dderbyn llymaid a dechrau ffilmio. Nawr, dychmygwch y sefyllfa – roedd yr haul yn boeth iawn, adeiladau'r ffarm fach yn wyn fel y galchen a'r wisgi'n llifo, yn enwedig i wydr Gerry druan. Fe ddechreuodd y cyfweliad, ac fe ddaeth yn amlwg fod atebion y gŵr hynaws yn rhai hirfaith. Roedd Gerry'n holi'r cwestiwn, a'r ateb yn mynd mlaen am bum munud dda cyn i Gerry gael cyfle i holi'r cwestiwn nesa. Yna, holodd Gerry un cwestiwn, a chael ateb afresymol o hir. Daeth yr ateb i ben, ond yna – tawelwch. Dim cwestiwn arall gan Gerry. Edrychodd pawb ar ei gilydd, a sylweddoli bod Gerry wedi cwympo i gysgu yn y gwres! Roedd raid i fi fynd draw a'i ddeffro'n ofalus cyn cario mlaen â'r sgwrs.

Dro arall, fuon ni'n dilyn grŵp o ferched o Raeadr Gwy yng nghanolbarth Cymru i Sweden. Roedden nhw wedi dechrau busnes o'r enw Tea Time Promotions. Roedd y merched i gyd yn coginio cacennau ac yna'n teithio dros y byd gyda sefydliadau fel y Cyngor Prydeinig i hyrwyddo Cymru. Gwragedd ffarm oedd y merched bob un, ac roedd Jenny Ogwen yn teithio gyda nhw i wneud y gwaith cyhoeddusrwydd. I Gothenburg roedden nhw'n mynd nesa, felly fe deithion ni gyda nhw ar y fferi o Harwich, i'r arddangosfa fawr lle roedd y merched yn cynnal eu stondin ac yn rhoi cacennau i'r ymwelwyr

Cyn i ni adael, fe glywson ni fod y dywysoges Lilian yn ymweld â'r arddangosfa, felly fe gysyllton ni â swyddfa'r teulu brenhinol yn Sweden i holi a fyddai'n bosib cael sgwrs â hi. Roedd Lilian Davies gynt yn dod o Abertawe'n wreiddiol. Glöwr oedd ei thad, ac roedd ei mam yn gweithio mewn siop. Roedd Lilian yn fenyw hardd iawn, a symudodd i fyw yn Llundain a gweithio fel model ac actores. Yn ystod y rhyfel, fe gyfarfu â'r tywysog Bertil o Sweden, dyn ifanc golygus oedd yn aelod o'r llynges ar y pryd. Bu'n rhaid cadw eu perthynas yn gyfrinachol tan 1976, pan roddwyd hawl iddyn nhw briodi. Fe gawson ni ar ddeall bod Lilian yn hoff iawn o fara lawr. Pan ddaeth hi draw i'r arddangosfa, bu Gerry'n ei chyfweld, ac yna fe roeson ni fara lawr o farchnad Abertawe'n anrheg iddi. Roedd hi wrth ei bodd! Bu farw Lilian ym mis Mawrth 2013 yn 97 oed. Ro'n i'n drist iawn pan glywais y newyddion, wrth gofio am y ddynes hynod garedig a ffeind fu'n siarad ac yn chwerthin gyda ni flynyddoedd yn ôl.

'Nôl yng Nghymru, roedd gweithio gyda ffermwyr yn ddyddiol yn fraint ac yn wers. Fe ddes i ddeall yn gyflym iawn pa mor galed mae cynifer o ffermwyr yn gweithio, a'r balchder a'r angerdd sydd ganddyn nhw at eu cynnyrch a'u gwaith. Pan ddechreuais weithio yn yr Uned Amaethyddol, ro'n i'n cael tipyn o dynnu coes gan fy nghyd-weithwyr yng Nghaerdydd, fel 'Ble mae dy welis di heddi 'te?', ond ro'n i wrth fy modd yn cael teithio o gwmpas y wlad, a chwrdd â phobl na fydden i byth wedi dod ar eu traws fel arall. Fe ddes i weld yn fuan iawn hefyd taw busnes yw ffermio, a bod cefn gwlad yn gweithio fel ffatri cynhyrchu bwyd, bron. Mae hon yn ddelwedd wahanol iawn i'r un sy'n cael ei phortreadu ar nifer o raglenni teledu, sy'n gweld cefn gwlad fel rhyw fath o faes chwarae anferth i bobl y dre. Cyn hir, ehangodd yr uned, a buon ni'n cynhyrchu cyfresi *Ar y Tir* ac *Awyr Iach* i S4C. A minne'n dal i ddysgu 'nghrefft fel cyfarwyddwr, buodd Brynmor Williams yn gymorth mawr i fi yn ystod y cyfnod hwn. Roedd e'n barod iawn i wylio fy rhaglenni a chynnig gair o gyngor neu o feirniadaeth. Mae arna i ddyled fawr iddo. Yn anffodus, bu farw Brynmor ar ddiwedd y nawdegau, ac fe welais golled fawr ar ei ôl.

Roedd hyn i gyd yn digwydd ar ddiwedd yr wythdegau a dechrau'r nawdegau. Roedd Elin a fi'n dal yn byw ym Mhentyrch, a Mam yn Llanelli. Bydden i'n mynd i'w gweld hi ddwywaith yr wythnos ac yn ei ffonio bob dydd. Un diwrnod ar ddechrau mis Ebrill 1990, ro'n i'n eistedd yng nghyntedd BBC Llandaf yn aros i gasglu Gaina Morgan er mwyn mynd i ffilmio ym Mryste. Tra o'n i'n aros, codais y ffôn ar Mam i ddweud bore da. Dim ateb. Ro'n i'n tybied falle ei bod wedi picio mas i'r ardd neu i weld ffrind. Aeth hanner awr heibio, a ffoniais eto. Dim ateb. Erbyn hyn, ro'n i'n dechrau poeni, felly ffoniais ffrind iddi oedd yn byw lawr yr heol a gofyn a oedd hi wedi gweld Mam y bore hwnnw. Nac oedd, doedd hi ddim, ond addawodd fynd i alw arni'n syth. Pan ffoniais rif Mam ddeng munud yn ddiweddarach, atebodd ei ffrind, a dweud ei bod yn ofni bod Mam wedi cael strôc, a bod yn well i fi ddod adre. Roedd hi wedi ffonio'r doctor a'r ambiwlans. Ffoniais yr uned ym Mangor i esbonio cyn gyrru ar ras ar hyd yr M4 i Lanelli, a rhyw deimlad o arswyd yn fy mol.

Pan gyrhaeddais y tŷ, roedd Mam druan yn dal i orwedd ar y llawr wrth y gwely, ac roedd yn amlwg yn syth ei bod wedi diodde strôc wael iawn. Aeth yr ambiwlans â ni i ysbyty Bryntirion yn Llanelli, a chafwyd bod Mam wedi cael strôc i ochr dde'r ymennydd, oedd wedi effeithio ar ochr chwith y corff. Roedd hi wedi colli defnydd ei braich a'i choes chwith, ond roedd hi'n dal yn medru siarad. Fe ddaeth yn amlwg yn weddol fuan nad oedd Mam yn mynd i fedru gwella o'r strôc. Roedd hi'n sâl iawn, ac yn gwaethygu yn awyrgylch digyffro ward yr ysbyty. Roedd y profiad o weld person balch, dewr yn cael ei llorio yn y fath fodd yn dorcalonnus. Dros nos, fe aeth Mam o fod yn fenyw alluog, gwbl annibynnol, i fod yn methu gwneud dim drosti ei hun. Roedd hi'n methu cerdded na gadael y gwely. Er i mi dyngu sawl tro na fydden i byth yn gweld Mam yn mynd i gartre gofal, roedd asesiad yr ysbyty fod angen nyrsio pedair awr ar hugain arni'n golygu bod gen i ddim dewis. Es i ati i drefnu lle iddi mewn cartre lleol dan ofal Diane Bell, oedd wedi bod yn yr ysgol gynradd gyda fi. Ond roedd Mam, yn ei ffordd annibynnol arferol, yn meddwl yn wahanol. Ar yr union fore roedd hi i fod i symud i'r cartre, bu farw Mam am hanner awr wedi deg y bore. Roedd hi wedi goroesi marwolaeth fy nhad, canser y fron a chanser yr ofari, dim ond i golli ei bywyd yn y ffordd fwya creulon. Fe ddioddefodd am bedwar mis yn yr ysbyty cyn penderfynu ei bod hi wedi cael digon.

Roedd colli Mam yn ergyd enfawr. Ro'n i'n ffodus iawn o gael Elin yn gefn i mi, a'r gwaith yn y BBC. Fe fuodd gorfod cario mlaen i weithio'n gymorth mawr i ddod dros y golled ac i gario mlaen â 'mywyd bob dydd.

Pennod 18

Yn ogystal â gweithio ar y rhaglenni amaethyddol, ro'n i hefyd yn gweithio ar brosiectau eraill. Fe fues i'n cyfarwyddo nosweithiau *Plant mewn Angen* ac arlwy eisteddfodau, a gweithio yn y Sioe Frenhinol a'r Ffair Aeaf fel rhan o fy swydd yn yr Uned Amaethyddol. Trwy gydol yr amser, fe gadwais fy nghysylltiad â Radio Cymru. Roedd Elin hithau'n mwynhau gyrfa lwyddiannus iawn fel cyflwynydd rhaglenni amrywiol. Roedd ganddi raglen bob prynhawn ar Radio Cymru a rhaglen ar Radio Wales, ac roedd hi'n cyflwyno nifer o raglenni teledu yng Nghymru ac ar y rhwydwaith. Roedd hi'n enwog am gyflwyno rhaglenni gwyddonol, rhaglenni ffitrwydd ac wrth gwrs, y gyfres hir a hynod lwyddiannus i ddysgwyr, *Now You're Talking*. Roedd hi hefyd yn cyflwyno rhaglenni addysgiadol yn Gymraeg ac yn Saesneg mewn cyfres i BBC2.

Yna, yn 1992, fe ddaeth sawl tro ar fyd. Yn gynta, fe benodwyd Geraint Talfan Davies yn bennaeth newydd BBC Cymru. Daeth Geraint â nifer o syniadau newydd a newidiadau i'r swydd, ac un o'i benderfyniadau oedd diddymu'r Uned Amaethyddol. Roedd yn edrych yn debygol y bydden i allan o waith, ond yna ymunodd gŵr arall â'r BBC a fyddai'n cael dylanwad mawr ar fy ngyrfa. Roy Davies oedd pennaeth newydd rhaglenni ffeithiol. Roedd Roy wedi gweithio yn Llundain am flynyddoedd, ac roedd yn enwog am y gyfres *Timewatch*. Cafodd ei eni a'i fagu ym Mhontycymer, yn fab i löwr. Roedd yn ddyn a chanddo lawer o brofiad, ac roedd yn barod iawn i ddatgan ei farn yn ddi-flewyn ar dafod. Fe alwyd pawb yn yr adran ffeithiol i gyfarfod gyda Roy, a'i neges glir i ni oedd mai'r unig bobl fyddai'n gweithio yn yr uned ffeithiol o hynny allan oedd y bobl fyddai'n dod â syniadau ato. Yn y bôn – dim syniad, dim gwaith.

Ond fe ddigwyddodd un peth arall yn 1992 oedd yn bwysicach na hyn i gyd. Fe anwyd Ffion Meleri Rees. Roedd Elin a finne wedi gobeithio bydden ni'n gallu cael plentyn, felly pan ddaeth yn amlwg fod Elin yn feichiog, roedd y ddau ohonon ni'n hapus dros ben. Daeth ein merch fach i'r byd ar 18 Mehefin, ar ôl i Elin gael amser anodd iawn yn disgwyl iddi gyrraedd. Wedi aros a gwthio am ryw dri deg chwech awr, fe benderfynodd yr arbenigwr, Mr Geraint Roberts, fod angen llawdriniaeth *Caesarean* arni. Fe'm taflwyd allan o'r theatr, yn wahanol i beth fyddai wedi digwydd erbyn heddiw, ac roedd raid i fi aros tu fas. Ond, er i Elin gael yr anaesthetig, fe lwyddodd Mr Roberts ac Elin i eni'r babi'n naturiol ar y funud ola. Ces i fynd 'nôl mewn, ac roedd Elin druan yn dal i fod o dan ddylanwad y cyffur. Y peth nesa glywais i oedd hi'n dweud wrth yr arbenigwr, 'Oh thank you Mr Roberts. I'm so grateful. We'll call her Geraint'! Yn amlwg, doedd hynny ddim yn mynd i ddigwydd, ond wrth edrych i lawr ar y ferch fach yn fy mreichiau, ro'n i'n teimlo'n ddigon lletchwith nad o'n i'n gwybod beth i'w galw hi. Doedden ni ddim wedi penderfynu ar enw. Ond wrth edrych arni fan 'na, yn yr ysbyty, am ryw reswm, dyma fi'n dweud, 'Helô, Ffion.' Roedd pobl yn gofyn yn aml fyddai'n well gen i gael bachgen neu ferch, a fy ateb i fel arfer oedd fod dim gwahaniaeth gen i. Ond y gwir amdani oedd 'mod i wastad wedi bod eisiau merch fach, ac allen i fyth fod wedi gobeithio am un well na Ffion. Mae'r tri ohonon ni wedi cael llawer iawn o hwyl a sbort gyda'n gilydd, ac rwy'n falch o ddweud bod Ffion a finne'n agos iawn, iawn, yn ffrindiau gorau. Hi yw'r anrheg orau i mi ei chael erioed. Yr unig beth darfodd ar y diwrnod hwnnw i mi oedd nad oedd Mam yno i gwrdd â Ffion. Petai Mam wedi byw ddwy flynedd yn hirach, byddai hi wedi dotio at ei hwyres fach ac wedi ei sbwylio'n rhacs, rwy'n siŵr.

Pennod 19

Roedd y stafell wely'n un gyffredin iawn yr olwg. Roedd y welydd a'r llenni'n lliw pinc golau, a'r carped yn ddigon tebyg. Bob ochr i'r gwely, roedd bord fach a lamp ar bob un. Roedd hi'n fis Awst a'r tywydd yn dwym. Gan fod y llenni ar gau, roedd y stafell yn weddol dywyll, ac ychydig bach o olau'n cyrraedd y gwely wrth i belydrau'r haul sleifio rhwng y llenni. Roedd yn stafell ddigon di-nod ond am ddau beth. Y cynta oedd y nifer fawr o glêr oedd yn hedfan o gwmpas, a'r ail oedd y corff marw ar y gwely, a chyllell anferth wedi ei phlannu rhwng ei asennau. Corff dyn yn ei bedwardegau oedd e. Roedd yn amlwg yn ôl y clêr a'r oglau yn y stafell ei fod wedi bod yno yn y gwres ers tipyn. Erbyn i ni gyrraedd, roedd yr heddlu wedi bod yn gweithio'n ddyfal gyda thîm o'u gwyddonwyr, y SOCOs, ac wedi cofnodi a dadansoddi lleoliad y corff yn ofalus. Roedd archwiliad i lofruddiaeth y dyn eisoes wedi cychwyn, a'r heddlu'n awyddus i beidio â gwastraffu amser. Galwyd am yr Athro Bernard Knight, patholegydd fforensig de Cymru a de-orllewin Lloegr. Yn ei dro, ffoniodd e fi. Pan gyrhaeddon ni'r tŷ yn ardal Sblot, Caerdydd, roedd raid dilyn y llwybr roedd yr heddlu wedi ei osod i'r llofft yn ofalus. Bu'r Athro Knight yn astudio'r corff am beth amser cyn galw'r heddwas oedd yn gyfrifol am yr achos, a'i sicrhau nad achos o lofruddiaeth oedd hwn, ond hunanladdiad. Roedd yr Athro wedi gweld cannoedd o achosion o drywanu, ac yn ei farn broffesiynol, ni fyddai neb wedi medru trywanu rhywun arall yn y modd roedd safle'r gyllell a'r corff yn ei awgrymu. Fe israddiwyd yr ymchwiliad o lofruddiaeth i hunanladdiad yn syth, ac arbedwyd miloedd o bunnoedd ac oriau o amser yr heddlu. Cludwyd y corff i'r marwdy yn ysbyty'r CRI, y Cardiff Royal Infirmary, ac fe brofodd yr archwiliad post-mortem fod dadansoddiad yr Athro Knight yn gywir. Roedd y gŵr wedi lladd ei hunan yn y gwely.

Ond sut des i i fod yn gweithio gydag un o batholegwyr fforensig enwoca'r byd? Yr Athro Bernard Knight oedd gwrthrych fy nghyfres nesa o raglenni – *Expert Witness*. Roedd syniad wedi bod gen i am gyfres ro'n i'n ysu i'w gwneud ers tro, ac fe gynigiais e i Roy Davies yn 1993. Roedd gen i ddiddordeb mewn technegau gwyddoniaeth fforensig ers i mi gynhyrchu cyfres i Radio 4 yn 1985 o'r enw *Where Death Delights* (rhan o'r arwyddair sydd wedi ei gerfio uwchben drws swyddfa'r Archwilydd Meddygol yn Efrog Newydd – 'Let conversation cease, let laughter flee. This is the place where death delights in helping the living'). Fe weithiais gyda nifer o wyddonwyr fforensig blaenllaw iawn, ond yr Athro Bernard Knight wnaeth fwya o argraff arna i. Mae e'n un o'r bobl fwyaf galluog, addfwyn a diymhongar dwi wedi cyfarfod â nhw erioed, ac rwy'n falch iawn o ddweud ein bod ni'n ffrindiau da. Roedd gweithio gydag e'n fraint ac yn bleser. Gyda Bernard y gwelais fy archwiliad post-mortem cynta tra oedden ni'n cydweithio ar y gyfres radio. Anghofia i fyth o'r profiad – roedd yn anhygoel. Roedd Bernard yn gwneud post-mortem ar gorff dynes yn ei wythdegau oedd wedi marw'n sydyn ac yn annisgwyl, ac roedd y crwner yn awyddus i gadarnhau achos y farwolaeth. Dyna un rheswm dros gynnal archwiliad. Y lleill ydy: mewn achos o drais neu lofruddiaeth, hunanladdiad, damwain ddifrifol neu os oes angen pennu achos marwolaeth yn dilyn triniaeth feddygol, pan fo amheuon am safon y driniaeth. Mae gofyn bod yn gymeriad neilltuol i wneud y fath waith. Roedd sefyll yno a gweld yr Athro'n gwneud ei archwiliad yn union fel gwrando ar stori dditectif. Byddai'n dod o hyd i ryw abnormalrwydd yn y corff ond yn symud mlaen at y cam nesa, a'r nesa, nes ei fod yn hollol sicr o achos y farwolaeth. Yn yr achos yma, roedd clot mawr o waed wedi cyrraedd y galon ac achosi trawiad marwol.

Er na fuasai gwylio archwiliad post-mortem yn apelio at y rhan fwya o bobl, rwy wastad wedi cael fy ngwefreiddio gan wyddoniaeth y broses, ac rwy'n cael fy swyno wrth weld y stori'n cael ei datrys o flaen fy llygaid. Rwy wedi bod yn bresennol mewn degau ohonynt erbyn hyn, ac rwy'n dal i ryfeddu at y ffordd y mae'r patholegydd yn medru datrys dirgelwch drwy defnyddio gwyddoniaeth, gwybodaeth feddygol ac, yn aml iawn, tipyn o synnwyr cyffredin. Fe ddaeth yr elfennau hyn i'r amlwg sawl gwaith yn ystod y flwyddyn bues i'n gweithio gyda'r Athro Knight – un o adegau hapusa a mwya diddorol fy ngyrfa.

Un rheswm dros hynny oedd achos cyfareddol Mamie Stuart. Yn fy marn i, roedd yn dangos dawn a chrefft syfrdanol y patholegydd fforensig a'r holl wyddonwyr eraill yn y maes. Dawnswraig oedd yn gweithio yn neuaddau a theatrau Abertawe oedd Mamie pan ddiflannodd hi yn 1919. Bu stori'r diflaniad ar dudalennau blaen y papurau dyddiol ar draws gwledydd Prydain, ac aeth si ar led ei bod wedi cael ei llofruddio gan ei gŵr, er nad oedd tystiolaeth o hyn, na chorff chwaith. Anghofiwyd am yr achos, a Mamie, tan 1961, pan ddaeth cwpl o fechgyn ifanc o hyd i sgerbwd mewn ogof ger Brandy Cove, nid nepell o'r Mwmbwls ger Abertawe. Cysylltwyd â'r heddlu a'r patholegydd. Roedd yn amlwg fod y corff wedi bod yn gorwedd yn yr ogof am flynyddoedd, felly sut oedd modd ei nabod? Cludwyd y gweddillion i gyd, yn cynnwys y sgerbwd, ychydig wallt, sgidiau, ambell ddarn o emwaith a charpiau dillad i Gaerdydd. Aeth yr esgyrn i'r marwdy a'r gemwaith a'r olion dillad i'r amgueddfa. Dyddiwyd nhw, a daeth yn amlwg fod y corff wedi bod yno ers tua 1920, sef y cyfnod y diflannodd Mamie. Defnyddiwyd socedau'r llygaid a'r pelfis i gadarnhau mai menyw oedd hi, ac apeliodd yr heddlu ar i unrhyw un oedd yn nabod Mamie i gysylltu â nhw.

Roedd rhywun yn cofio gweld Mamie yn gwisgo un o'r darnau gemwaith a ddarganfuwyd yn yr ogof, ac yna daeth y postman lleol i roi tystiolaeth ei fod wedi gweld gŵr Mamie'n cario sach trwm o'r tŷ lawr tuag at y traeth un noson, ond nid oedd wedi amau dim ar y pryd. Yn ogystal, roedd profion ar yr esgyrn wedi dangos olion llifio ar y breichiau a'r coesau, oedd yn awgrymu achos o lofruddiaeth, ac yn ddigon i ailagor achos llys. Darganfuwyd fod gŵr Mamie yn figamydd, a daethpwyd i'r casgliad ei fod wedi lladd Mamie er mwyn bod gyda'i wraig arall. Fe'i cafwyd yn euog o lofruddiaeth, ond roedd e wedi marw ddwy flynedd ynghynt. Fe ddywedodd yr heddlu wrthon ni fod ei gorff wedi ei gladdu mewn mynwent ym Mryste, ond pan aethon ni yno i ffilmio'r bedd, doedd dim golwg ohono. Ar ôl gwneud cryn dipyn o ymchwil, daethon ni o hyd iddo mewn mynwent yn Southampton. Fe fu bron iddo osgoi bod yn atebol am ei drosedd unwaith eto.

Mae elfen arall i'r stori hon. Pan oedden ni'n ail-greu stori Mamie i'w ffilmio, soniodd Bernard Knight fod ei gweddillion o hyd mewn bocs yn y marwdy yng Nghaerdydd am nad oedd neb wedi hawlio'r corff. Penderfynon ni y byddai'n syniad da mynd â sgerbwd Mamie 'nôl i'r traeth ar gyfer y ffilmio, ac es i â'r bocs adre i wneud hynny. Yn hwyrach y noson honno, roedd Elin wedi mynd allan, a Ffion, oedd yn ddeunaw mis oed, yn cysgu'n dawel yn y gwely. Yn sydyn, cofiais fod raid i fi osod esgyrn Mamie yn eu trefn briodol ar gyfer drannoeth. Felly es i i nôl y bocs, a dechrau gwneud rhyw jig-so macâbr ar lawr y lolfa. Roedd yn weddol amlwg lle roedd y benglog a nifer o'r esgyrn mawr yn perthyn, ond wrth 'mod i'n ceisio dyfalu ble i roi rhai o'r esgyrn llai, cyrhaeddodd Elin gartre. Daeth i mewn i'r tŷ yn wên i gyd, ac yn holi beth o'n i'n ei wneud. Ro'n i ar fin egluro pan aeth hi'n welw iawn a gorchymyn i fi fynd â'r sgerbwd yna mas o'r stafell fyw a mas o'i golwg y funud honno! Felly bu'n rhaid i Mamie druan dreulio noson yng nghist y car cyn cael mynd yn ôl i'r fan lle daethpwyd o hyd i'w chorff yn 1961.

Dro arall, roedden ni'n ffilmio ail-greu achos yn y marwdy yng Nghaerdydd. Roedd angen actor i chwarae rhan hen ddyn oedd wedi cael ei ddarganfod yn farw. Fe ddaethon ni o hyd i ddyn yn ei saithdegau oedd wedi bod yn gweithio fel dyn cryf yn y syrcas. Roedd George yn fach, yn datŵs i gyd ac yn dipyn o gymeriad. Yn ystod y ffilmio, roedd gofyn iddo orwedd ar y bwrdd yn y marwdy ac esgus peidio ag anadlu. 'Dim problem,' medde George. 'Dwi'n gwneud ioga, felly dwi'n medru dal fy anadl am amser hir.' 'Grêt', medde fi, ac fe ddechreuon ni ffilmio – George yn gorwedd yn hollol lonydd ar y bwrdd, a'r Athro Knight yn esgus archwilio'i gorff. Ymhen tipyn, roedd angen rhoi batri newydd yn y camera. Yn ystod y seibiant, roedd Bernard yn sefyll wrth ochr y bwrdd archwilio a'i feddwl yn amlwg ymhell iawn. Yr eiliad nesa, edrychodd i lawr ar George. Agorodd hwnnw ei lygaid a dweud, 'Alright, Prof?' Neidiodd yr Athro allan o'i groen, troi ata i a dweud, 'I've been doing this job for forty years, and not once before has a body opened its eyes, winked at me and asked if I was all right! He gave me quite a turn!'

Dair wythnos wedi i'r gyfres ddod i ben, ces i alwad ffôn gan yr Athro Knight yn holi a o'n i'n rhydd i ddod lawr i'r marwdy. Roedd ganddo rywbeth i'w ddangos i fi roedd e'n meddwl fyddai o ddiddordeb. Lawr â fi ar unwaith. Roedd yr Athro wedi cael ei alw i weithio ar achos eithriadol ysgeler yn swydd Gaerloyw. Roedd nifer o gyrff wedi cael eu darganfod mewn gardd yno. Ac yno, o 'mlaen i, roedd gweddillion cyrff nifer o ferched oedd wedi cael eu lladd gan Fred a Rose West.

Er gwaetha ymateb anhygoel y cyhoedd i *Expert Witness*, doedd Michael Chaplin, pennaeth rhaglenni BBC Cymru ar y pryd, ddim yn hapus. Nid dyna'r math o raglenni roedd e am eu gweld ar y sianel. Mae BBC Cymru wedi bod yn geidwadol iawn erioed, a doedd fy syniadau i'n amlwg ddim yn ffitio. Ar ôl nifer o gyfarfodydd a thipyn o anghytuno, fe benderfynais ar ddiwedd y gyfres y byddai'n well petawn i'n gadael y BBC. Do'n i ddim eisiau mynd, ond roedd gen i nifer o syniadau am raglenni ro'n i eisiau eu gwneud, ac roedd yn amlwg na fyddai hynny'n digwydd o fewn y BBC. Yn y diwedd, cafodd y penderfyniad i adael ei wneud dipyn yn haws. Penderfynodd y BBC fod angen colli swyddi o'r adran ffeithiol. Roedd fy swydd i'n un ohonyn nhw.

Pennod 20

Diwedd 1993 oedd hi, ac roedd yn gyfnod digon ansicr. Roedd Elin a finne newydd adeiladu tŷ yn ardal Llandeilo ac wrthi'n talu'r morgais. Roedd Ffion fach yn ddeunaw mis oed, a'r unig waith oedd gen i ar y pryd oedd un rhaglen yr wythnos i Radio Cymru. Ar ôl pwyso a mesur am sbel, dyma benderfynu troi'n llawrydd a gweld pa fath o waith – os unrhyw beth – fyddai'n dod mewn. Yn ffodus, doedd dim rhaid aros yn hir. O fewn pythefnos, ces i alwad gan Huw Llywelyn, un o uwch gynhyrchwyr Radio Cymru (mae Huw bellach yn berchen Gwesty Cymru yn Aberystwyth), yn holi a fydden i'n rhydd i gynhyrchu rhaglen *Ocsiwnia* am gyfnod. Neidiais at y cyfle a chael amser difyr iawn yn helpu Nia Roberts i brynu, gwerthu a chyfnewid nwyddau ar draws Cymru gyfan. Roedd cynigon yn cyrraedd i wneud ambell ddiwrnod o gyfarwyddo rhaglenni teledu hefyd. Ond, ymhen ychydig, daeth cyfnod arall o newid amserlen a phatrwm darlledu Radio Cymru. Ro'n i'n methu credu fy lwc pan gynigiodd pennaeth yr orsaf, Daniel Jones, raglen nosweithiol i fi, yn darlledu rhwng wyth a naw. Roedd Becs yn darlledu o 'mlaen i a Gwenllian yn dilyn, a'r tri ohonon ni'n cyflwyno mathau cwbl wahanol o gerddoriaeth. Ro'n i'n gwneud cyfresi i Radio Wales hefyd, ac fe ddaeth yn amlwg fod y busnes llawrydd yma'n cynnig nifer o bosibiliadau. Ond fe ddaeth y newid mwya yn ein bywydau ni'n dau dipyn yn nes at gartre. Gan nad oedd gan Elin na fi swyddi parhaol, ond bod ganddon ni forgais a babi, fe benderfynodd Elin ddechrau cwmni annibynnol bach er mwyn trio cael gwaith gan S4C a'r BBC. Fe ddaeth y cyfle i wneud hyn pan brynodd Cenwyn Edwards, oedd yn gomisiynydd rhaglenni ffeithiol yn S4C erbyn hyn, gyfres Saesneg am y gofod. Roedd yn chwilio am gwmni i wneud fersiwn Gymraeg ohoni, a ffilmio darnau gyda seryddwyr o Gymru. Seryddiaeth yw un o brif ddiddordebau Elin, a dyna sut dechreuodd Telesgop 'nôl yn 1993, ar fwrdd y gegin ym Mhenrhiwgoch. Cyflogodd Elin bobl ifanc o'r ardal, fel Angharad Thomas, Jane Altham a Liz Thomas, tair merch weithgar a oedd hefyd yn gwarchod Ffion os oedd angen. Ond fe dyfodd y cwmni yn gynt na'r disgwyl. Cyn hir, fe benododd Elin PA gyfarwydd iawn i mi, sef Siân Ann, a fu gyda fi yn y BBC am flynyddoedd. Ac mae Siân yn dal yn Telesgop, un flynedd ar hugain yn ddiweddarach.

Tra oedd Elin wrthi'n ddyfal yn ffurfio'r cwmni, ro'n i'n dal ar gytundeb gyda'r BBC, felly do'n i ddim yn medru bod yn rhan ohono. Ond ar ôl i fi adael y BBC, fe es i weithio i Telesgop yn 1994.

Mae'n bwysig i fi fod yn glir fan hyn ynglŷn â'r cwmni. Elin sefydlodd Telesgop, a hi yw'r rheolwr/gyfarwyddwr. Dwi'n gweithio i'r cwmni, yn gweithio i Elin. Mae hyn wedi arwain at nifer o sefyllfaoedd diddorol a lletchwith. Oherwydd ein bod yn briod, roedd nifer o ddynion, yn enwedig ar y cychwyn, yn cymryd taw fi, y dyn, oedd yn bennaeth ar y cwmni. Fe glywais hanes un cyfarfod pan ddaeth criw o ddynion o gwmni arall i drafod gyda ni. Fe fuon nhw'n siarad ag Elin am sbel cyn i un ohonyn nhw holi pryd fydden nhw'n cael siarad â'r 'bòs'. Rwy'n credu i wyneb Elin esbonio'r sefyllfa'n hen ddigon clir heb fod angen dweud dim! Dwi wedi gweithio i nifer o fenywod dros y blynyddoedd; a ches i erioed broblem â'r un ohonyn nhw. A dweud y gwir, dwi'n mwynhau gweithio gyda menywod (efallai fod hynny'n rhywbeth i'w wneud â'r ffaith i fi gael fy magu gan fenyw gall). Does dim o'r malu awyr *macho*, ofnadwy sydd i'w weld weithiau pan fydd dynion yn ceisio gadael eu marc mewn cyfarfodydd. Mae pobl yn gofyn weithiau sut brofiad yw gweithio i'ch gwraig. Wel, galla i ddweud yn onest ei fod yn brofiad hapus iawn. Wrth gwrs ein bod ni'n cwympo mas weithiau. Mae gan Elin a fi syniadau gwahanol iawn am gynhyrchu, cyfarwyddo a'r broses greadigol o wneud rhaglenni, ond mae'r naill yn parchu safbwynt y llall, ac yn aml iawn, rydyn ni'n cytuno i anghytuno. Heddiw, mae pedwar o gyfarwyddwyr yn rheoli Telesgop, a dwi'n un ohonyn nhw. Ond Elin, fel y rheolwr/gyfarwyddwr, sydd â'r gair ola.

Mewn un ffordd, roedd gadael y BBC, mynd yn llawrydd ac ymuno â Telesgop yn 1994 yn fendith. Ro'n i'n medru trefnu fy nyddiau a fy oriau gwaith mewn ffordd dipyn yn fwy hyblyg na phetawn i wedi bod yn dal i weithio i'r BBC. Roedd hyn yn fantais fawr o safbwynt fy mherthynas i â Ffion. Roedd rhieni Elin, Tom ac Aranwy, o gymorth enfawr yn ei gwarchod, ac ro'n i'n gallu treulio amser gyda hi hefyd. Roedd Ffion fach a finne wrth ein bodd yn mynd i gerdded yn y wlad o gwmpas ein cartre, neu'n mynd i'r traeth yn Llanelli neu Gefn Sidan, lle treuliais oriau hapus iawn pan o'n inne'n blentyn. Fuon ni'n dringo'r Mynyddoedd Du sawl gwaith, a Ffion mewn cadair ar fy nghefn. Yr uchafbwynt bob tro oedd mynd am y diwrnod i Benclacwydd, Canolfan Gwlyptir Genedlaethol Cymru. Roedd Ffion wrth ei bodd yn rhoi bwyd yn ei llaw a'i gynnig i'r hwyaid a'r gwyddau. Weithiau, bydden ni'n mynd i sŵ Bryste, ac roedd yn bleser pur i fi weld y diddordeb a'r rhyfeddod yn llygaid fy merch fach wrth iddi syllu ar anifeiliaid egsotig o bob rhan o'r byd. Ro'n i'n gobeithio y byddai'r cyfnod hwn yn magu diddordeb ynddi mewn byd natur, bywyd gwyllt a'r awyr agored, ac rwy'n falch o ddweud fod y gobaith hwnnw wedi cael ei wireddu. Roedd y cyfnod yna o blentyndod Ffion yn werth y byd i fi, a dim ond yn ddiweddar rydw i wedi sylweddoli pa mor bwysig fuodd e. Erbyn hyn, a hithau'n oedolyn, rwy'n falch iawn ein bod mor agos, ac rwy'n gwerthfawrogi pob munud o'i chwmni o hyd.

Pan ymunais â Telesgop, ro'n i'n cyflwyno rhaglen bob nos i Radio Cymru, ac yna daeth cynnig i gyflwyno cyfres newydd am chwech y bore ar ddydd Sadwrn, yn cyfuno amrywiaeth o eitemau am weithgareddau awyr agored a thipyn o gerddoriaeth. Enw'r rhaglen oedd *Galwad Cynnar*, a'r cynhyrchydd oedd Non Vaughan Williams. Dwi ddim wedi bod yn un da iawn am godi'n gynnar erioed, felly roedd codi am bedwar bob wythnos yn dipyn o her. Dwi wastad yn hoffi cyrraedd y stiwdio o leia awr cyn darlledu (a dweud y gwir, hyd yn oed heddiw, dwi'n cyrraedd tua awr a hanner cyn mynd ar yr awyr). Un bore, fe gyrhaeddais am tua chwarter i bump fel arfer, a gosod popeth yn ei le. 'Nôl yn y nawdegau, roedd hynny'n golygu pentwr o CDs a thapiau neu *mini-discs* cyfweliadau. Dyna lle ro'n i'n aros yn eiddgar i groesawu fy nghynhyrchydd annwyl pan sylweddolais ei bod yn chwarter i chwech, a doedd dim golwg ohoni. Am chwech o'r gloch, es i ar yr awyr. Dal dim golwg o Non. Am bum munud wedi chwech, fe godais y ffôn a chlywed llais cysglyd yn ateb y pen arall. 'Bore da, Mrs Williams,' medde fi. 'Dyma'ch *Galwad Cynnar*!' Ar ôl hanner eiliad o dawelwch, clywais 'Oh, f**k!' lawr y ffôn. 'Fydda i 'na nawr!' Fe ddaeth Non a fi i ddeall yn gilydd yn dda iawn yn ystod y cyfnod hwn, ac fe ddaeth Elin a fi'n ffrindiau da â Non a'i gŵr Emyr. Yn ogystal â gwneud *Galwad Cynnar*, fuon ni'n teithio o gwmpas y wlad yn recordio cyfres o'r enw *Pentrefi Coll*, sy'n ymddangos weithiau ar y rhaglen *Cofio* gyda John Hardy.

Roedd Telesgop yn mynd o nerth i nerth. Ar ôl llwyddiant y gyfres am y gofod, aeth Elin ati i gynhyrchu rhaglen Nadolig am seren Bethlehem, oedd yn archwilio'r wyddoniaeth a'r seryddiaeth tu cefn i'r stori. Ond yna, yn 1994, fe gafodd hi syniad am y gyfres ddaeth â fi mewn i Telesgop go iawn, oherwydd fy nghysylltiad â'r Athro Bernard Knight a'r byd fforensig. Ei theitl oedd *Dim Cliw*. Roedd yn gweithio fel hyn: roedd y gynulleidfa gartre'n gweld ffilm fer lle byddai rhywun yn marw. Yna, roedd ddau dîm o gystadleuwyr, oedd heb weld y ffilm, yn cael cyfle i archwilio lleoliad y farwolaeth, holi tystion ac yna penderfynu achos y farwolaeth – damwain, hunanladdiad neu lofruddiaeth. Os mai'r ola oedd e, roedd raid dyfalu pwy oedd y llofrudd hefyd. Bernard Knight fu'n creu'r sefyllfaoedd dramatig a fi oedd yn gyfrifol am y ddeialog. Roedd ffilmio *Dim Cliw* yn llawer o hwyl. Aeth y rhaglen i ddwy gyfres, ac roedd yn llwyddiannus iawn.

Roedd y prosiect nesa'n mynd â fi 'nôl at fy ngwreiddiau mewn rhaglenni amaethyddol. Bob haf, mae cymunedau cefn gwlad yn cynnal degau o sioeau bach ar hyd a lled Cymru, a buon ni'n darlledu o'r rhain mewn cyfres o'r enw *Y Sioe Fach*. Roedd y rhaglenni'n dangos gweithgareddau a mawredd cefn gwlad yn eu holl ogoniant. Ar un achlysur, rwy'n cofio cyrraedd maes sioe Trefor ym Mhen Llŷn un bore Sadwrn, yn barod i ddarlledu oddi yno gyda'r nos. Gan mai fi oedd yr uwch gynhyrchydd, ro'n i'n awyddus iawn i gael popeth yn gweithio, a dechrau ffilmio mor fuan â phosib. Ond pan gyrhaeddon ni, doedd dim byd yno. Dim un person, nac anifail, na ffens, na lloc defaid, na phabell na dim. I wneud pethau'n waeth, roedd niwl trwchus wedi cyrraedd o'r môr, felly doedd dim golygfa o fath yn y byd i'w gweld. Y funud nesa, fe gyrhaeddodd y fan offer oedd yn cario'r *scanner* darlledu, a'r gyrrwr yn gofyn i fi a oedden ni yn y lle iawn. Ro'n i ar fin mynd i banig pan ddaeth tractor bach i mewn drwy'r gât. Gofynnais i'r gyrrwr ai hwn oedd maes y sioe. Ie, medde fe – a byddai rhagor o bobl yn cyrraedd yn y man. Gyda hynny, aeth ati i ddechrau gosod y ffensys ar gyfer llociau'r defaid. Es i mewn i'r *scanner*, dechrau checio sgriptiau ac yn y blaen, a chyn bo hir, dechreuodd tapiau gyrraedd o gyfweliadau gyda chystadleuwyr, ffermwyr ac ymwelwyr â'r sioe. Gan fod popeth yn rhedeg mor hwyr, adawais i ddim o'r fan tan ryw bump o'r gloch y prynhawn. Erbyn hynny, roedd popeth wedi mynd. Pob person, anifail, ffens, lloc, pabell – popeth! Weles i ddim o'r sioe o gwbl. Diolch byth fod y tapiau ar gael yn dystiolaeth o'r holl weithgareddau. Fel arall, gallen i fod wedi credu'n rhwydd mai breuddwyd oedd y cyfan!

Rwy'n ystyried fy hunan yn ffodus iawn o fod wedi cael cyfle i brofi cynifer o wahanol agweddau ar y byd darlledu. Yr unig faes dwi heb ymwneud ag ef yw drama, heblaw am weithio gydag actorion pan fues i'n cynhyrchu *Dim Cliw*. A dweud y gwir, does gen i ddim llawer o ddiddordeb yn y maes. Rwy'n parchu gallu actorion a chyfarwyddwyr drama'n fawr iawn, ond dyw hi ddim yn apelio ata i o gwbl. Does gen i ddim diddordeb chwaith mewn operâu sebon na rhaglenni 'realaeth'. Er hynny, mae gen i ddiddordeb mawr mewn ffilmiau, ac rwy wrth fy modd â gwaith cyfarwyddwyr fel Paul Greengrass, Luc Besson, Martin Scorsese, Sam Mendes, Marc Evans a Kevin Allen ymhlith eraill. Dwi'n ffan enfawr o ffilmiau James Bond (mae Ffion wedi datblygu'r un diddordeb Bond-aidd, hefyd), ffilmiau Bourne a'r drioleg Sgandinafaidd *The Girl with the Dragon Tattoo*. Ond ym myd teledu, rhaglenni ffeithiol yw fy niléit. Rhaglenni dogfen am fywyd gwyllt, teithio, gwyddoniaeth a meddygaeth sy'n denu fy sylw bob tro. Felly, roedd y cynnig ges i i fynd yn ôl i'r BBC am gyfnod yn dipyn o sioc. Roedd pennaeth cyfres *Week In Week Out* yn chwilio am gynhyrchydd/cyfarwyddwr i weithio gyda'r tîm am ryw chwech mis. Roedd Adrian Davies wedi gweld ac wedi hoffi'r gyfres *Expert Witness*, a fe oedd yn awyddus i fi ymuno â'r tîm. Ro'n i'n falch iawn o dderbyn y cynnig. Roedd byd materion cyfoes yn un hollol newydd i fi. Mae *Week In Week Out* yn adnabyddus ac yn uchel ei pharch fel rhaglen ymchwiliol dreiddgar. Roedd cyfrinachedd yn hanfodol. Pwnc fy rhaglen gynta oedd y diwydiant cig llo (*veal*). Roedd ffermwyr yn y wlad hon yn ceisio marchnata cig llo o safon uchel, gan ddadlau nad oedd y lloi ar y cyfandir yn cael eu trin mewn ffordd lesol a bod yna greulondeb yn y ffordd roedd y cig yn cael ei gynhyrchu.

Ond mae un rhaglen benodol wedi aros yn fy nghof. Fe ges i'r fraint o weithio gyda'r newyddiadurwraig orau dwi wedi ei nabod erioed. Bryd hynny, roedd Jane Morgan yn ohebydd ac yn is-gynhyrchydd ar y gyfres. Bellach, mae hi'n un o brif gynhyrchwyr *Week In Week Out*. Roedd stori wedi dod at sylw'r uned fod dyn oedd yn byw yn ardal Caerdydd yn gweithredu cynllun ariannol amheus iawn, ac yn twyllo nifer fawr o bobl.

Ei dric brwnt oedd cynnig benthyciadau dros dro (*bridging loans*) i bobl oedd yn disgwyl i fenthyciad gan y banc glirio trwy eu cyfrif. Byddai'n gofyn am flaendal eitha sylweddol o'r swm i dalu am y gwaith gweinyddol. Roedd hyn yn hollol gyfreithlon, ond yr hyn oedd yn anfoesol oedd y cymal yn y print mân oedd yn datgan bod ganddo hawl i gadw'r blaendal hwnnw. Erbyn i bobl sylweddoli beth oedd wedi digwydd, roedd eu harian wedi diflannu am byth. Fe drefnodd Jane a fi gwrdd ag e, gan esgus bod yn ŵr a gwraig oedd angen benthyciad tymor byr i ddechrau busnes. Tra oedden ni'n aros am y cafflwr fel 'pâr priod' mewn lolfa gwesty yng Nghaerdydd, fe welodd ffrind i Elin a fi ni, ac roedd yr olwg ar ei hwyneb yn bictiwr! Bu'n rhaid i mi egluro'n glou iawn wrthi beth oedd yn digwydd, rhag ofn iddi ddifetha'r sefyllfa'n llwyr. Fe ffilmion ni'r cyfarfod, yn cynnwys y cais gan y dyn am bum mil o bunnoedd o flaendal. Trwy wneud ymchwil pellach, fe ddaethon ni o hyd i sawl unigolyn oedd wedi bod yn y carchar gyda'r twyllwr, felly roedd yn amlwg ei fod wedi arfer â gweithredu'n anghyfreithlon yn y gorffennol.

Pan aethon ni i'w gartre, gwrthododd ddod allan i'n gweld, ond yn sydyn, daeth dyn atom yn ein bygwth â phastwn pren anferth. Fe ffilmion ni'r bygythiad, ac aeth i ffwrdd. Y funud nesa, roedd e 'nôl mewn cerbyd 4x4 ac yn gyrru'n syth amdanon ni. Pan welodd y camera, newidiodd gyfeiriad y car a gyrru o 'na. Mae'n debyg mai fe oedd brawd yng nghyfraith y dyn roedden ni'n chwilio amdano. Chawson ni fyth gyfweliad gyda'r benthyciwr, ond fe ddygwyd achosion sifil yn ei erbyn gan nifer o bobl roedd wedi eu twyllo. Y tro diwetha y clywais ei hanes, roedd yn gwerthu *timeshares* yn ynysoedd y Caneri.

Yn ddiddorol iawn, yn dilyn fy nghysylltiad â *Week In Week Out* ac *Expert Witness*, fe ddaeth galwad gan yr heddlu un bore, yn gofyn i fi fynd i'w gweld. Roedd angen cymorth arnyn nhw i wneud ffilm a fyddai'n dangos elfen o dystiolaeth mewn achos pwysig o lofruddiaeth. Bu'n rhaid i fi arwyddo'r Official Secrets Act cyn medru gwneud y gwaith, felly alla i ddim â datgelu llawer iawn am yr achos, dim ond dweud bod y dystiolaeth yn ffrwyth llafur blynyddoedd o waith caled gan yr heddlu ar un o'r achosion mwya erchyll o lofruddiaeth oedd wedi digwydd yng Nghymru ers blynyddoedd. Roedd cydweithio ag unedau cudd yr heddlu a'r gwasanaethau cudd yn brofiad eithriadol o ddiddorol – un arall i'w ychwanegu at y casgliad!

Pennod 21

Un o'r pethau braf am fyd darlledu yw nad y'ch chi byth yn gwybod beth sy'n dod nesa. Ac fel mae'n digwydd, aeth fy mhrosiect nesa â fi at fath o raglenni ro'n i wedi bod yn ysu am gael eu gwneud ers blynyddoedd – rhaglenni bywyd gwyllt. Erbyn canol y nawdegau roedd Canolfan Gwlyptir Genedlaethol Cymru ym Mhenclacwydd yn atyniad poblogaidd iawn. Ro'n i'n aelod o'r Ymddiriedolaeth Adar Dŵr a Gwlyptir, ac wedi bod yno nifer o weithiau i weld yr adar ac i dreulio oriau difyr iawn gyda Ffion pan oedd hi'n fach, wrth gwrs. Atyniad mawr y ganolfan i fi oedd y cyfle i fod yn agos iawn at adar gwyllt. Mae gan y ganolfan sawl casgliad o adar o bob rhan o'r byd, ond ei phrif ogoniant yw'r cuddfannau sy'n edrych allan dros y morfa a'r aber, sy'n caniatáu i rywun weld adar gwyllt yn byw eu bywydau yn eu cynefin naturiol.

Roedd S4C wedi talu i osod camera *remote* allan ar yr aber ger Penclacwydd, oedd yn trosglwyddo lluniau o'r adar yn ôl i'r ganolfan. O ganlyniad, roedd yr Ymddiriedolaeth yn awyddus iawn i fod yn rhan o gyfres o raglenni oedd yn seiliedig ar y ganolfan. Fe neidiais at y cyfle i ffilmio a chynhyrchu'r gyfres. Wedi'r cyfan, roedd y ganolfan wedi ei chodi ar dir fferm ger Llwynhendy, lle bues i'n chwarae gyda fy ffrindiau pan o'n i'n iau. Yma yn yr aber ddysgais i nofio, felly ro'n i'n nabod yr ardal, y ganolfan a'r bywyd gwyllt yn dda. Roedd y comisiwn am ddeg rhaglen hanner awr, felly penderfynwyd ffilmio ar draws y pedwar tymor er mwyn cynnig golwg gyflawn ar weithgareddau'r ganolfan a'r bywyd gwyllt o'i chwmpas.

Yn ystod yr un flwyddyn, ro'n i'n gweithio fel cyd-gynyhyrchydd ar gyfres arall am fywyd gwyllt, sef *Prydain Wyllt* (*Wild Islands*), cyd-gynhyrchiad rhwng STV yn yr Alban, RTE yn Iwerddon ac S4C. Cafodd y gyfres am Benclacwydd dderbyniad da, a bu *Prydain Wyllt* yn llwyddiant mawr hefyd. Ro'n i ffilmio yn yr Alban yn gymharol ddiweddar, ac un noson, aethon ni i'r dafarn leol i gael bwyd. Er mawr syndod i fi, roedd pennod o *Wild Islands* yn cael ei darlledu ar y teledu yno, bron iawn i ugain mlynedd ar ôl i ni gynhyrchu'r gyfres.

Yna yn 1995, yng nghanol cyfnod cynhyrchu cyfres Penclacwydd, fe hysbysebodd y BBC dendr i gynhyrchu eu rhaglenni o'r Sioe Frenhinol yn Llanelwedd. Roedden ni fel cwmni'n teimlo bod y profiad a'r gallu gyda ni i wneud cais cymwys am y tendr, yn enwedig yn sgil ein profiad o gynhyrchu *Y Sioe Fach*. Fe enillodd Telesgop y cytundeb i gynhyrchu rhaglenni Cymraeg o'r Sioe ar ran y BBC, i'w darlledu ar S4C.

Erbyn i fi ddechrau gweithio i Telesgop, roedd y staff wedi cynyddu. Ymunodd Dyfrig Davies ar gyfer *Dim Cliw* (Dyf Death i'w ffrindiau, am ei fod yn ymgymerwr angladdau trwyddedig yn ogystal â bod yn gynhyrchydd ac yn gyfarwyddwr teledu profiadol), a Gareth Vaughan Jones ac Eirwen Hopkins hefyd. Rwy'n falch iawn o ddweud bod Dyfrig yn dal gyda ni, yn un o gyfarwyddwyr y cwmni bellach, ac yn ffrind arbennig. Yn ystod y cyfnod hwn, roedd y cwmni'n cyflogi pobl yn ôl anghenion y rhaglenni hefyd, felly roedd hi wedi mynd yn anodd iawn parhau i redeg popeth gartre. Fe benderfynon ni symud i swyddfa fach yn Llandeilo.

Roedd rhaglenni'r flwyddyn flaenorol o'r Sioe Frenhinol wedi cael problemau mawr, felly roedd y BBC yn nerfus iawn am y rhaglenni pan ddechreuon ni ar y tendr. Dyfrig a fi drefnodd pob eitem yn ein blwyddyn gynta. Roedd bwrdd gwyn anferth gyda ni ar y wal, ac fe aeth yn ras rhwng y ddau ohonon ni i weld pwy fedrai drefnu'r eitemau i lenwi'r bylchau! Ro'n i wedi gweithio ar raglenni Saesneg y BBC o'r Sioe Fawr eisoes, ac roedd pwyslais ar y pethau anarferol neu elfennau ciwt y sioe. Ond ro'n i'n teimlo bod angen math gwahanol o raglenni ar y gynulleidfa Gymraeg. Mae traddodiad amaethyddol cryf ymhlith Cymry Cymraeg cefn gwlad, felly rhoeson ni flaenoriaeth i'r cystadlu a'r cyfranwyr amaethyddol profiadol. Roedden ni'n recordio ac yn golygu trwy'r dydd, ac yna'n darlledu am saith y nos. Fe aeth popeth yn iawn, ac fe gafwyd ymateb positif tu hwnt gan y gynulleidfa. Yn ddiddorol iawn, oherwydd y pryder y BBC am ddarl, lediadau'r flwyddyn gynta honno, ddaeth dim un uwch gynhyrchydd yn agos aton ni. Doedd dim cyfarfodydd o flaen llaw, dim trafod, a dim ymateb yn ystod yr wythnos. Oherwydd hyn, roedd yn rhyddhad mawr i dderbyn galwad ffôn gan Geraint Talfan Davies ar ddiwedd y Sioe, yn diolch i ni am y rhaglenni. Ar ôl i'r pennaeth ein cymeradwyo, a ninne wedi profi ein bod yn medru gwneud y rhaglenni'n llwyddiannus, ac yn gwmni dibynadwy, y flwyddyn ganlynol, roedd yr uwch gynhyrchwyr mewn cysylltiad rownd y ril!

Er efallai fod y llith hwn yn rhoi'r argraff fod bywyd yn waith i gyd, roedd amser i wneud pethau eraill weithiau. Yn 1996 ro'n i'n dal i gyflwyno *Galwad Cynnar* bob bore Sadwrn. Un wythnos, daeth hysbyseb i mewn i'r rhaglen am ras antur oedd i'w chynnal yn yr Alban. Fe wnaethon ni eitem am y ras, ac roedden ni'n ei thrafod wedyn pan gafodd rhywun y syniad gwallgo y dylen ni roi tîm at ei gilydd i gystadlu, a recordio'r cyfan ar gyfer y rhaglen. Dwi'n rhoi'r bai yn sgwâr ar ysgwyddau fy nghynhyrchydd, Non! Ro'n i wedi ymddiddori mewn gweithgareddau awyr agored erioed, ers dyddiau rasus traws gwlad yn yr ysgol. Ro'n i wedi bod yn mynydda am flynyddoedd hefyd, wrth gwrs. Fues i'n cystadlu mewn nifer o rasus 10k a hanner marathon, yn cynnwys hanner marathon Caerdydd, ac yn fwy diweddar, marathon Llundain. Ro'n i wedi cael cyfle i ymuno â'r Fyddin Diriogaethol – y TA – ac fe fues yn hyfforddi gyda nhw am gyfnod yn y Bannau, Cwm Elan ac Eryri, yn dysgu sgiliau goroesi yn yr awyr agored, cymorth cyntaf, sut i nabod a thrin gynnau a sut i asesu sefyllfaoedd peryglus. Pharodd y cysylltiad â'r TA ddim yn hir iawn oherwydd gofynion gwaith, ond fe wnes i nifer o ffrindiau da yn ystod y cyfnod yna. Aeth sawl un o'r bois mlaen i ymuno â'r fyddin yn llawn amser. Rwy'n falch iawn o ddweud fy mod yn dad bedydd i fab un ohonyn nhw, ac mae'r mab yntau wedi ymuno â'r fyddin erbyn hyn. Mae gen i barch mawr at ddynion a menywod sy'n barod i amddiffyn eu gwlad, yn cynnwys sawl aelod o 'nheulu sydd wedi bod, ac yn dal i wasanaethu.

Ond yn ôl at y ras. Y bwriad oedd codi tîm o bedwar, yn cynnwys o leia un ferch, i redeg, beicio mynydd a chanwio o un pen ynysoedd yr Hebrides i'r llall, o ynys Barra yn y de i oleudy Butt of Lewis yn y gogledd, heb ddefnyddio'r prif heolydd. Es i at fy ffrind gorau ers dyddiau'r ysgol, John Morgan, i ddechrau. Roedd John yn blismon yng Nghaerfyrddin ac wedi bod yn cerdded ac yn rhedeg gyda fi nifer o weithiau. Dywedais wrth John fod ffrind arall, Alun Protheroe, eisoes wedi cytuno. Pan glywodd John hynny, doedd e ddim eisiau colli allan ar yr antur, felly fe gytunodd yn frwd. Mae Alun yn gweithio fel peiriannydd sain yn y BBC ac yn feiciwr o fri. Roedd y tri ohonon ni'n hapus i gystadlu fel rhedwyr a beicwyr, ond roedd angen rhywun i ganwio. Yn fwy na hynny, roedd raid dod o hyd i rywun â thystysgrif ganwio er mwyn cael cystadlu, ac roedd angen merch arnon ni. Rai blynyddoedd ynghynt, ro'n i wedi gweithio gyda Bethan Gwanas yn y BBC. Yn ogystal â bod yn uffern o gymeriad, roedd Bethan wedi chwarae rygbi i dîm merched Cymru, ac roedd gen i frith gof ei bod yn gallu canwio. Ac yn wir, roedd ganddi drwydded hyfforddiant. Dyma gysylltu â Beth ar unwaith, ac ro'n i wrth fy modd pan gytunodd i ymuno â ni.

Cawson ni gyfarfod cynllunio yn Aberystwyth, lle roedd John wedi trefnu i ni ddefnyddio un o swyddfeydd yr heddlu am ddim! Roedden ni wedi prynu'r mapiau angenrheidiol, ac aethon ni ati i asesu'n taith. Dyma pryd daeth maint y fenter yn amlwg. Doedd neb ohonon ni wedi bod i'r Hebrides o'r blaen, ac roedd y mapiau'n dangos ardaloedd enfawr o fynyddoedd gwyllt ac arfordir unig. Roedd y wybodaeth gan y trefnwyr yn dangos bod y *checkpoints* i gyd ar ben y mynyddoedd. Roedd gofyn i bob tîm benderfynu ar eu taith eu hunain, ac yna ei dangos i'r trefnwyr mlaen llaw, gan fod rhai ardaloedd yn beryglus iawn, ac yn llawn corsydd lle gall pobl suddo a diflannu. Grêt! Roedden ni i gyd wrth ein bodd.

Penderfynwyd y byddai'n rhaid i bawb hyfforddi'n unigol, ac y dylen ni i gyd wneud 'bach o redeg, beicio a chanwio. Fe lwyddodd John a fi i gael hyfforddiant canwio, er i ni'n dau fod mewn perygl o foddi fwy nag unwaith! Y peth arall oedd ei angen ar y tîm oedd cefnogwyr i yrru'r ceir a chynorthwyo gyda bwyd ac ati. Roedd Non yn amlwg yn un, gan ein bod yn recordio'r cyfan, a daeth Alun o hyd i Dr. Anne Woodhouse yn un arall. Roedd Anne, sy'n seicolegydd, yn gweithio yn Abertawe ar y pryd. Mae hi'n dod o'r Alban, ac roedd yn barod iawn i helpu gyda'r gyrru a'r paratoadau. Roedd y ffaith ei bod yn seicolegydd yn handi iawn hefyd!

Ddechrau mis Mai, daeth yn amser mynd i'r Alban. Mae cyrraedd yr Hebrides yn dipyn o gamp. Rhaid gyrru i Kyle of Lochalsh ar yr arfordir gorllewinol, a chroesi i ynys Skye. Doedd dim pont bryd hynny, felly roedd raid aros am y fferi. Yna, mae'n rhaid croesi Skye i Uig yn y gogledd-ddwyrain, a dal fferi arall i Lochmaddy yng Ngogledd Uist. Roedd cyrraedd yr ynysoedd am y tro cynta fel camu 'nôl hanner canrif. Ond roedd y golygfeydd yn wych, a theimlad gwyllt go iawn i'r tirlun. Ro'n i wrth fy modd.

Pen-blwydd Alun Protheroe ger Llyn y Fan: fi, Anne Woodhouse, Mr P

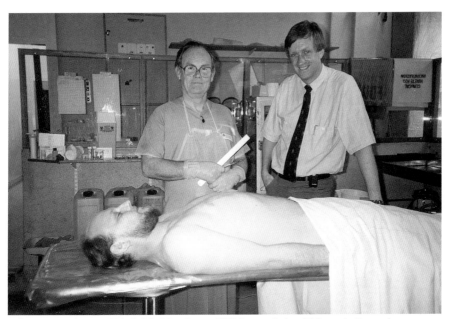

Cyfres *Expert Witness*, 1993. Gyda'r Athro Bernard Wright, y patholegydd fforensig. Yn yr achos yma, actor sydd ar y bwrdd

Ffilmio yn Ghana (1999)

Hynafgwyr pentref yn Ghana yn ystod ffilmio *Eating Us Alive* (1999)

Tiwnisia 1999. Ffilmio *Eating Us Alive*

Elin a fi yng Nghanada (2004)

Ar ben mynydd Clisham, Ynys Harris gydag Alun Protheroe

Pegwn y de go iawn (2004)

Caban Robert F. Scott yn Cape Evans, Antarctica

Patriot Hills (2004)

Cape Adare, Antarctica gyda dwy filiwn o bengwinaid Adélie a Bethan Gwanas

Ar y Lein Antarctica, Bethan Gwanas a fi (2005)

Mam a thad Elin (2005)

Ffion yn dilyn yn ôl fy nhraed (2011)

Tebot Piws, taith yr aduniad, 2008. Chwith i'r dde: Sbardun, Pws, fi, Ems a Stan

Gŵyl y Faenol 2009

Elin a Ffion yn Solfach

Gareth Iwan a fi

Y Merlin Ride, 2010.
Mynd dros y Mynydd Du

John Morgan a fi,
ffrindiau bore oes

Ni'n dau yn Aber

Ffion a Gareth, fy mab bedydd

Fi a Matt, fy mab bedydd arall, wrth iddo raddio o Sandhurst, mis Rhagfyr 2013

Ffion a fi yng nghyngerdd dathlu deugain Runrig. Awst 2013

Fi a'r hyfryd Lisa Gwilym

Yr anfarwol Eurof Williams a fi, 2014

Dot a fi, 2014

Fi, Fflur Dafydd a Chiz, 2014

Ffion gyda Roy Davies, fy nghyn-bennaeth yn y BBC

Y teulu gartre

Oes raid gweud mwy? Dyma Ffion

Doedden ni ddim wedi prynu llawer o fwyd mlaen llaw, felly aethon ni i siopa ar yr ynys. Roedd yn dipyn o sioc pan aethon ni i'r siop leol a gofyn am fananas. 'No, I'm sorry, we don't have any bananas,' daeth yr ateb, yn acen feddal, hyfryd yr ynysoedd. 'Where can we get some?' oedd cwestiwn nesa Alun. 'Oh, we'll have some more when the boat arrives on Thursday,' oedd yr ateb annisgwyl. A hon oedd yr unig siop ar yr ynys!

Roedd y ras yn gymharol newydd yn 1995, felly dim ond rhyw bymtheg tîm oedd yn cystadlu. Fe gwrddon ni â'r cystadleuwyr eraill cyn dechrau, ac roedd pawb mewn hwyliau da. Fe ddechreuodd y ras, a gadawodd canŵ-wyr y timau ynys Barra, rasio i gyrraedd de Uist ac yna rhedeg, beicio a chanwio i'r gogledd. Roedd yn ddiwrnod mwll iawn o gymylau isel a glaw mân. Mae'r gair Albanaidd *dreich* yn ei ddisgrifio i'r dim. Roedd fy rhan gynta i o'r ras yn mynd i fyny mynydd Hecla at ryw ddwy fil o droedfeddi. Ar ben pob mynydd, roedd cystadleuwyr yn pasio baton at aelod arall o'u tîm ar ôl ei ddangos i swyddogion y ras i brofi eu bod wedi bod yno. Bant â fi yn y niwl. Roedd popeth yn mynd yn iawn nes i fi gael teimlad rhyfedd bod rhywbeth o'i le. Edrychais ar y map, ond doedd e'n gwneud fawr ddim synnwyr achos do'n i'n gweld dim byd yn y niwl. Daeth cystadleuydd arall i fyny'r llwybr, a stopio pan welodd fi. Buon ni'n trafod am sbel cyn dod i'r casgliad ein bod ar goll. Fe ddalion ni i ddilyn y llwybr, a chyn hir, gwelson ni ragor o raswyr ar ben copa'r mynydd, a neb yn deall ble roedd y *checkpoint*. Yr eiliad honno, fe gododd y niwl am funud neu ddwy – yn ddigon hir i ni sylweddoli ein bod ar y copa cwbl anghywir!

Wedi gweld ein camsyniad a deall ble roedd y mynydd iawn, dechreuon ni rasio unwaith eto. Tra o'n i'n whilibowan yn y niwl, roedd gweddill y tîm yn aros amdana i wrth droed y mynydd, yn barod i gario mlaen. Ond erbyn i fi eu cyrraedd, ro'n i wedi colli'r *deadline* ar gyfer y cymal hwnnw, ac roedden ni'n gorfod ymddeol o'r ras swyddogol. Roedd hawl gyda ni i gario mlaen a gorffen y cwrs, ond fyddai'n safle fel tîm ddim yn cyfri. O edrych yn ôl ar y ras gynta yna, mae'n amlwg nad oedd dim clem gyda'r un ohonon ni beth roedden ni'n ei wneud. Rydyn ni wedi mynd 'nôl i gystadlu sawl gwaith ers hynny, ac wedi gorffen mewn safleoedd llawer mwy parchus ers hynny.

Yn fwy na dim, roedd y ras yn gyflwyniad gwych i'r hyn oedd gan yr Hebrides i'w gynnig, a thrwy hynny, ogoniant yr Alban yn gyffredinol. Mae Alun, John a fi wedi bod yn cerdded mynyddoedd mewn sawl rhan o'r wlad bellach – Torridon, Applecross, Ynys Mull, Ynys Rum, ac yn bellach i'r gogledd hefyd. Ond mae rhyw hyd a lledrith yn ein galw 'nôl i'r Hebrides. Rydw i'n mynd yno bob blwyddyn, i gerdded, i feicio ac i syllu ar dirwedd fwya hudolus gwledydd Prydain – yn fy marn i, beth bynnag. Mae cerdded ar hyd llwybrau anghysbell lle does dim ôl troed, a gweld ceirw gwyllt yn syllu arnoch chi'n brofiad bendigedig. Neu eistedd ar gopa mynydd ac eryr aur neu eryr y môr yn cylchdroi uwch eich pen, ac yna cerdded ar hyd traethell unig a gwylio dyfrgwn yn chwarae ac yn bwyta yn y môr – profiadau bythgofiadwy. Yn fy marn i, does dim gair addas yn y Gymraeg ar gyfer *wilderness*. Mae'r geiriadur yn cynnig 'anialwch' a 'diffeithwch', ond dyw'r geiriau yna ddim yn disgrifio'r hyn rwy'n ei deimlo pan fydda i'n ddigon ffodus i dreulio amser mewn *wilderness* go iawn. Yng nghwmni fy nhad y dechreuodd fy niddordeb mewn byd natur, ac rwy'n dal i deimlo cysylltiad ag e bob tro rwy'n mynd i lefydd gwyllt, ac yn cofio'i straeon am anifeiliaid gwyllt a'i brofiadau o fod mewn llefydd anghysbell yn ystod y rhyfel. Mae fy angerdd at lefydd gwyllt wedi ei feithrin wrth ymweld â llefydd tebyg ar draws y byd, ac roedd rhagor i ddod ...

Pennod 22

'Nôl yn y gwaith, roedd popeth yn mynd yn iawn. Ro'n i'n dal i weithio ar y gyfres *Prydain Wyllt* ac yn dal i gynhyrchu'r Sioe Fawr i'r BBC ar gyfer S4C. Ond yna ar ddiwedd 1996 daeth cyhoeddiad cyffrous iawn. Roedd S4C yn chwilio am gyfres o raglenni amaethyddol. Roedden ni'n gwbl ffyddiog fod gennym y cymwysterau addas yn Telesgop i gynhyrchu rhaglen wythnosol am ffermio, felly dyma fynd amdani. Fe fues i'n gweithio am bythefnos ar ddogfen y cynnig, ac yna aeth Elin a fi i'r cyfweliad. Roedd pedwar ar ddeg o gwmnïau'n cystadlu am y cytundeb, yn cynnwys ambell gwmni mawr, sefydlog, adnabyddus. A dweud y gwir, pan adawson ni'r cyfweliad, doedd Elin na finne'n meddwl bod llawer o obaith gyda ni. Ond er mawr syndod i ni, ryw wythnos yn ddiweddarach, daeth ffacs drwodd i'r swyddfa, (ie, ffacs! Cofio rheina?), yn dweud ein bod wedi llwyddo. Ro'n i'n methu credu'r peth, ond yr un pryd, ro'n i'n ymwybodol iawn y byddai'r cytundeb hwn yn newid y cwmni am byth. Ar ben hynny, achosodd y ffaith mai Telesgop enillodd gytundeb *Ffermio* dipyn o ddaeargryn yn y diwydiant teledu yng Nghymru. Wedi'r cwbl, yn ôl nifer o'r 'gwybodusion', cwmni bach, newydd, dibrofiad oedd Telesgop. Pa hawl roedd gyda ni i ennill cytundeb o'r fath? Aeth un neu ddau o bobl yn bellach, a chwyno wrth S4C am y penderfyniad, gan awgrymu nad oedden ni'n gwybod beth roedden ni'n ei wneud. Bron iawn i ugain mlynedd yn ddiweddarach, mae'n gwbl glir ein bod yn gwybod yn iawn beth roedden ni'n ei wneud, ac yn gwybod hynny o hyd.

Y tri chyflwynydd yn y cais oedd Sulwyn Thomas, Gerallt Pennant ac Elin, a oedd yn cyflwyno rhaglen wledig *Homeland* i BBC Wales bob dydd Sul ar y pryd. Ond roedd raid i Elin dynnu ei henw yn ôl, ac fe roddodd hyn gyfle i ni ddewis newyddiadurwraig ifanc, dalentog i ymuno â'r tîm, sef Rachael Garside, oedd yn gweithio ar *Wales Today* ar y pryd. Roedd gan Rachael ddiddordeb mawr yn y swydd, ond roedd hi'n poeni nad oedd hi'n deall braidd dim am amaethyddiaeth. Yn fy marn i, roedd hynny i'w groesawu. Roedd gen i ddau gyflwynydd eisoes a chanddynt storfa o wybodaeth a phrofiad amaethyddol. Yr hyn oedd ei angen oedd rhywun ffres allai ddod â gogwydd newyddiadurol i'r maes, a gweld ffermio mewn ffordd newydd a gwahanol. Wrth gwrs, roedd hyn yn fêl ar fysedd y sawl oedd yn benderfynol o'n dilorni. Ond roedd ganddon ni dîm eithriadol o ymgynghorwyr ar y gyfres hefyd, felly roedden ni'n hollol ffyddiog fod y tîm yn gryf o flaen y camera a thu ôl iddo.

Darlledwyd y gyfres am y tro cynta ym mis Ionawr 1997. Fi fyddai'r cynta i gyfadde, wrth geisio sicrhau bod y rhaglenni cynta yna'n adlewyrchu'n dymuniad i drin y diwydiant amaeth o ddifri, fel busnes, eu bod yn rhy galed o lawer. Ond mae pob cynhyrchydd call yn ymateb i ddymuniadau cynulleidfa a darlledwr, ac ar ôl rhyw fis, addaswyd rhai o'r eitemau i adlewyrchu bywyd bob dydd cefn gwlad, a chynnwys portreadau o ffermydd diddorol yn ogystal â'r ochr fusnes bwysig.

Ro'n i'n cynhyrchu'r gyfres yn ein swyddfa yn Llandeilo, ac yn gorfod teithio i Gaerdydd er mwyn gorffen y gwaith golygu ar y rhaglenni a'u cyfleu i S4C. Roedd y teithio'n gwastraffu llawer gormod o amser, felly fe benderfynon ni wneud buddsoddiad mawr, a phrynu'n hoffer golygu ein hunain. Roedd angen golygydd profiadol i wneud y mwya o'r buddsoddiad yn yr offer, a dyna sut ymunodd Trystan Rowlands â'r cwmni. Mae Trystan gyda ni hyd heddiw, yn bennaeth ar yr adran ôl-gynhyrchu ac yn un o gyfarwyddwyr y cwmni.

Dros y blynyddoedd, mae *Ffermio* wedi mynd i'r afael â phrif bynciau llosg y dydd, ac wedi trafod cwotâu llaeth, y polisi amaethyddol cyffredin, BSE, amaethwyr yn taflu cig eidion i'r môr yng Nghaergybi, protestiadau tanwydd, a'r newidiadau niferus sydd wedi digwydd i daliadau amaethyddol dros y blynyddoedd. Ond yn ddi-os, yr adeg mae pawb yn ei gofio gliriaf yw adeg clwy'r traed a'r genau yn 2001. Does dim angen atgoffa ffermwyr o'r hyn a ddigwyddodd. Caewyd cefn gwlad i lawr yn gyfan gwbl. Roedd yr effaith ar fusnesau a bywoliaeth nifer o amaethwyr yn andwyol, wrth iddynt weld blynyddoedd o waith magu stoc o'r safon ucha yn diflannu, yn llythrennol, yn y mwg o flaen eu llygaid. Cafwyd effaith negyddol ar dwristiaeth cefn gwlad hefyd, ond doedd dim amheuaeth mai'r amaethwyr gafodd hi waetha. Fe ofynnodd S4C i ni ddarlledu rhaglen fyw ddwywaith yr wythnos yn ystod yr argyfwng. Er mwyn parchu sefyllfa'r ffermwyr, fe benderfynon ni na fydden ni'n ymweld â ffermydd i ffilmio rhag ofn i ni, yn anfwriadol, gyfrannu at y gyflafan. Aethon ni ati felly i drefnu i westeion ddod i stiwdios neu ganolfannau cyfleus a diogel ar hyd a lled y wlad i siarad â ni. Roedd y drafodaeth yn ddi-flewyn ar dafod yn aml, wrth i fwy a mwy o ffermwyr weld eu hanifeiliaid yn llosgi yn y caeau. Ond roedd y cyfnod wedi i'r rhaglenni ddod oddi ar yr awyr yn anodd iawn i staff Telesgop. Byddai'r ffôns yn dechrau canu'n syth, a galwadau'n dod i mewn gan amaethwyr oedd ar ben eu tennyn, yn gofyn am gyngor neu am help gyda'u sefyllfa. Roedd sawl un yn eu dagrau ar y ffôn, a'n staff ifanc ni'n gorfod gwneud eu gorau i gynorthwyo ac i gysuro. Dyna un agwedd o waith teledu nad oes neb yn ei weld na'i gydnabod. I fi, mae'n bwysig sylweddoli bod cyfrifoldeb gan griw cynhyrchu rhaglen, beth bynnag yw ei phwnc, tuag at y bobl sy'n rhoi o'u hanes a'u hamser i gyfrannu. Efallai fod hynny'n cael ei ystyried yn henffasiwn erbyn hyn, ond dyna fu fy safbwynt i erioed, a dwi'n dal i deimlo felly heddiw. Yn sicr, o'r ymateb a gafwyd ar y pryd, fe fu gwaith y tîm yn achubiaeth i nifer o bobl wrth iddyn nhw fynd trwy gyfnod uffernol o anodd.

Mae gen i un stori bersonol o'r cyfnod yna nad anghofia i fyth. Roedd angen ffilmio effaith difa'r anifeiliaid ar ffarmwr a'i deulu, er mwyn dangos i'r gynulleidfa drefol yn benna, beth oedd maint y golled i'r gymdeithas amaethyddol. Cafodd Arwyn Williams, un o gynhyrchwyr eraill Telesgop, a fi ganiatâd gan swyddogion DEFRA i ymweld â ffarm ger y Gelli. Doedd y clwy ddim wedi cyrraedd y ffarm, ond oherwydd ei bod o fewn tri chilomedr i ffarm oedd wedi cael ei heintio, roedd raid difa pob anifail oedd arni yn unol â rheolau'r *contiguous cull*. Aethon ni draw i'r ffarm a chwrdd â'r milfeddyg oedd yn gyfrifol am oruchwylio'r difa. Roedd Huw Williams yn ddyn hyfryd, oedd yn cymryd ei ddyletswyddau o ddifri, ond eto'n deall safbwynt a phoen y ffarmwr. (Yn anffodus, bu farw Huw rai blynyddoedd yn ôl yn dilyn damwain ger ei gartre yn sir Benfro). Roedd yn ddiwrnod braf o wanwyn. Rwy'n cofio sefyll ar fuarth y ffarm mewn gwisg wen, mwgwd a welingtons wedi eu diheintio, yn gwrando ar yr adar yn canu ac yn sylwi ar liwiau'r tir a'r caeau o'n cwmpas wrth i'r haul dywynnu ar ddail newydd a gwair gwyrdd y gwanwyn, a phridd coch, tywodlyd y Bannau. I darfu ar harddwch yr olygfa, deuai sŵn gynnau'n tanio'n frawychus o gyson ar y ffermydd cyfagos. Roedd rhyw chwe chant o ddefaid a tua hanner cant o wartheg o safon uchel iawn wedi cael eu hebrwng i ddwy sièd ar y buarth. Fe ddilynais ddynion y lladd-dy gyda'r camera. Fe gerddodd y ddau ddyn o un pen o'r sièd i'r llall a saethu pob dafad oedd yn sefyll o'u cwmpas. Dwi ddim yn cofio am ba hyd y buon nhw wrthi, ond rwy'n cofio stopio ffilmio a gweld môr o gyrff yn gorwedd ar ben ei gilydd ar lawr, yn waed i gyd. Yna, at y gwartheg, oedd wedi cael eu gosod mewn rhesi. Roedd pob anifail yn cael ei saethu yn ei ben ac yn cwympo o flaen y nesa, ac yn y blaen i ben pob rhes. Roedd yn amlwg fod gweithwyr y lladd-dy'n gyfarwydd â chyflawni gwaith ar y raddfa hon, ond i'r milfeddyg, ac yn enwedig i'r ffarmwr, roedd bron yn amhosib wynebu realiti'r sefyllfa. Diolch byth na ddaeth y ffarmwr allan o'r tŷ tra oedd y difa'n digwydd. Y cam nesa oedd dod â thractor a JCB i godi'r holl gyrff o lawr y sièd a'u gosod mewn trelar mawr glas er mwyn eu cludo i gae cyfagos.

Brynhawn trannoeth, fe fues i'n siarad â'r ffarmwr. Erbyn hynny, roedd cyrff yr anifeiliaid yn cael eu llosgi, ac roedd e'n sefyll, yn dawel ac yn welw, yn edrych ar y tân yn y cae ryw chwarter milltir o'r tŷ. Soniodd am yr holl flynyddoedd roedd e a'i deulu wedi bod wrthi'n magu anifeiliaid, yn prynu ac yn bridio'n ofalus er mwyn sicrhau'r safon orau. Roedd e wedi cystadlu'n llwyddiannus yn y Sioe Frenhinol ac wedi ennill gwobrau am safon ei stoc. Ac nawr, roedd y cyfan wedi mynd – wedi diflannu, yn llythrennol, mewn pwff o fwg o flaen ei lygaid. Fe fyddai'n cael iawndal am yr anifeiliaid, wrth gwrs, ond dim byd tebyg i wir werth y stoc. Fydde fe'n dechrau eto â'r arian, gofynnais. Roedd yr ateb 'No, never,' yn bendant iawn. Er nad oedd yn siŵr beth oedd ei gynlluniau at y dyfodol, roedd yn gwybod na fyddai'n magu anifeiliaid eto. Efallai y byddai'n rhentu'r tir i bobl eraill a defnyddio'r incwm i addasu adeiladau'r ffarm yn fythynnod gwyliau. Ond doedd e ddim yn bwriadu gweld blynyddoedd o waith caled ac ymroddiad yn diflannu dros nos byth eto.

Mae'r stori yna'n dod i'r cof yn aml pan fydda i'n siarad â ffermwyr sy'n wynebu rhwystredigaethau a chyfyngiadau'r diciâu'r dyddiau hyn. Mae'n anodd i rywun sydd ddim yn ymwneud â byd amaeth o ddydd i ddydd ddeall faint yn union o waith ychwanegol a chostau sy'n dod yn sgil achos o'r diciâu, heb sôn am y golled wrth weld yr anifeiliaid yn mynd i'r lladd-dy. Esboniodd un ffarmwr wrtha i'n ddiweddar taw'r gwartheg ifanc sy'n diodde waetha yn amlach na pheidio, wrth wynebu straen a sioc bod yn feichiog am y tro cynta. Mae effaith ffisiolegol y beichiogrwydd yn gwanhau'r anifail ac yn ei gwneud yn fwy tebygol o ddal y clefyd, tra bod yr anifeiliaid hŷn yn goroesi heb drafferth. Goblygiadau hyn, wrth gwrs, yw mai'r gwartheg ifanc yw dyfodol y fuches, ac o'u colli nhw, mae rhywun yn colli buddsoddiad a datblygiad i'r dyfodol. Dwi ddim am gymryd ochr yn y ddadl am ddifa moch daear, gan fod y dadleuon yn gymhleth iawn ar y naill ochr a'r llall. Ond yn sicr, mae angen ymdrech ac ymchwil i ddod o hyd i frechiad neu ryw fodd o amddiffyn y gwartheg rhag cael eu heintio.

Mae *Ffermio* bellach wedi ennill ei phlwy ac mae'n ennyn ymateb ysgubol gan y gynulleidfa, sy'n cynnwys pobl y dre yn ogystal â chefn gwlad. Y tîm cyflwyno ar hyn o bryd yw Alun Elidyr, Meinir Jones a Daloni Metcalfe – ffermwyr bob un, a chanddynt eu syniadau a'u barn cryf a phendant iawn am ddyfodol byd amaeth yng Nghymru. Mae'r gyfres wedi cynnig gwasanaeth pwysig iawn i'r gynulleidfa dros y blynyddoedd ac mae'n dal i wneud. Rwy'n gobeithio y bydd *Ffermio*, a chysylltiad Telesgop â byd amaeth, yn parhau am flynyddoedd i ddod.

Roedd dod o hyd i ddigon o waith i gynnal cwmni o bedwar deg o staff yn dipyn o her bryd hynny (ac os rhywbeth mae'n llawer iawn anoddach heddiw), ond roedd raid manteisio ar bob cyfle i dreulio amser gyda'n gilydd fel teulu hefyd. Aeth Ffion i ysgol Teilo Sant yn Llandeilo, ac o fan 'na i Ysgol Gyfun Maes yr Yrfa yng Nghefneithin, felly roedd raid cymryd gwyliau o'r gwaith yn ystod gwyliau'r ysgol. Yn ystod y blynyddoedd cynnar, fuon ni'n mynd i Lydaw bob haf, i ardal Quimper neu Carnac, ac aros mewn bythynnod gwyliau. Un flwyddyn, aethon ni â beiciau gyda ni er mwyn teithio o gwmpas yr ardal. Yn Llydaw y dysgodd Ffion reidio beic, ac mae hi'n dal i fy atgoffa hyd heddiw fy mod yn dad creulon am wneud iddi ddysgu ar lwybr o gerrig rhydd! Un bore, roedd Elin a fi wedi codi'n gynnar ac fe benderfynodd Elin fynd am dro ar y beic. Ro'n i'n eistedd tu allan i'r bwthyn yn mwynhau paned hamddenol o goffi, pan ganodd y ffôn symudol. Roedd Elin mewn panig. Roedd hi ar ei ffordd lawr at y môr drwy ardal o frwyn a thyfiant uchel, ac wedi stopio i holi'r ffordd gan ryw foi oedd yn mynd i bysgota. Toc wedyn, roedd hi'n siŵr fod y boi'n ei dilyn hi â rhyw fwriad amheus. Gollyngodd y beic yn y fan a'r lle, a rhedeg i ffwrdd nerth ei thraed, a fy ffonio i ddod i'w nôl hi yn y car. Gorfod i fi ddeffro Ffion o'i thrwmgwsg, a bant â ni ar unwaith. Daethon ni o hyd i Elin a mynd â hi 'nôl i'r bwthyn. Yna, wrth gwrs, roedd raid mynd i gasglu'r beic. Felly cerddon ni'n tri lawr ar hyd y llwybr, a dod o hyd i'r beic ar ei ochr yn y brwyni. Roedd yr hen foi a barodd gymaint o ofn i Elin yn pysgota'n braf ar y traeth, ac yn edrych arnon ni'n hollol ddwl. Mae'n debyg ei fod wedi cynnig cerdded i'r traeth gydag Elin i ddangos y ffordd iddi, ond y peth nesa welodd e oedd Elin yn rhoi ffling i'r beic a rhedeg i ffwrdd nerth ei thraed!

Ymhen tipyn, fe brynon ni garafán. Rhaid i fi gyfadde nad ydw i'n foi carafán. Yn un peth, rwy'n casáu gorfod tynnu rhywbeth mor fawr tu ôl i'r car, a does gen i ddim amynedd at yr holl ffaff o osod y peth yn iawn ar ôl cyrraedd y maes carafanau. Aethon ni i Lydaw ynddi gwpl o weithiau, ond yna benderfynon ni brynu *camper van*. Dwi'n llawer iawn hapusach yn hwn. Mae Ffion a fi'n ystyried o ddifri gwahardd Elin rhag mynd yn agos at Ffrainc na Llydaw, gan ei bod hi'n sâl bob tro ry'n ni'n mynd yno. Dair gwaith ry'n ni wedi gorfod treulio amser yn adrannau brys ysbytai Llydaw!

Tua diwedd y nawdegau, fe gododd teledu digidol ei ben am y tro cynta. Roedd S4C yn awyddus iawn i ymateb i'r her ac i lansio sianel ddigidol. Felly, aethpwyd ati i gomisiynu rhaglenni yn y modd rhata posib. Roedd ganddon ni syniad am raglen ddyddiol chwarter awr o hyd a fyddai'n adrodd storïau am fyd natur ar draws Cymru gyfan. Fe barodd y gyfres honno am dair blynedd. Yn y flwyddyn 2000, daeth cais gan S4C i ni gynhyrchu rhaglenni o'r Sioe Frenhinol a fyddai'n rhedeg trwy'r dydd ar y sianel ddigidol. Roedden ni fel cwmni eisoes yn darparu awr o raglen bob nos i S4C o'r Sioe, ond bellach roedd angen oriau ychwanegol. Y neges hollbwysig unwaith eto oedd fod yn rhaid gwneud y cyfan mor rhad â phosib. Aethon ni ati i gynllunio system a fyddai'n caniatáu i ni arbed gymaint o arian ag y gallen ni heb effeithio'n negyddol ar y cynnwys na'r rhaglenni. Yr hyn wnaethon ni oedd addasu galeri stiwdio deledu i fod yn galeri stiwdio *continuity*, maes roedd gen i brofiad sylweddol ynddo. Yn syml, fe fydden ni'n torri o un eitem i'r llall mewn gwahanol rannau o'r maes, a rhwng eitemau, yn cyflwyno canlyniadau, newyddion a materion eraill o ddiddordeb. Fe weithiodd y system yma'n dda iawn am tua pum mlynedd, a chael ymateb gwych gan y gwylwyr.

Ond yn 2005, fe benderfynodd S4C roi llawer iawn mwy o gyllideb i raglenni'r Sioe, ac aeth y cytundeb i gwmni arall. Wedi gweithio mor galed ar y rhaglenni digidol am gymaint o amser ar gyn lleied o arian, roedd colli'r cytundeb yn siom ofnadwy. Dwi ddim yn gwybod pam aeth y penderfyniad yn ein herbyn ni hyd heddiw. Ond dyna ni, yng ngeiriau cân Meic Stevens, 'Nid y Fi yw'r Un I Ofyn Pam'.

Pennod 23

Wrth i'r ugeinfed ganrif ddod i ben, roedd gen i un uchelgais pwysig ro'n am ei wireddu. Fel y soniais ynghynt, mae gen i ddiddordeb mawr mewn parasitoleg, ac er mai parasitiaid mamaliaid bychan y bues i'n eu hastudio, ro'n i'n awyddus i edrych ar y parasitiaid sy'n effeithio ar bobl. Felly, dyma fynd ati i greu a chynllunio ffilm a fyddai'n trin a thrafod y pwnc. Enw'r ffilm oedd *Eating us Alive*, ac fe gafodd ei chyllidebu ar y cyd rhwng S4C a Discovery US. Fe gymerodd dair blynedd o gynnig y syniad nes iddi gael ei chomisiynu. Fe fuodd Ian Jones (Prif Weithredwr presennol S4C) a finne allan yn Washington yn trafod y ffilm gyda swyddogion Discovery. Roedd eu hadran farchnata'n poeni am broblemau hyrwyddo ffilm oedd yn trafod pwnc o'r fath. Dyna'r tro cynta i mi ddod ar draws sefyllfa lle roedd ystyriaethau marchnata'n effeithio ar gynnwys rhaglenni, ond yn y pen draw, rhoddodd Mike Quattrone, pennaeth Discovery, y golau gwyrdd i ni. Roedd yn wych o beth cael cyfle i wireddu'r freuddwyd.

Er mwyn gwneud ffilm am barasitiaid mewn pobl, rhaid mynd dramor. Mae'r rhan fwya o wledydd hemisffer y gogledd yn lân iawn bellach, ac yn ymwybodol o bwysigrwydd glendid bwyd ac yn y blaen. Felly roedd raid teithio'n bell i ddod o hyd i'r deunydd ar gyfer y gyfres. Fe fues i'n ddigon ffodus i weithio gyda dau barasitolegydd blaenllaw yn eu maes, yr Athro Geoff Targett o Ysgol Glendid a Meddygaeth Drofannol Llundain (London School of Hygiene and Tropical Medicine) a'r Athro David Molyneux o Brifysgol Lerpwl. Roedd cysylltiadau gwerthfawr iawn gan y ddau yn Affrica, a chyda'u cymorth nhw, fe drefnon ni fynd i ffilmio yn Ghana a Mali yng ngorllewin Affrica.

Mae mynd i Affrica'n brofiad hollol unigryw. Mae'r lliwiau, y sŵn, y gwres a'r arogleuon anghyffredin yn taro rhywun ar unwaith wrth gamu oddi ar yr awyren. Fuon ni'n ymweld ag ysbytai a chanolfannau meddygol yn Accra, prifddinas Ghana, ac yna mewn pentre bach o'r enw Hohoe. Fe gawson ni groeso twymgalon, hael gan bawb, o'r tywyswyr lleol i'r meddygon a'u staff, ac roedd gweld dioddefaint ar y fath raddfa ymhlith pobl mor gynnes yn ddigon i dorri calon rhywun.

Roedd un afiechyd oedd o ddiddordeb arbennig i mi, sef *lymphatic filariasis*, neu o roi ei enw cyffredin iddo, eliffantiasis. Fel mae'r enw'n awgrymu, mae'r llyngyr yn blocio system lymffatig y corff, ac yn peri i'r breichiau, y coesau, y bronnau ac yn y blaen chwyddo'n ofnadwy. Mae'r llyngyr yn heintio mosgitos, sy'n lledaenu'r afiechyd wrth iddyn nhw fwydo ar waed pobl. Er mwyn cwrdd â phobl oedd yn diodde o eliffantiasis, roedd raid teithio i Ahanta West a phentre Takoradi ar arfordir gorllewinol y wlad. Roedd Dr Godfried Asamoah yno i'n cyfarfod, ac aeth e a'i gynorthwywyr â ni i bentre bach Butre. Pan gyrhaeddon ni, daeth y pennaeth, Nana Agyabutsia, i gwrdd â ni a'n harwain i ganol y tai. Cyflwynodd ni i hynafgwyr y pentre, ac yna diflannu am bum munud cyn ailymddangos yn gwisgo'i holl ddillad seremonïol. Bu'n rhaid i mi gyfarch yr hynafgwyr, esbonio pwrpas y ffilm a dweud beth oedd ei angen arna i. Ar ôl gwrando ar yr esboniad, fe roddwyd caniatâd i ni i gwrdd â rhai o'r pentrefwyr oedd yn diodde o'r afiechyd. Rwy'n cofio sawl un ohonyn nhw'n glir iawn.

Efallai taw'r un gafodd yr argraff fwya arna i oedd Patrick, dyn ifanc yn ei dridegau â dwy ferch yn eu harddegau. Roedd Patrick yn diodde'n wael iawn o eliffantiasis yn ei goes, a honno wedi chwyddo i tua phum gwaith maint y goes arall. Ond ar ben hynny, roedd ei ddwy ferch hefyd wedi eu heintio, ac roedd eu coesau hwythau wedi chwyddo'n ofnadwy. Yn y pentrefi bach yma yng Ngorllewin Affrica, mae'r bythynnod yn fach iawn, ac mae pawb yn byw ac yn cysgu yn yr un stafell. Roedd awgrym fod y merched wedi cael eu heintio gan fosgito a fu'n bwydo ar waed y tad cyn bwydo arnyn nhw. Rhaid cofio nad yw'r chwyddo byth yn gwella, felly mae'r bobl sy wedi eu heintio'n gorfod byw gyda'r afiechyd drwy gydol eu hoes. Gofid Patrick, fel tad i ddwy ferch yn eu harddegau, oedd na fyddai'r merched byth yn priodi, gan na fyddai bechgyn yn eu gweld nhw'n bartneriaid addas. Mae bod yn ferch ddi-briod mewn gwledydd fel Ghana yn medru bod yn anfantais fawr.

Mae dau beth wedi aros yn fy nghof wrth gofio am yr amser yna yn Ghana. Y cynta oedd gweld menyw'n cael cymorth i drin achos o *guinea worm* neu *dracunculiasis*. Mae'r mwydyn yn twrio i mewn i'r croen, trwy'r droed fel arfer, ac yn tyfu ac yn ymsefydlu yn y goes. Mae'r llyngyr yn creu pothell fechan ger y pigwrn, a phob tro mae'r dioddefwr yn rhoi ei droed mewn dŵr, mae'r llyngyren yn gwthio'i chynffon allan drwy'r bothell ac yn rhyddhau wyau i'r dŵr. Mae pobl Gorllewin Affrica wedi dysgu manteisio ar hyn. Maent yn arllwys dŵr dros y bothell, yn aros i'r llyngyren wthio'i chynffon allan, yn gafael ynddi ac yna'n ara deg, ei thynnu allan o'r goes drwy ei throi'n ofalus o amgylch darn bach o bren maint matsien. Dros gyfnod o rai dyddiau, mae'n bosib tynnu'r mwydyn allan yn gyfan gwbl.

Ond y peth a'm trawodd i fwya oedd gweld un ferch ifanc arbennig yn mynd i'w gwaith bob dydd. Roedd hi'n hollol ddall ar ôl iddi gael ei heintio gan lyngyr *onchocerciasis* (*river blindness*). Er gwaetha hynny, roedd hi'n cerdded sawl milltir i fynd i weithio yn y caeau ar ei phen ei hunan. Byddai hi'n defnyddio'i dwylo i deimlo ac i nabod planhigion penodol cyn mynd ati i'w torri â chryman miniog. Dyna'r ddelwedd fwya trawiadol o ddewrder a dyfalbarhad yn wyneb yr anawsterau mwya difrifol dwi wedi ei gweld erioed. Pan fydd pobl yn sôn am galedi yn y wlad hon, dylen nhw edrych ymhellach cyn cwyno.

Ar ôl i ni ddychwelyd o Affrica, roedd llawer iawn o waith i'w wneud o hyd. Roedd raid dod o hyd i chwain, llau a llyngyr i'w ffilmio. Fe dreuliais ddyddiau mewn lladd-dai yn chwilio am *fluke* a *tapeworm* mewn afu a choluddion defaid. Ro'n i'n awyddus iawn i ffilmio un math arbennig o lyngyr, sef *Ascaris*. Mae *Ascaris lumbricoides* yn gyffredin iawn mewn gwledydd fel Affrica ac India. Mae'n byw ym mherfeddion moch a phobl. Mae pobl – a phlant yn enwedig – yn cael eu heintio wrth chwarae mewn pridd lle mae moch wedi gadael eu dom. Mae llyngyren *Ascaris* yn medru tyfu hyd at 35cm (14 modfedd) o hyd. Oherwydd nad yw'r llyngyren yn broblem yn y wlad hon, roedd yn anodd cael gafael mewn samplau ohoni. Trwy lwc, mae perthynas agos iawn iddi, *Ascaris suum*, yn dal i fodoli mewn moch yma. A dyna lle fues i'n ymbalfalu drwy berfeddion moch oedd newydd gael eu lladd er mwyn dod o hyd i'r llyngyr yn fyw. Ymhen diwrnod neu ddau, roedd gen i tua dau gant ohonynt yn barod i'w ffilmio. Fe gadwon ni ran o'r perfedd hefyd, a gosod llyngyr byw y tu mewn iddi er mwyn gweld eu harferion. Roedd y lluniau'n wych, ac am y tro cynta erioed roedd yn bosib gweld llyngyr *Ascaris* yn ymddwyn yn naturiol ar gamera. Lleisiwyd y rhaglen gan Andrew Sachs, a chafodd lwyddiant mawr yn America – mwy nag y cafodd hi gartre. Mae copi ohoni bellach wedi cael ei gofrestru yn llyfrgell y Gyngres yn Washington.

Aeth fy mhrosiect nesa â fi 'nôl i fyd y pethau bach sy'n gwneud i rywun gosi dim ond wrth ddarllen amdanyn nhw. Ro'n i wrthi'n cynhyrchu a ffilmio cyfres i gwmni Animal Planet o'r enw *Kill or Cure*. Bwriad y gyfres oedd archwilio stori nifer o greaduriaid bychain sy'n medru ein lladd neu'n medru bod o fudd i ni. Bu'r gyfres yn edrych ar chwain, gelod (*leeches*), bacteria a nifer o bethau eraill. Ond y rhywogaeth a gafodd fwya o sylw, a'r ymateb mwya, oedd y cynrhon (*maggots*). Fuon ni'n ymweld â ffarm oedd yn cynhyrchu cynrhon ar gyfer pysgotwyr. Roedden ni wedi ffilmio *time-lapse* o gynrhon yn bwyta corff cwningen nes mai dim ond y ffwr a'r esgyrn oedd ar ôl. Ond do'n i ddim wedi disgwyl gweld cynrhon mewn ysbyty. Roedd uned arbennig yn ysbyty Tywysoges Cymru ger Pen-y-bont ar Ogwr yn magu cynrhon er mwyn eu defnyddio i lanhau clwyfau. Roedd y gwyddonydd oedd yn gyfrifol am y gwaith yn cyfeirio atyn nhw fel 'little blind surgeons'. Aethon ni draw i uned clefyd y siwgr yn ysbyty Treforus i weld y cynrhon wrth eu gwaith. Roedd nifer o gleifion yn yr uned yn diodde'n wael, ac mewn sawl achos, roedd pobl wedi colli bysedd troed er mwyn osgoi'r madredd (*gangrene*). Os nad oedd y llawdriniaeth yn llwyddo i lanhau'r corff yn llwyr o'r llwydni dinistriol, roedd y cynrhon yn cael eu gosod yn y clwy am rai dyddiau. Roedd y canlyniadau'n syfrdanol. Yn gynta, roedd y cynrhon tua tair gwaith yn fwy o faint nag y buon nhw. Ond yn bwysicach o lawer, roedd y clwy yn edrych yn holliach. Fe fues i'n siarad â rhai o'r cleifion, ac roedden nhw'n unfryd yn cytuno nad oedd gwahaniaeth gyda nhw o gwbl fod y cynrhon wedi bod yn gweithio yn y clwy, ac nad oedden nhw'n teimlo dim byd heblaw 'bach o gosi weithiau. Yn ystod y Rhyfel Byd Cyntaf, cofnodwyd nifer o achosion pan arbedwyd bywydau milwyr gan gynrhon a fu wrthi'n bwyta croen a meinwe gwenwynig mewn clwyfau, gan helpu i osgoi'r madredd a thrwy hynny, osgoi colli coes neu fraich. Ond doedd hyn ddim yn rhywbeth ro'n i wedi disgwyl ei weld ar ddechrau'r unfed ganrif ar hugain.

Rwy wedi bod yn lwcus iawn o fod wedi medru gweithio ar syniadau roedd gen i ddiddordeb angerddol ynddynt dros y blynyddoedd. Weithiau, wrth reswm, mae'n rhaid i bawb weithio ar bethau sydd ddim o gymaint o ddiddordeb iddyn nhw er mwyn gwneud bywoliaeth. Ond ar y cyfan, rwy wedi llwyddo i gyfuno fy niddordebau a 'mywyd gwaith yn rhyfeddol. Rwy wedi sôn eisoes am fy nghyfresi ar feddygaeth, llyngyr a byd natur, ac wrth gwrs, roedd fy obsesiwn â ffotograffiaeth yn cael ei foddhau trwy weithio fel cyfarwyddwr. Roedd un maes amlwg ar goll, felly – teithio. Nid teithio er mwyn teithio, ond teithio i lefydd anial ac anghysbell. Dyna oedd tu cefn i'r syniad am y cyfresi *Ar y Lein*. Fe eginodd y syniad mewn ffordd ddigon anghyffredin. Ro'n i'n cerdded lawr Heol Rhosmaen yn Llandeilo un amser cinio, pan sylwais ar bennawd papur newydd tu allan i'r siop – 'Dramatic rescue in Fastnet Race'. Prynais y papur, ac wrth ddarllen y stori, fe sylwais fod y papur yn cyfeirio at leoliad y ddamwain a ddigwyddodd yn ystod y ras gychod enwog trwy ddefnyddio hydred a lledred (*longitude* a *latitude*).

Ar ôl i fi fynd â 'mrechdan 'nôl i'r swyddfa, dechreuais feddwl am linellau hydred a lledred. Tybed pa rai oedd yn pasio trwy Landeilo, neu'n agos ati? Estynnais am fy atlas, a gweld bod llinell lledred 52° i'r gogledd yn pasio bron iawn trwy Landeilo. Y cwestiwn nesa oedd i ble arall roedd y llinell yn mynd? Cyn bo hir, ro'n i'n gallu gweld bod y llinell yn rhedeg o Landeilo trwy Loegr, yr Iseldiroedd, yr Almaen, Gwlad Pwyl, Rwsia, Ynysoedd yr Aleutian, Canada ac Iwerddon cyn cyrraedd 'nôl yng Nghymru drwy Abergwaun. Nesa, dyma ystyried yr holl bethau oedd i'w gweld ar hyd y linell ddychmygol hon o ran tirlun, diwylliant, iaith, diwydiant, cerddoriaeth, llenyddiaeth, bywyd gwyllt ac yn y blaen. Fe wnes i dipyn mwy o waith ymchwil, ac yna cynnig y syniad i banel comisiynu S4C. Huw Eurig, o'r Trwynau Coch gynt, oedd y pennaeth rhaglenni ar y pryd. Doedd Huw ddim yn siŵr a fyddai gan bobl Cymru lawer o ddiddordeb yn y syniad.

Roedd gen i gymaint o ffydd yn y gyfres nes i fi ddweud yn blwmp ac yn blaen, os nad oedd ganddon ni fel Cymry ddiddordeb yn *Ar y Lein*, cystal i bob un ohonon ni ddiffodd y golau a mynd adre nawr. Fe lwyddais i ddwyn perswâd arno, ac fe gomisiynwyd y gyfres gynta – wyth rhaglen hanner awr yr un, yn dilyn hydred 52° o gwmpas y byd.

Nesa, roedd raid meddwl am gyflwynydd. Yn fy marn i roedd un enw'n sefyll allan – Bethan Gwanas. Yn ogystal â'r ffaith ein bod wedi cydweithio yn y BBC ac yn rasio yn yr Hebrides gyda'n gilydd bob blwyddyn, roedd ganddi sgiliau a phrofiadau eraill oedd yn ei chymhwyso i'r dim, yn fy marn i. Mae ganddi radd mewn Ffrangeg, mae'n medru siarad nifer o ieithoedd eraill, ac fe dreuliodd gyfnod yn gwirfoddoli gyda'r VSO yn Nigeria. Ro'n i'n gwybod hefyd fod angen rhywun digon aeddfed i fynegi barn, a'r gallu a'r dewrder i fynegi'r farn honno'n gyhoeddus. Ar ôl tipyn o waith perswadio, fe dderbyniodd Bethan y swydd. Ffilmiwyd y gyfres gynta yn 2003, a daeth ail gyfres hefyd, yn dilyn llinell lledred 5° i'r gorllewin yn 2004–05. Fe fu Bethan a fi, ac ambell aelod arall o'r tîm, oddi cartre'n teithio ac yn ffilmio am y rhan fwya o'r tair blynedd nesa.

Roedd yr ail gyfres yn dipyn mwy o her, gan fod y llinell yn mynd â ni drwy Begwn y De a Phegwn y Gogledd. Ond roedd hefyd yn golygu y bydden ni fel tîm yn ymuno â chlwb digon ecsgliwsif o bobl sydd wedi ymweld â dau begwn ein planed, oedd yn fraint anferth. Ar ben hynny, roedden ni'n mynd ddwywaith – unwaith mewn awyren a'r ail waith ar gwch rhew. Roedd pencadlys y cwmni oedd yn mynd â ni yn yr awyren yn Punta Arenas yn ne Chile, tre fach eitha di-nod, heblaw am bresenoldeb Llynges y wlad. O'r fan honno, bydden ni'n mynd i aros mewn gwersyll iâ ym mynyddoedd Patriot yng ngorllewin Antarctica, tua phum awr o hediad i ffwrdd. Roedd gweld y môr ac yna'r mynyddoedd rhew yn dod i'r golwg yn wefr, ond ddim cymaint â gweld arfordir gwyn, oer Antarctica o'ch blaen. Ac roedd camu o'r awyren i dir y cyfandir gwyn yn brofiad gwefreiddiol. Roedd yr haul yn gwenu, fel mae e bedair awr ar hugain y dydd yno, a'r golau'n cael ei adlewyrchu oddi ar y rhew a'r eira ias-wyn. Roedd y gwersyll yn hynod gyfforddus, a'r pebyll yn glyd. Buodd raid i ni aros yno am sawl diwrnod cyn i'r tywydd ganiatáu i ni hedfan am bum awr arall i gyrraedd y Pegwn, a phan ostegodd y gwynt ddigon, gadawson ni mewn awyren fach Twin Otter. O'r diwedd, gwelson ni Wersyll Amundsen-Scott, canolfan ymchwil gwyddonol Americanaidd, yn union ar Begwn y De. Roedd tipyn o ffilmio i'w wneud o gwmpas y ganolfan ac fe fu'r Americanwyr yn hael iawn eu croeso.

Pan ddaeth yn bryd i ni sefyll ar y Pegwn i ffilmio, rhaid i mi gyfadde 'mod i'n teimlo'n emosiynol tu hwnt. Dros y blynyddoedd, ro'n i wedi darllen pob llyfr gallwn i am deithiau Robert F. Scott, Ernest Shackleton, Roald Amundsen a'r anturiaethwyr cynnar eraill fu'n archwilio Antarctica, ac yn fwy diweddar am Ranulph Fiennes a'i gyfoedion a wnaeth yr ymdrech anhygoel i gyrraedd y Pegwn. Ro'n i'n methu credu 'mod i wir yn sefyll ar Begwn y De, ar waelod y blaned. Ar ôl i ni ffilmio lincs Bethan a golygfeydd o'r Pegwn, ces i gynnig ffôn lloeren i ffonio gartre. Dyma ddeialu'n ofalus a chlywed llais Elin ar ochr arall y byd. Rhedodd Elin lan lofft i ddihuno Ffion, oedd yn cysgu'n sownd ar y pryd, a ches i siarad â hi o Begwn y De. Roedd yn brofiad emosiynol i ni'n tri, ac yn rhywbeth nad o'n i erioed wedi meddwl bydden i'n cael y cyfle i'w wneud.

Roedd yr ail daith ar y *Kapitan Khlebnikov* yn un wahanol iawn. Hedfanodd Bethan a fi i Christchurch yn ne Seland Newydd i gwrdd â'r cwch rhew fyddai'n mynd â ni o gwmpas Antarctica am y mis nesa. Fuon ni bron i saith diwrnod yn croesi Môr y De â'i donnau anferth a'i fynyddoedd rhew. O'r diwedd, dyma gyrraedd yr iâ go iawn, a'r llong yn mynd trwyddo fel cyllell boeth drwy fenyn. Y lle cynta i ni lanio oedd Cape Adare, lle buon ni'n cadw cwmni â dwy filiwn o bengwiniaid Adelie. Wedyn cawson ni gyfle i ymweld â'r dyffrynnoedd sych, y Dry Valleys a ddarganfuwyd gan Scott yn ystod ei fordaith gynta i Antarctica yn 1902. Dyma'r llefydd sychaf ar wyneb y ddaear, ac yng nghanol un o'r dyffrynnoedd, mae corff morlo wedi sychu. Ro'n i'n gweld hynny'n anhygoel, gan fod ffotograffydd Scott wedi tynnu llun yr union forlo hwnnw ganrif yn gynt yn yr un safle'n union. Fuon ni'n ymweld â chabanau rhai o'r anturiaethwyr cynhara hefyd, a'r un gafodd fwya o argraff arna i a Bethan oedd caban Scott o'r fordaith yn 1910–13 yn y cwch *Terra Nova*. Hwn oedd y caban fethodd Scott gyrraedd yn ôl iddo wedi iddo lwyddo i gyrraedd y Pegwn yn 1912, dim ond i weld pabell Amundsen yno, a baner Norwy'n chwifio uwch ei phen. Mae cynnwys y caban wedi cael ei gadw fel ag yr oedd pan adawodd y dynion 'nôl ar ddechrau'r ganrif ddiwetha. Mae'r labordy biolegol a'r offer i gyd yn dal yno. Mae cig yn crogi o'r trawstiau, a thuniau bwyd ar y silffoedd. Mae sach gysgu ar wely Scott a sannau dynion yn hongian o gwmpas y welydd. Mae rhywun yn cael yr argraff eu bod nhw'n dod 'nôl cyn bo hir. Yng ngeiriau Bethan, 'Hwyrach mai dyma'r adeilad trista yn Antarctica.'

O ystyried pa mor anodd yw cyrraedd Pegwn y De, fe allech chi feddwl bod llawer mwy o bobl yn ymweld â Phegwn y Gogledd, ond y gwrthwyneb sy'n wir. Aeth Bethan a fi toc ar ôl cyrraedd adre o Los Angeles ar gymal ola'r daith yn ôl o Antarctica. Hedfanon ni i Oslo, yna i Tromsø yng ngogledd Norwy, cyn dal awyren arall i fynd â ni i Longyearbyen yn ynysoedd Spitsbergen. Fe dreulion ni noson yno cyn hedfan i'r pegwn mewn hofrennydd. Roedd yn rhyfedd o brofiad sefyll ar ben y byd, yn llythrennol! Roedd y tymheredd y diwrnod hwnnw yn 58° Celsius o dan y rhewbwynt. Fe rewodd y *tripod* ffilmio a doedd y camera ddim yn hapus iawn, chwaith. Ond trwy lwc, fe weithiodd y cyfan yn ddigon hir i fi ffilmio Bethan yn cyflwyno'i lincs ac yn cerdded o gwmpas y Pegwn. Ar yr ymweliad hwn des i'n ymwybodol o effeithiau gwirioneddol newid hinsawdd. Roedd llawer iawn o ddŵr agored o gwmpas y Pegwn, rhywbeth nad oedden yn disgwyl ei weld o gwbl, ac na fuodd yno tan yn gymharol ddiweddar.

Fe fyddai angen o leia dwy gyfrol arall o'r llyfr hwn er mwyn gwneud cyfiawnder â theithiau *Ar y Lein*, ac mae Bethan eisoes wedi ysgrifennu'n helaeth amdanyn nhw yn ei llyfrau hi, ac wedi gwneud gwell job o lawer na medra i ei wneud. Ond mae'n hanfodol i fi nodi bod y profiadau a gawson ni'n dau wrth deithio'n wahanol iawn i'w gilydd. Y prif reswm am hyn yw bod Bethan yn hoffi pobl, ac mae ganddi ddiddordeb mawr yn eu hanesion, oedd yn gaffaeliad mawr i'r teithiau. Dwi ddim yn berson pobl. Er fy mod wrth fy modd yn cwrdd â nifer o unigolion ar hyd y daith, ac wedi cydymdeimlo â nifer o bobl mewn sefyllfaoedd anodd, y tirlun a'r bywyd gwyllt oedd yn fy nghynhyrfu i bob tro, ac yn cynnal fy niddordeb. Mae'n siŵr gen i mai'r cydbwysedd yma a'n gwnaeth yn dîm cystal, a diddordebau'r naill a'r llall yn ychwanegu at y rhaglenni, ac yn cyfrannu at y cyfanwaith. Yn ystod y cyfnod yma, fe ddes i ddeall pwysigrwydd cydweithio â phobl hollol broffesiynol a dibynadwy. Mae 'nyled i'n fawr i reolwr cynhyrchu *Ar y Lein*, Sarah Davies, a fu'n gyfrifol am drefnu pob un o'r teithiau, a sicrhau bod popeth yn mynd yn iawn. Fe fuodd fy mywyd i yn llythrennol yn nwylo Sarah sawl gwaith.

A thra o'n i'n teithio'r byd, rhaid cofio bod Elin wedi gorfod aros gartre, nid yn unig i ofalu am Ffion, ond hefyd i fynd i'r gwaith bob dydd fel arfer i gadw'r cwmni i fynd. Rwy'n gwybod ei bod wedi bod yn anodd iddi ar adegau, ond dwi ddim yn cofio iddi gwyno unwaith. Rwy'n ddiolchgar iawn iddi am adael i fi wireddu sawl breuddwyd.

Pennod 24

$\mathcal{Y}_n$ ogystal â theithio'r byd ar gyfer *Ar y Lein*, ro'n i hefyd yn teithio ar gyfer cyfres o raglenni bywyd gwyllt o'r enw *Gwyllt!* Ro'n i'n gweithio gydag Arwyn Williams, cynhyrchydd a dyn camera a fu'n gweithio i Telesgop am flynyddoedd. Bu Iolo Williams a Nerys Williams (dim perthynas) yn gweithio ar y gyfres gynta am fywyd gwyllt ynysoedd Prydain. Erbyn yr ail gyfres, roedden ni wedi ehangu'n gorwelion ac yn teithio dramor i wneud ffilmiau am anifeiliaid dipyn mwy egsotig. Bu Arwyn yn Awstralia ac yn Mecsico'n ffilmio crocodeilod a chrwbanod, a fues i 'nôl yn yr Arctig yn ffilmio'r arth wen ac yng Nghanada ac Alaska'n ffilmio eirth brown (*grizzly bears*). Roedd hyn yn benllanw uchelgais anferth i fi. Ro'n i wastad wedi bod eisiau gweithio gydag eirth, ac roedd treulio wythnosau yn eu cwmni'n brofiad bythgofiadwy.

Aeth y daith gynta â ni i Manitoba, Canada, ar drywydd yr arth wen. Mae tre fach Churchill yn denu cannoedd o'r eirth lan Bae Hudson wrth iddyn nhw aros i'r môr rewi er mwyn mynd i hela morloi. Roedd teithio o gwmpas y twndra'n chwilio ac yn ffilmio'r eirth, llwynogod yr Arctig, ysgyfarnogod yr Arctic a grugieir yn hudolus. Mae pobl yn gofyn weithiau ydw i wedi teimlo dan fygythiad gan arth erioed. Yr ateb yw, mewn gwirionedd, nac ydw, er i fi gael un profiad hynod gydag arth wen un tro. Ro'n i'n ffilmio oddi ar gefn *tundra buggy*, sy fel bws mawr ag olwynion anferthol sy'n medru teithio ar iâ ac eira. Ymhen tipyn, roedd fy llygad chwith wedi rhewi ar gau oherwydd y gwynt a thymheredd o 35° Celsius o dan y rhewbwynt. Felly dyma fi'n stopio ffilmio am gyfnod i adael i'r rhew doddi. Fe bwysais 'nôl ar ochr y *buggy* heb sylweddoli bod arth wen wedi cerdded yn dawel at gefn y cerbyd a chodi ar ei choesau ôl yn yr union fan lle ro'n i. Roedd ei thrwyn tua chwe modfedd yn is na 'mraich. Mae eirth gwynion yn cyrraedd hyd at 12 troedfedd o uchder wrth sefyll, a phetai honna wedi bod ychydig fodfeddi'n dalach, dwi ddim yn meddwl y bydden i'n ysgrifennu hwn heddiw.

Er cymaint fy mrwdfrydedd am yr arth wen, rhaid i fi gyfadde taw'r arth frown yw fy hoff arth. Rwy wedi treulio oriau gydag eirth brown mewn lleoliadau fel Parc Denali, Knight Inlet, y Great Bear Rainforest ac afon Babine, lle ges i brofiad cofiadwy iawn. Afon yn ardal Skeena, British Columbia, yw afon Babine. Mae'r ardal o gwmpas yr afon yn un o'r llefydd prin yng Nghanada sydd heb gael ei difrodi gan bobl a diwydiant, ac mae gyforiog o eirth brown ac eirth duon. Does dim heolydd na llwybrau yno, felly yr unig ffordd i deithio drwyddi yw rafftio ar yr afon, sef yr union beth sy'n denu'r eirth i'r coedwig oherwydd nifer y pysgod sy'n nofio ynddi bob haf ar eu ffordd i baru. Mae miliynau, yn llythrennol, o eogiaid yn teithio'r afon, ac mae'r eirth wrth eu bodd â'r wledd. Fe ddes i nabod un o'r eirth yma'n arbennig o dda. Arth fenywaidd oedd hi. Roedd hi'n olau iawn, blonden â dau o rai bach. Fe fues i'n ei ffilmio hi a'i theulu am ddyddiau cyn mentro lawr i'r afon a sefyll gyda'r camera ar fancyn o gerrig yng nghanol y dŵr. Roedd hi wedi bod yn cadw llygad arna i ers dyddiau, ond heddi do'n i ddim lle ro'n i i fod yn sefyll. Daeth hi lawr at yr afon a dechrau pysgota ar y bancyn gyferbyn â fi. Yn ara deg, fe ddaeth hi'n nes ac yn nes, tan iddi gyrraedd lle ro'n i'n sefyll. Roedd tua pum metr rhyngon ni'n dau. Fe dynnais i rai o'r lluniau gorau dwi wedi eu tynnu erioed wrth iddi bysgota fan 'na am tua hanner awr. Gallai rhywun gwestiynu a ydy mynd mor agos â hynny at arth yn beth cyfrifol i'w wneud. Yr ateb yw ydy, os

y'ch chi'n deall y sefyllfa. Roedd yr arth wedi dod yn gyfarwydd
â fi dros gyfnod o ddyddiau. Ro'n i eisoes wedi gweld ei bod hi'n
arth dawel, a'i sylw ar bysgota, ond y peth allweddol oedd taw hi
benderfynodd ddod ata i. Fydden i byth yn ceisio mynd yn agos
at anifail gwyllt jest er mwyn cael un siót agosach. Mae'n rhaid
parchu'r anifail a pheidio rhoi'r creadur mewn sefyllfa lle mae'n
teimlo dan fygythiad. Rhaid cofio nad yw pob anifail gwyllt yn
benderfynol o ladd pob person mae'n ei weld. Er hynny, mae'n
rhaid gwybod beth y'ch chi'n ei wneud, a bod yn barod i asesu'r
sefyllfa. Dwi'n gobeithio bod 'fy' arth i a'i chenawon yn dal yn
fyw ac yn iach yn rhywle yn ardal Babine, er gwaetha arferion
helwyr yma ac ar draws Canada gyfan. Ffilmio eirth a bywyd
gwyllt gogledd America roddodd fwya o bleser i fi o bopeth
dwi wedi ei ffilmio erioed. Rwy'n gobeithio mewn blynyddoedd
i ddod y caf gyfle i fynd yn ôl unwaith eto i rai o'r ardaloedd
paradwysaidd yma i dynnu lluniau neu i ffilmio, ac i ymweld â
rhai o'r hen ffrindiau wnes i ar y daith.

Ac mae hynny'n dod â ni 'nôl at fan cychwyn y stori yn 2006.
Yn ogystal â gweithio ar y radio eto, yn 2007 fe fues i wrthi'n
cynhyrchu cyfres o raglenni i Discovery o'r enw *Britain's Wildest
Places*. Roedd y gyfres yn un arbennig i weithio arni, achos bues
i'n teithio ledled ynysoedd Prydain yn ffilmio rhai o'r cynefinoedd
prydfertha a rhai o'r anifeiliaid mwya prin. Fe fu'r gyfres yn
canolbwyntio ar y dwrgi, llygod pengrwn y dŵr, y barcud coch,
dolffiniaid, y gath wyllt, y bele goed (*pine marten*) a'r wiwer
goch. Mae'r gyfres ar gael ar DVD bellach, ers i Animal Planet ei
phrynu a phenderfynu ei rhyddhau. Fe ges i'r fraint o gyfarfod a
gweithio gyda nifer o arbenigwyr yn ystod y cyfnod ffilmio, ond
yr uchafbwynt, heb os nac oni bai, oedd treulio amser allan yng
nghanol mynyddoedd ac ynysoedd yr Alban unwaith eto – un o
fy hoff lefydd yn y byd i gyd.

Er i ni fel cwmni Telesgop golli'r cytundeb i ddarlledu'r Sioe Frenhinol ar S4C Digidol 'nôl yn 2005, fe enillodd y cwmni'r cytundeb i baratoi'r rhaglenni o'r Sioe Fawr i BBC Wales yn 2007. Roedd hyn yn hwb mawr i'r cwmni ac i'r staff, oedd wedi siomi pan gollwyd y cytundeb digidol. Roedd cynhyrchu'r rhaglenni yn Saesneg i'r BBC yn denu llawer mwy o sylw atyn nhw, ac roedd maint y gynulleidfa'n sylweddol fwy, felly roedden ni wrth ein bodd yn cael bod yn rhan o fwrlwm a hwyl y Sioe unwaith eto. Erbyn 2012, ro'n i'n bersonol wedi bod yn gyfrifol am ddarllediadau o Lanelwedd am dros ugain mlynedd, ac ar ddiwedd yr wythnos honno, penderfynais ei bod yn hen bryd i rywun ifanc gymryd yr awenau a'r cyfrifoldeb am baratoi'r rhaglenni. Lowri Fflur Davies oedd fy olynydd wrth y llyw. Ro'n i wedi bod yn tiwtora Lowri fel rhan o 'ngwaith ar gwrs Ffilm a Theledu Coleg y Drindod. Non Vaughan Williams oedd yn rhedeg y cwrs bryd hynny, ac fe gafodd Non a fi'r fraint o weld llawer i ddarlledwr ifanc yn datblygu. Roedd sawl un o'r myfyrwyr wedi creu argraff, ac fe welais botensial go iawn yn Lowri pan oedd hi'n fyfyriwr, felly pan adawodd y coleg, fe gyflogon ni hi ar unwaith. Mae Lowri'n dal i weithio fel ymchwilydd ar dîm *Ffermio*, a hi sy'n cynhyrchu arlwy'r Sioe Fawr bob blwyddyn nawr.

Yn 2010, fe ges i gyfle i gyflwyno rhaglen foreol ar Radio Cymru. Roedd Rebecca Jones ar gyfnod mamolaeth, ac roedd angen rhywun i gyflwyno'i rhaglen hi rhwng pump a saith o ddydd Llun i ddydd Gwener. Er gwaetha 'mhrofiad o gyflwyno *Galwad Cynnar*, roedd yn dipyn o her gorfod mynd 'nôl i'r arfer o godi mor gynnar. Galla i aros lan drwy'r nos heb broblem, ond dyw ben bore ddim yn fy siwtio i o gwbl. Fe ddaeth yn llai o broblem pan osodwyd stiwdio yn y tŷ ar gyfer y rhaglen, a'r cyfan oedd raid i mi ei wneud wedyn oedd cerdded lawr y grisiau ac i mewn i'r stiwdio, cyn cysylltu â'r cynhyrchydd ben arall y lein! Ac unwaith ro'n i ar yr awyr, ro'n i wrth fy modd. Mae pobl hynod ddiddorol yn gwrando'r adeg hynny o'r dydd, ac fe fues i'n sgwrsio'n braf â gyrwyr lorri, ffermwyr, pobl oedd yn cadw llety ac amrywiaeth o weithwyr eraill y bore bach.

Wrth i fi ysgrifennu'r llyfr hwn, rwy wedi bod yn gweithio gyda Iolo Williams ar gyfres o raglenni natur i S4C, *Y Tyrchwyr*. Mae'r ddau ohonon ni wedi cael tipyn o hwyl yn teithio o gwmpas ac yn cydweithio ag arbenigwyr a fu'n gyfrifol am gynllunio nifer o dyrchfeydd artiffisial sydd wedi cael eu hadeiladu ar fferm yn swydd Dyfnaint yn gartrefi i dyrchwyr y teitl. Un enfawr i'r cwningod, un arall o faint sylweddol i'r moch daear, a thyrchfa ac afon fach yn rhedeg tu allan iddi i lygod y dŵr. Cydgynhyrchiad rhwng S4C a chwmni o Lundain yw'r gyfres. Roedd y cwmni hwnnw'n paratoi cyfres i'r BBC o'r enw *The Burrowers*, a Telesgop gafodd y cytundeb i ofalu am y rhaglenni Cymraeg. Yn ogystal â datgelu nifer o bethau diddorol am yr anifeiliaid, mae'r gyfres wedi dangos rhywbeth arall i fi am y diwydiant teledu hefyd. Am ryw reswm, mae *urban myth* ym myd teledu fod cwmnïau o Loegr yn safonol ac yn hynod broffesiynol bob tro. Wel, o 'mhrofiad i, dyw hynny'n sicr ddim yn wir! Fe allai ambell gwmni dros y ffin ddysgu llawer iawn o weld sut mae cwmnïau'r sector annibynnol yng Nghymru'n gweithredu.

Y newid mwya yn fy mywyd ers amser yw gweithio ar raglen Tommo ar Radio Cymru. Mae Tommo a'r rhaglen newydd wedi bod yn chwa o awyr iach i Radio Cymru, ac mae'r tîm cynhyrchu wrth eu bodd yn darlledu o Gaerfyrddin bob prynhawn. Yn fy marn i, mae Radio Cymru wedi bod yn targedu'r gynulleidfa draddodiadol Gymraeg ers blynyddoedd, hynny yw, pobl y 'pethe'. A nifer y gwrandawyr wedi disgyn mor isel, roedd raid gwneud rhywbeth i dorri'r patrwm hwn. Rydw i, fel nifer o bobl eraill, yn poeni am ddyfodol yr iaith Gymraeg. Mae'n fy syfrdanu bod miloedd o blant yn gadael ein hysgolion uwchradd Gymraeg bob blwyddyn yn gwybod dim am fandiau na cherddoriaeth Cymraeg, na'r diwylliant a ddylai fod yn apelio atyn nhw yn benodol. Mae'r Gymraeg mewn perygl o fynd yn rhywbeth academaidd – pwnc mae gofyn i chi ei astudio yn yr ysgol, ond yna anghofio amdano wrth fynd trwy'r gatiau ar ddiwedd y dydd. Mae miloedd o Gymry ar draws y wlad yn siarad Cymraeg, ond yn ymddiddori dim yn y pethe. Dyma bobl sy'n siarad Cymraeg fyw, nid Cymraeg berffaith. Rwy wedi dod ar draws pobl debyg ers blynyddoedd, sy'n honni nad yw eu Cymraeg yn ddigon da i fod ar y radio neu'r teledu, sy'n nonsens llwyr, wrth gwrs. Mae'n nodweddiadol o'n tueddiad fel Cymry i wahaniaethu rhwng iaith bob dydd ac iaith mwy ffurfiol, ond snobyddiaeth ieithyddol yw beirniadu'r naill ar draul y llall, yn y bôn.

Felly, diolch byth am Tommo. Mae e wedi llwyddo i ddenu cynulleidfa newydd i Radio Cymru – pobl nad oedd yn gwrando o'r blaen, oedd yn cwyno bod gormod o siarad a dim digon o gerddoriaeth, pobl sy am gael 'bach o hwyl ar y radio yn Gymraeg. Rwy'n falch iawn o glywed Radio Cymru'n bloeddio mewn ambell i garej, ffatri, siop a lorri pan fydda i'n teithio o gwmpas y dyddiau hyn. Dyna sut mae cadw'r iaith yn fyw ar ein gwasanaeth radio. Yng ngeiriau Betsan Powys, golygydd yr orsaf, mae rhywbeth i bawb ar Radio Cymru am y tro cynta nawr. Gall gwrandawyr ddewis a dethol yr hyn maen nhw'n ei fwynhau, a derbyn bod pobl eraill yn mwynhau arlwy sy ddim at eu dant nhw, efallai. Rwy'n gobeithio bydd Betsan yn cael chwarae teg gan y gynulleidfa a'r BBC. Mae ganddi'r weledigaeth, yr ymroddiad a'r dewrder i wneud i'r sianel lwyddo drwy gynnig rhywbeth sy'n apelio at bawb, o'r rhaglenni mwy uchel-ael i'r rhaglenni cerddoriaeth, sgwrsio a hwyl.

Rwy'n poeni'n fawr am ddyfodol darlledu yng Nghymru'n gyffredinol, yn enwedig yn y Gymraeg. Os na fydd cynulleidfaoedd

Radio Cymru ac S4C yn cynyddu, mater o amser fydd hi cyn i rywun yn rhyw swyddfa yn rhywle ddechrau amau gwerth am arian y gwasanaethau Cymraeg eu hiaith. Mae'n bosib y byddai S4C yn cael ei gorfodi i gynnig gwasanaeth tebyg i BBC Alba yn yr Alban. Mae cyllidebau darlledwyr a rhaglenni eisoes wedi cael eu cwtogi'n arw. Yn bersonol, hoffwn weld BBC Cymru'n cynnig mwy o gyfle i gynhyrchwyr mewnol ac allanol i gynhyrchu mwy o raglenni am Gymru. Ar hyn o bryd, mae'r rhwydwaith yn Llundain yn cadw gafael tynn iawn ar yr amserlen ddarlledu, sy'n golygu bod cyfleoedd i ddarlledu rhaglenni Cymreig yn brin iawn. Rwy'n poeni taw hobi fydd darlledu yn y Gymraeg cyn bo hir, yn hytrach na gyrfa. Wrth gwrs, bydd wastad angen rywfaint o swyddi parhaol i weinyddu'r sianeli darlledu, ond beth am y dalent greadigol? Eisoes, mae nifer o gyflwynwyr, cynhyrchwyr a chyfarwyddwyr talentog iawn yn straffaglu i gynnal eu hunain ar un gyfres deledu neu gwpl o raglenni radio'r flwyddyn. Mae angen rhyw fath o strwythur i gynnig dyfodol dipyn mwy sicr i'r genhedlaeth nesa, neu bydd pobl yn troi eu cefnau ar ddarlledu ac yn mynd am swyddi sy'n cynnig mwy o sefydlogrwydd. Ar un adeg, roedd darlledu'n cael ei weld yn ffordd ddeniadol iawn o ennill bywoliaeth. Bellach, dyw hynny ddim yn wir trwy'r trwch. Rydw i wedi bod yn ffodus iawn o fedru ennill bywoliaeth trwy ddarlledu yn y ddwy iaith ers deugain mlynedd, ac rwy'n gwerthfawrogi hynny'n fawr. Gobeithio bydd darlledwyr y dyfodol yn medru cael yr un fraint.

Ethos Telesgop yw cyflogi gymaint o staff â phosib yng ngorllewin Cymru, ac aros yn gymharol fach, tua 40 o staff. Blaenoriaeth arall yw sicrhau safon yn hytrach na thyfu'n gwmni masnachol, mawr a'i fryd ar werthu ar y farchnad stoc. I raddau, mae'r penderfyniad hwn wedi peri i ni ddiodde colledion wrth i'r diwydiant newid, yn enwedig dros y blynyddoedd diwetha. Ond dydyn ni ddim wedi colli golwg ar y gwerthoedd oedd yn bwysig ar y dechrau, sef cynnal safon ac aros yn y gorllewin. Yn sgil toriadau S4C, y peth anodda i Elin oedd gorfod gwneud gweithwyr teyrngar a thalentog yn ddi-waith. Ar ddechrau 2013, collwyd wyth aelod o staff, a rhai wedi eu meithrin a'u hyfforddi yn y cwmni am bron i ddeunaw mlynedd. Roedd gweld Elin yn mynd drwy hyn, a Siân Ann wrth ei hochr, yn artaith, ac ro'n i'n ei deimlo hefyd. Roedd fel colli ffrindiau yn ogystal â chyd-weithwyr ffyddlon.

Mae Radio Cymru'n agos iawn at fy nghalon, a dwi'n gobeithio caf i gyfle i gadw 'nghysylltiad â'r orsaf am gyfnod eto. Rwy wrth fy modd yn paratoi ac yn darlledu'r rhaglen bob bore Sadwrn o'r stiwdio yng Nghaerfyrddin, ac yn mwynhau clywed ymateb gwrandawyr wrth deithio o gwmpas. Mae'r stiwdio'n un newydd sbon, ac mae'r offer diweddara wedi cael ei osod ynddi. Mae'n wahanol iawn i'r stiwdio yn Abertawe ble fues i'n darlledu am flynyddoedd. Un tro, yn ddiweddar iawn, ro'n i newydd ddechrau darlledu un bore Sadwrn yn Abertawe, pan ddes i'n ymwybodol fod mwg du'n dod allan o dan y desg. Dyma ffonio Caerdydd a siarad â'r cyhoeddwr, a'i rybuddio efallai byddai pethau'n mynd yn ffradach, a'r ddesg yn mynd ar dân! Yn y diwedd, fe stopiodd y mwg ac aeth y rhaglen yn ei blaen. Roedd ymateb gwahanol bobl i'r digwyddiad yna'n ddadlennol. Roedd nifer o griw ifanc Radio Cymru'n rhyfeddu 'mod i wedi aros yn y stiwdio a chadw mlaen i ddarlledu. Ond pan soniais wrth Hywel Gwynfryn am y peth, holodd e beth wnes i. 'Cario mlaen,' medde fi. 'Ia, dyna fyddwn i wedi'i wneud hefyd!' medde Hywel.

Ers i fi ailddechrau ar y radio, rwy wedi cael cyfle i gwrdd â hen ffrindiau unwaith eto, a gwneud llawer o rai newydd. Mae wedi bod yn braf gweld Huw Chiswell, bois Ail Symudiad, Derec Brown, Cleif Harpwood a Dewi Pws, a chyfarfod nifer o bobl ifanc dalentog dros ben – Elin Fflur, Fflur Dafydd, Lowri Evans,

Gwyneth Glyn, Gildas, Al Lewis a llawer iawn mwy. Mae wedi bod yn fraint cael dod i'w nabod nhw a chael mwynhau eu gwaith a'u caneuon. Hefyd, rwy wedi gwneud nifer o ffrindiau newydd sy'n bwysig iawn i mi – Gareth Iwan a'i deulu, yr hyfryd Lisa Gwilym ac, wrth gwrs, Dot Davies.

Ond beth am y dyfodol? Wel, dwi'n gobeithio medru treulio mwy o amser gyda'r teulu. Mae Elin a Ffion wedi bod yn hynod garedig yn gadael i fi deithio o gwmpas y byd ers blynyddoedd. Ond mae'r amser yn dod pan fo rhywun yn sylweddoli efallai fod hyn yn annheg ar y teulu. Roedd hyn yn arbennig o wir pan oedd Ffion yn iau. Bues i i ffwrdd am gyfran helaeth o'i bywyd hi rhwng wyth ac 14 oed. Ro'n i'n meddwl bod popeth yn iawn, gan nad oedd Ffion fach yn cwyno nac yn dangos unrhyw arwydd ei bod yn poeni am y ffaith 'mod i i ffwrdd gymaint. Dim ond yn ddiweddar ddywedodd hi wrtha i ei bod wedi gweld fy eisiau'n fawr, ac wedi bod yn drist iawn. Mae Ffion yn diodde o psorïasis, afiechyd y croen sy'n gwaethygu'n sylweddol pan fydd rhywun o dan straen neu ddim yn iach. Rwy'n poeni'n aml mai fy absenoldeb i yn ystod y cyfnod tyngedfennol hwnnw pan oedd hi'n tyfu lan sy'n gyfrifol am y cyflwr, ond does dim tystiolaeth bendant y naill ffordd neu'r llall. Rwy'n edmygu Ffion yn fawr am y ffordd mae'n delio â'r psorïasis â dewrder rhyfeddol. Ac wrth i ni drafod y peth dros y blynyddoedd, mae hi a fi wedi cymharu'n sefyllfaoedd ein gilydd, fi â fy atal dweud a hi â'r psorïasis, neu fel ry'n ni'n ei alw, atal dweud y croen. Wrth ysgrifennu hwn yn 2014, mae Ffion wedi graddio o'r brifysgol yn Aberystwyth, ac mae'n fwriad ganddi fod yn olygydd ffilm. Mae hi'n ffotograffydd dawnus iawn hefyd, ac mae wrth ei bodd yn tynnu lluniau a fideo. Fedra i ddim â dweud mewn geiriau mor falch ydw i ohoni! Byddai 'mywyd i'n wag iawn heb gyfeillgarwch, cwmnïaeth a chariad Elin a Ffion.

Dros y blynyddoedd, ry'n ni wedi cael nifer fawr o gyfleoedd i deithio gyda'n gilydd fel teulu. Yn ogystal â mynd ar wyliau, mae'r merched wedi dod ar deithiau gwaith gyda fi, ac ry'n ni wedi treulio tipyn o amser mewn gwahanol rannau o Ganada ac yn Alaska. Ond buodd un daith yn Alaska bron iawn yr un ola i ni i gyd ei gwneud. Roedd Elin, Ffion a fi wedi cyrraedd tre Ketchikan ar ein gwyliau, ac wedi trefnu mynd ar wibdaith fer mewn awyren fach i weld eirth yn dal pysgod ar un o'r afonydd. Roedd hi'n ddiwrnod braf, hyfryd, yr awyr yn las a'r golygfeydd yn ymestyn am filltiroedd. Mae awyrennau bychain fel y DeHaviland Beaver a'r Twin Otter yn gyffredin iawn yn Alaska, ac maen nhw'n codi oddi ar ddŵr y môr a'r llynnoedd i hedfan fel pryfed anferth. Dyma ni'n tri'n eistedd ar yr awyren ac i ffwrdd â ni. Dim ond un dyn arall a'r peilot oedd gyda ni'n gwmni. Roedd gweld pob dim o'r awyr yn hudolus. Ro'n i'n eistedd ar un ochr yr awyren, a Ffion yn eistedd gyferbyn â fi. Roedd Elin i fyny yn y tu blaen gyda'r peilot. Roedd cymaint o sŵn nes bod pawb yn gwisgo clustffonau ac yn medru siarad â'r peilot ond ddim â'n gilydd.

Ymhen tipyn, tynnodd Ffion fy sylw a phwyntio trwy'r ffenest. Ro'n i'n meddwl mai cyfeirio at yr olygfa wych oedd hi, a dyma fi'n gwenu ac yn codi bys bawd i ddangos 'mod i'n cytuno. Ond roedd golwg ofidus iawn ar wyneb Ffion, ac yn sydyn, sylweddolais pam. Daeth anferth o glec fawr wrth i awyren Twin Otter oedd yn cario deuddeg o bobl godi o dan ein hawyren ni a'n taro wrth iddi fynd heibio. Ro'n i'n medru gweld bod darn o aden ein hawyren wedi torri, a bod peipen danwydd yn chwifio'n rhydd o dan yr aden. Fe aeth yr awyren arall i lawr a glanio'n syth, ond bu'n rhaid i ni aros yn yr awyr nes bod awyren arall yn dod i archwilio'r *float* o dan yr awyren, am eu bod nhw'n allweddol wrth lanio ar y dŵr. Ar ôl deugain munud oedd yn teimlo fel oes, dywedodd y peilot druan wrthon ni fod niwed i un o'r *floats*, a byddai'n rhaid iddo